T0151752

RECHERCHE PHILOSOPHIQUE SUR L'ORIGINE DE NOS IDÉES DU SUBLIME ET DU BEAU

Mariage sc.

BIBLIOTHÈQUE DES TEXTES PHILOSOPHIQUES

E. BURKE

RECHERCHE PHILOSOPHIQUE SUR L'ORIGINE DE NOS IDÉES DU SUBLIME ET DU BEAU

Présentation, traduction et notes
par
Baldine SAINT GIRONS

LIBRAIRIE PHILOSOPHIQUE J. VRIN
6, Place de la Sorbonne,
PARIS V e

En application du Code de la Propriété Intellectuelle et notamment de ses articles L. 122-4, L. 122-5 et L. 335-2, toute représentation ou reproduction intégrale ou partielle faite sans le consentement de l'auteur ou de ses ayants droit ou ayants cause est illicite. Une telle représentation ou reproduction constituerait un délit de contrefaçon, puni de deux ans d'emprisonnement et de 150 000 euros d'amende.

Ne sont autorisées que les copies ou reproductions strictement réservées à l'usage privé du copiste et non destinées à une utilisation collective, ainsi que les analyses et courtes citations, sous réserve que soient indiqués clairement le nom de l'auteur et la source.

© *Librairie Philosophique J. VRIN*, 2009

Imprimé en France

ISSN 0249-7972
ISBN 978-2-7116-2198-9

www.vrin.fr

PRÉSENTATION

Peu d'ouvrages non romanesques, de langue anglaise, connurent un succès aussi immédiat, vif et étendu que la *Recherche philosophique sur l'origine de nos idées du sublime et du beau*, publiée en 1757. Durant trente ans, une nouvelle édition de la *Recherche* parut en moyenne tous les trois ans. La première traduction française, due à l'abbé des François, date de 1765, la seconde, œuvre de Lagentie de Lavaïsse, de 1803 ; quant à la version allemande, Lessing songea à l'écrire, mais c'est finalement Christian Garve qui s'en chargea en 1773. Giuseppe Marogna donna la première version italienne en 1804.

Mais cette notoriété fut encore dépassée par un autre ouvrage de Burke, publié trente-trois ans plus tard : les *Réflexions sur la révolution de France*. Dès novembre 1790, il revint, en effet à un homme politique de gauche, *whig*, partisan de l'émancipation des colonies et philosophe du sublime, d'entamer la critique systématique des idées révolutionnaires. Et cette critique – venue du Royaume-Uni c'est-à-dire du pays par excellence des philosophes et de la liberté – se montra si éloquente et si puissamment argumentée qu'elle fut au centre de tous les débats politiques ultérieurs.

L'homme politique éclipsa-t-il le théoricien du sublime et du beau, pourtant si influent à la fin du XVIIIe et au début du XIXe siècles? Tel ne fut pas le cas dans les pays anglo-américains, où la *Recherche philosophique sur l'origine de nos idées du sublime et du beau* est depuis longtemps considérée comme un classique de l'esthétique. Cela, même si Burke ne se réclame pas de l'«esthétique», dont le nom, tout juste emprunté par Baumgarten au latin *aesthetica*, ne s'imposa que bien plus tardivement en Angleterre comme en France.

Sur le continent, en revanche, la *Recherche philosophique sur l'origine de nos idées du sublime et du beau* tomba dans un oubli relatif; mais elle connaît aujourd'hui un regain de célébrité, consécutive aux nouvelles traductions qui en ont été proposées: l'allemande de Friedrich Bassenge en 1956 ou l'italienne de Goffredo Miglietta en 1985. Nous avons, de notre côté, publié l'ancienne adaptation de Lagentie de Lavaïsse dès 1973 et proposé une nouvelle traduction en 1990.

La *Recherche* constitue la première tentative pour opposer systématiquement le sublime au beau avant la troisième *Critique* kantienne. Est-ce beau? Est-ce sublime? Là est la question. D'un côté, le plaisir simple, gratuit et immérité du beau; de l'autre le plaisir problématique du sublime, issu d'une épreuve et aléatoirement gagné. Là, des qualités qui suscitent aussitôt l'attrait, voire l'amour; ici, au contraire, un principe qui opère avec rudesse – par la privation ou par l'obscurité – et qui entame à vif. Sensible au beau, je me socialise; vulnérable au sublime, j'appréhende de nouveaux enjeux qui renouvellent le sentiment de ma présence au monde.

Pour que la question des relations entre sublime et beau atteigne pareil degré d'urgence, il fallait que le beau se soit académisé et doté de moyens, et que de nouvelles disciplines

– esthétique, critique d'art et histoire de l'art – rendent crucial le problème des rapports entre savoir et création. Il fallait, ensuite, que se produise la découverte de nouveaux paysages, grâce à une mutation de sensibilité liée à la révolution galiléo-copernicienne. Il fallait, enfin, que l'émancipation du sujet passe au-devant de la scène, et que la Révolution française oblige à repenser le rôle du sublime en politique.

Préfigurant le dualisme pulsionnel freudien, Burke oppose les passions concernant la société des sexes et la société élargie aux passions qui se rapportent à la « conservation de soi ». Les premières nous insèrent dans le monde social ; les secondes, au contraire, mettent en jeu notre intégrité physique, psycho-logique et morale, d'une façon qui donne un puissant élan à la pensée. Sur ces fondements se constituent non seulement une psychophysiologie contrastée de la tendresse et du relâche-ment, de la peine et de l'effort, mais une poétique de l'énergie, selon laquelle les mots nous affectent davantage que les choses qu'ils représentent. Soutenant avant Saussure l'indépendance des mots à l'égard des choses – du signifiant par rapport au signifié – Burke fournit dans le domaine de la poésie une des premières critiques de la théorie de l'imitation.

L'auteur n'a pourtant que vingt-huit ans lorsqu'il publie son ouvrage ; et il dit en avoir terminé la rédaction quatre ans antérieurement. Mieux, sa correspondance prouve qu'il en conçut la thèse aux alentours de 1747, c'est-à-dire dès l'âge de dix-neuf ans. La palme de la précocité philosophique lui reviendrait-elle ? Hume est âgé seulement de vingt-six ans quand il publie son *Traité de la nature humaine*. Et Leibniz l'emporte encore sur Burke et sur Hume, puisqu'il fit paraître son *De Arte Combinatoria* à dix-neuf ans.

Une chose est sûre : un des grands charmes de la *Recherche philosophique* tient au ton audacieux de la découverte qui caractérise la jeunesse éternelle, celle qu'on veut pour le monde et pour soi-même en donnant au présent son sens le plus brûlant.

UN HOMME DÉCHIRÉ

Né le 1er janvier 1729 à Dublin, Edmund Burke était le second fils d'un membre de l'Église anglicane, procureur à la cour de l'Échiquier (une des trois cours de droit commun), et d'une catholique romaine. Edmund reçut, comme ses deux frères, une formation anglicane, tandis que sa mère et sa sœur pratiquaient la religion catholique. Le catholicisme dut d'autant plus le marquer qu'il séjourna longuement chez ses grands parents maternels catholiques dans le sud de l'Irlande, où il jouissait d'un climat qui lui était propice, à cause de la faiblesse de ses poumons.

Son éducation classique fut des plus soignées. De douze à quinze ans il fréquenta le pensionnat Quaker d'Abraham Shackleton, où il noua une amitié qui devait durer toute sa vie avec le fils de son maître, Richard, son aîné de trois ans. Il entra ensuite au *Trinity College* de Dublin et y fonda avec quelques camarades un « Club », dont l'objet était « le perfectionnement de ses membres dans toutes les parties les plus raffinées, élégantes et utiles de la littérature ». La question des pouvoirs respectifs de la philosophie, de la poésie et de la peinture y était traitée avec passion. « La froideur de la philosophie blesse l'imagination », déclarait notamment Burke et, « cela lui retirant autant de son pouvoir, doit en conséquence affaiblir son effet et lui porter préjudice »[1].

Ainsi, dès l'origine, l'écrivain montrait à l'égard de la philosophie des réserves analogues à celles qu'articulait, quelques années auparavant et dans un tout autre contexte, Giambattista Vico. Ce dernier reprochait à la méthode analytique, d'inspiration géométrique et cartésienne, d'étouffer l'imagination et, par là même, l'esprit d'invention, cependant qu'elle retirait au savant toute prise véritable sur le monde réel[2]. Si les deux jeunes gens visaient tous deux à relativiser la portée de l'idée claire – «Une idée claire n'est qu'un autre nom pour une petite idée», déclare Burke –, Vico cherchait à fonder une «science nouvelle» en analysant le mode de pensée des premiers peuples avant l'invention de la philosophie, alors que Burke poursuivait l'étude des rapports de l'imagination et de la raison au sein de l'histoire individuelle et collective de son temps. Que son ambition fût proprement philosophique, l'expression de «Recherche philosophique» qui constitue le début du titre de son livre sur les origines du sublime et du beau suffit pour en témoigner.

Neuf mois après avoir fondé «le Club», Burke lança un journal hebdomadaire, *The Reformer*, dont l'objet était de

---

1. Sur tous ces points, voir Arthur P.I. Samuels, *The early Life, Correspondance & Writings of the Rt. Hon. Edmund Burke*, Cambridge UP, 1923. Samuels reste une source irremplaçable, car de nombreux documents concernant Burke furent détruits dans l'incendie des Archives Nationales de Dublin dans les émeutes de 1922.

2. Voir le *De nostri temporis studiorum ratione*, 1709, trad. fr. et commentaire A. Pons, dans *Vie de Giambattista Vico écrite par lui-même*, Paris, Grasset, 1981. Le faible rayonnement de la philosophie de Vico au XVIIIᵉ siècle rend peu vraisemblable une quelconque influence directe sur Burke.

montrer que les conséquences de « la dépravation du goût » pouvaient devenir « aussi graves que celles de la morale ». Passionné de Shakespeare, Burke se montre irrité par le choix des pièces, les erreurs de la mise en scène et la passivité du public : on ne saurait assez respecter le « génie » et la plus grande faute des acteurs, source de toutes les autres, tient à cette extraordinaire « présomption » qui leur fait délibérément modifier le texte par des additions et des soustractions intempestives.

Les préoccupations du jeune journaliste prennent alors déjà un tour politique : il proteste avec la dernière vivacité contre l'état de colonie auquel l'Irlande est réduite par l'aristo-cratie anglo-Irlandaise qui impose de lourds baux aux fermiers et néglige de développer les manufactures locales.

Jusqu'à vingt et un ans, Burke reste en Irlande. La maladie de sa mère le plonge dans l'abattement ; cependant que son père goûte médiocrement ses talents littéraires, au point même qu'un camarade d'Edmund au *Trinity College*, lui attribue la volonté de « détruire » son fils. Le jeune homme songe alors à partir en Amérique mais, devant l'irritation paternelle, il se résout à entamer des études de droit à Londres.

Au printemps 1750, Burke est donc inscrit à Middle Temple. On sait peu de choses sur son évolution dans les années ultérieures que Wecter qualifie d'« années manquantes » dans sa biographie. Quelle était sa situation en 1757, année de publication de la *Recherche*? Il avait renoncé au droit, demeu-rait à Londres et s'était marié avec une catholique dénuée de fortune, Jane Nugent, auprès de laquelle il jouit d'un bonheur sans nuages, et qui lui donna en 1757 un fils, Richard, futur membre du « clan Burke ». Et il était, enfin, entré en contact avec un célèbre éditeur londonien, Dodsley, lequel publia successivement, à partir de 1756, trois ouvrages de sa plume.

Tout d'abord, *Une apologie de la société naturelle*, lettre anonyme, prétendue écrite par «feu, un noble écrivain». Voulant prouver que les considérations de Lord Bolingbroke sur «la société naturelle» mettaient en danger les institutions sociales, Burke imita le style de son adversaire, en laissant croire que celui-ci dénonçait lui-même les conséquences fâcheuses de sa théorie. Ainsi Burke visait-il déjà le double objectif qu'il maintint toute sa vie : restaurer les droits de l'empirisme en montrant les dangers d'une méthode *a priori* et couper court à la nostalgie de l'état de nature, remise en vogue par le *Discours* de Rousseau *sur l'origine de l'inégalité*. «L'art est la nature de l'homme», Burke ne cessera de le rappeler.

Un an après une *Apologie de la société naturelle* paraissait l'*Exposé sur les établissements européens en Amérique*, où Edmund et William Burke défendaient ensemble l'indépendance des colonies.

Et, enfin, paraissait sous une forme anonyme, la *Recherche philosophique sur l'origine de nos idées du sublime et du beau*, pour lequel Burke reçut des émoluments relativement importants. Les plus grandes revues de l'époque, la *Monthly Review*, la *Critical Review* et le *Literary Magazine*, périodique de Johnson dont la parution dura trois ans seulement, lui consacrèrent aussitôt de longs articles, toujours anonymes. On connaît deux de ces critiques : Oliver Goldsmith et Arthur Murphy, jeunes irlandais, eux aussi, et destinés à la célébrité. Quant à l'identité de l'auteur de la *Recherche*, elle fut vite révélée.

En 1759, Burke ajoute une nouvelle préface, une introduction sur le goût, une nouvelle section sur «le pouvoir» et, ici et là, de nombreuses explications supplémentaires destinées à répondre aux critiques. Burke n'apporta plus que des corrections de détail à son œuvre après 1759. Ses amis, et en particulier Sir Joshua Reynolds et le Dr Laurence, eurent beau l'inciter à revoir et à élargir son traité. Il aurait déclaré ne plus pouvoir se consacrer à des « matières spéculatives de cette sorte ».

Après le succès d'*Une apologie de la société naturelle* et de la *Recherche*, une carrière d'homme de lettres semblait s'offrir à lui. Dodsley lui offrit deux contrats, le premier pour une *Histoire de l'Angleterre* qu'il n'acheva jamais et qui fut publiée après sa mort sous le titre d'un *Essai pour un Abrégé de l'Histoire Anglaise*, le second pour une revue annuelle des événements historiques, politiques et littéraires : *The Annual Register*. Ce périodique semble avoir été entièrement écrit par Burke de 1758 à 1766 et il en garda la direction jusqu'en 1776.

Burke y manifeste un vif intérêt pour la philosophie, la littérature, la peinture, l'art des jardins, l'architecture et l'archéologie : traduction partielle de l'*Essai sur le goût* de Montesquieu, comptes-rendus de la *Théorie des sentiments moraux* d'Adam Smith, de la *Lettre à d'Alembert sur les spectacles*, critique d'*Ossian*, examen d'*Une Recherche sur les beautés de la peinture* de Daniel Webb ou des *Essais sur la peinture* du comte Algarotti, considérations sur le Panthéon d'Agrippa ou sur les Antiquités d'Herculanum.

Sa réputation déjà considérable avait assuré à Burke des entrées dans la société londonienne. Il fréquenta le cercle d'Elizabeth Montagu, « Reine des Bas-Bleus », noua amitié avec David Hume et avec Adam Smith, puis – un peu plus tard – avec le Docteur Johnson qui régentait alors les lettres, l'acteur shakespearien Garrick ou le futur Président de l'Académie royale Reynolds.

Burke ne se contenta pourtant pas de ses succès. Était-ce pression financière ou vocation intime ? Il entama une carrière politique qui, après des déboires auprès du Lord Lieutenant d'Irlande, s'annonça brillamment quand le marquis de Rockingham, d'appartenance whig, qui l'avait choisi pour secrétaire privé, devint Premier Ministre en 1765. Grâce au système des bourgs pourris, Burke gagna aussitôt un siège au Parlement, qu'il garda jusqu'en 1794. Rockingham eut beau devoir donner sa démission au commencement de l'insurrection américaine, l'éloquence de Burke avait trouvé son champ et, après s'être illustré dans la rhétorique philosophique et littéraire, il triomphait dans la rhétorique politique. Sa situation matérielle fut dès lors brillante. Et, dans sa belle maison de Beaconsfield, il put constituer une collection de peintures de grande qualité, où l'on comptait à côté de plusieurs Reynolds, des Titien, Luca Giordano, Guido Reni, Poussin, Lorrain ou Vélasquez, etc.

Est-ce la figure typique du « parvenu irlandais » ? Tentant de frayer sa voie dans la politique anglaise, il essuiera cependant un relatif échec, puisqu'il ne jouira jamais des fonctions ministérielles auxquelles tout semblait pourtant le destiner. Plusieurs explications sont possibles et les plus plausibles tiennent sans doute aux origines roturières et irlandaises de Burke, à la structure de la société du temps et à la perte d'influence de Rockingham. Mais il est une cause essentielle et plus ancienne qui tient à la personnalité de Burke et à la constance, sa vie durant, d'attachements aussi vifs qu'inconciliables.

Anglican pénétré de catholicisme par sa mère, sa sœur et son épouse au point qu'on le dira « jésuite » ou « papiste », irlandais au service des intérêts du pays colonisateur, juriste sévère passionné d'œuvres d'imagination, Burke sent et comprend des causes incompatibles. Un texte antérieur à 1757 témoigne de cette dualité d'intérêts en anticipant, nous semble-t-il, un des thèmes majeurs des *Réflexions sur la révolution de France* :

> La religion catholique romaine doit être introduite de façon progressive : elle comporte un ordre, une discipline et une politique ; la religion protestante, au contraire, doit être soudainement introduite, parce qu'elle exige la force de la nouveauté et fait fond sur l'enthousiasme, n'ayant pas l'avantage d'un système d'organisation régulier. Il faut que la première ait accompli des progrès considérables pour qu'on les aperçoive. On doit, au contraire, faire apparaître les forces de la seconde plus grandes qu'elles ne le sont en réalité [1].

Ainsi Burke saisit-il précocement la différence des problèmes posés par une révolution dans les pays de culture catholique et dans ceux où la Réforme a déjà porté ses fruits. Ne voulant pas sacrifier un parti à un autre, comprenant la spécificité de chacun d'entre eux et intériorisant les conflits, Burke empruntera à des causes opposées les éléments dans lesquels il se reconnaît, quitte à passer pour un traître dans son propre camp ou à se voir paradoxalement pris pour héraut des deux camps qui s'affrontent. Ainsi a-t-on pu en faire un libéral utilitariste, champion du nouvel ordre économique et porte-parole de la tradition *whig*, mais aussi le pire des réactionnaires, défenseur de l'ordre politique et social dans une perspective théologique et providentielle.

C'est que Burke se montre avant tout un homme de sensibilité et de passion, respectueux de l'histoire et des traditions de chacun, défiant à l'égard des pouvoirs de la raison dont il reconnaît la faiblesse au regard des passions, mais en

1. Cité par D. Wecter, « The missing years in Edmund Burke's biography », PMLA, vol. LIII, déc. 1938, p. 1-116.

même temps soucieux de combattre les méfaits de l'ignorance et de la présomption. Car « tout le monde est du vulgaire pour ce qu'il ne connaît pas » [1].

Aussi bien se concentra-t-il sur cinq « grandes, justes et honorables causes » : la protection des intérêts de l'Irlande catholique, la défense des pouvoirs du Parlement contre les empiétements de la Couronne, l'émancipation des colons d'Amérique, la lutte contre les abus de la Compagnie des Indes et, enfin, la lutte contre le régicide, le jacobinisme et l'athéisme de la Révolution française qui mettaient à ses yeux en péril l'Europe entière.

Les *Réflexions sur la révolution de France*, publiées dès 1790, soutiennent la défense de la « grande confédération politique de la chrétienté » contre l'athéisme militant. Elles montrent comment la jurisprudence est « l'orgueil de l'intelligence humaine » et « le recueil de la raison ». Et elles préconisent contre toute forme de tyrannie le développement des liens politiques et moraux historiquement tissés. « Les hommes ne se lient les uns aux autres ni par des chartes, ni par des cachets ; ce sont les conformités, les ressemblances, les sympathies qui les rapprochent » [2], telle est la clé de la pensée politique burkienne.

Encore reste-t-il à expliquer la véhémence de Burke, cette rage qui l'emporte contre la Révolution française et qui ne lui fait voir en elle qu'une volonté purement destructrice. Mary Wollstonecraft nous fournit une indication précieuse : « Lisant vos *Réflexions* et les relisant par prudence, j'ai été

---

1. *Recherche*, II, 4.

2. Première lettre sur une paix régicide, dans *Réflexions sur la révolution de France*, trad. fr. P. Andler, présentation Ph. Raynaud, notes et commentaires A. Fierro et G. Liébert, Paris, Hachette, 1989, p. 555.

constamment frappée de ceci : eussiez-vous été Français, vous auriez été, en dépit de votre respect pour le rang et pour l'ancienneté, un violent révolutionnaire [...]. Votre imagination aurait pris feu »[1]. Mais Mary Wollstonecraft sous-estime le souci d'empirisme qui caractérise Burke et sa défiance à l'égard des « fausses lumières » : « Des plans de gouvernement et d'action doivent être faits pour les hommes », insiste-t-il. « Il faut bien se garder de penser à les créer à notre gré, d'espérer de forcer la nature à se soumettre à nos projets »[2].

Burke demeure écartelé entre le respect des droits acquis et la volonté de justice. Là le beau, ici le sublime ? D'un côté, il voudrait qu'on ne se penche « sur les défauts de l'État que comme sur les blessures d'un père, dans la crainte et le tremblement »[3]. De l'autre, il ne saurait dénier à la Révolution française les traits du sublime-terrible, elle qui met en question l'« existence » de la France et de cette Europe dans laquelle, hier encore, l'élite pouvait se sentir chez elle.

Rien ne serait plus faux que de réduire la position de Burke à celle d'un contre-révolutionnaire. Il écrit bien plutôt un « livre révolutionnaire contre la Révolution », selon la formule oxymorique de Novalis. Rappelons que ni Burke, ni la plupart de ses contemporains, n'appelaient « révolution » la dictature

1. *A Vindication of the Rights of Man*, 1790, cité par C.C. O'Brien dans son Introduction aux *Reflections on the Revolution in France*, Hartmundsworth, Middlesex, England, Penguin Books, 1969.

2. Lettre à un membre de l'Assemblée nationale (janvier 1791), *ibid.*, p. 366.

3. À cet égard, le passage suivant peut être considéré comme relevant de l'auto-analyse : « On peut même observer que les jeunes gens, ayant peu l'usage du monde, et peu l'habitude d'approcher des hommes de pouvoir, sont ordinairement frappés en leur présence d'une crainte respectueuse qui leur enlève le libre usage de leurs facultés » (*Recherche*, II, 5).

de Cromwell. Ce que Burke condamne dans la Révolution française, c'est le mépris de l'histoire et des hommes concrets, la confiance abusive dans les pouvoirs d'une raison abstraite, et le cortège d'injustices et de violences qui en est l'effet inéluctable.

Mais son livre est révolutionnaire, parce qu'animé d'un tel souci de vérité et de justice qu'il reste brûlant, deux siècles après sa parution. Seules une raison instruite par l'histoire et une volonté vraiment réformiste pourront à ses yeux faire évoluer les systèmes politiques vers davantage d'équité. S'il parle de l'« horrible comète des droits de l'homme », c'est de façon polémique, afin de dénoncer la confusion entre droits naturels et droits civils. Le respect des droits naturels lui semble acquis en Angleterre depuis les lois de l'*Habeas Corpus* (1679). La tâche difficile et essentielle à laquelle il faut donc se consacrer consiste à régler les droits et les devoirs civils, c'est-à-dire à fixer la juste distribution des pouvoirs. Cela suppose non seulement une connaissance approfondie de la nature et des besoins des hommes, mais la prescience de tout ce qui peut faciliter ou entraver le développement général et particulier.

Formulée dès 1790, cette critique de la Révolution française devint la grande affaire de Burke et ne cessa de s'affiner à travers sa correspondance et ses discours. Les quatre *Lettres à un membre du Parlement sur les propositions de paix avec le Directoire régicide de France* (1796-1797) furent publiées de son vivant et aussitôt traduites en français. Elles constituent l'œuvre ultime de Burke, lequel s'éteignit en 1797.

Revenons donc à la *Recherche philosophique* pour tenter de montrer la puissante originalité d'une philosophie qui aborde les questions esthétiques à partir du sublime, et entretient des relations profondes, mais difficiles à saisir, avec la pensée politique.

RENOUVELLEMENTS CONTEMPORAINS :
LA QUESTION DU GOÛT

Le titre de l'ouvrage de Burke rappelle celui donné par Hutcheson à son écrit de 1725 : *Recherches sur l'origine des idées que nous avons de la beauté et de la vertu*[1]. Mais alors que Hutcheson mêlait étroitement préoccupations éthiques et préoccupations esthétiques, tout l'effort de Burke consiste à reconnaître l'indépendance des impressions esthétiques face à la morale, en même temps que leur étroite dépendance à l'égard des passions.

Ensuite, Burke a beau trouver chez Hutcheson l'idée d'une « beauté originelle » qui « nous frappe dès la première vue » et procure un plaisir positif, fondé sur des principes universels d'uniformité et de variété ; il refuse d'entrer dans ses considérations sur la « beauté relative ou comparative » qui, unie à l'originelle, pourrait donner davantage de plaisir que la beauté toute nue. De fait, c'est pour lui un principe absolu de ne recourir à l'association que lorsque toutes les formes antérieures d'explication ont été épuisées[2]. Aussi déplace-t-il l'intérêt de la faculté vers l'objet, sur lequel il s'agit de

---

1. Hutcheson, *Recherches sur l'origine des idées que nous avons de la beauté et de la vertu*, trad. fr. A.-D. Balmès, Paris, Vrin, 1991.

2. Voir *Recherche*, IV, 2 et Hutcheson, *Recherche sur l'origine de nos idées de la beauté et de la vertu* : « L'association d'idées […] est la première cause de la variété qu'on remarque dans le sens que nous avons de la beauté, ainsi que dans les autres sens extérieurs » (I, VI, XI).

surprendre les qualités de beau et de sublime. Le sublime et le beau ne sont des passions que parce qu'ils sont d'abord des impressions qui attestent notre dépendance à l'égard du monde sensible.

Enfin, outre la première « facilité » d'époque que constitue le recours à l'association, Burke renonce à une seconde facilité : celle qui consisterait à isoler une faculté esthétique parmi d'autres, en faisant du goût à l'instar de Hutcheson, mais aussi de Shaftesbury et de Du Bos, un « sixième sens » ou un « sens intérieur ». Selon Burke, la ligne de démarcation doit passer entre une jouissance esthétique qui déborde au moins provisoirement la juridiction de la raison et un goût qui se cultive par l'exercice et la connaissance critique. Comment retrouver les plaisirs fiévreux et les emportements de lecture de nos jeunes années, issus d'une sympathie sans failles et non gâchés par d'intempestives réserves mentales ? Le jugement, hélas, détruit trop souvent nos jouissances et « nos lumières sont presque toujours aux dépens de nos plaisirs », pour reprendre la formule de d'Alembert[1].

Pourtant le développement du jugement nous apporte de nouveaux plaisirs, d'essence plus solide et plus durable. Aussi bien constitue-t-il un élément fondamental du goût. Burke préfigure la conception kantienne du goût comme faculté subjective d'appréciation, fondée sur le jeu de l'imagination et de l'entendement. Mais il ne réserve pas encore, comme le fera Kant, le goût au beau, en le retirant au sublime. Le « goût du sublime » demeure une expression bien formée au milieu du XVIIIe siècle, alors qu'elle sera condamnée à la fin du siècle,

---

1. Article « Goût » de l'*Encyclopédie*, 1757.

lorsque goût et génie tendront à se situer en relation d'exclusion réciproque[1].

C'est bien sûr par rapport à ses prédécesseurs immédiats que Burke prend d'abord position : non seulement Hume, à la différence duquel il ne met pas en question la possibilité de trouver un « étalon du goût », mais, en France, Montesquieu, Voltaire et d'Alembert, dont les articles sur le « Goût » avaient été publiés dans l'*Encyclopédie* en 1757. Peut-être Burke a-t-il été frappé d'une certaine défiance manifestée par d'Alembert à l'égard du progrès critique ; quant à son extrême intérêt pour l'article posthume de Montesquieu, si moderne d'accent, il est attesté par la traduction qu'il en donna dans l'*Annual Register*.

Le théoricien de *L'esprit des lois* y revient à ses premières amours pour les beaux-arts et pour l'Italie et développe une esthétique de la surprise continuée. Le goût fabrique de nouvelles sensations ; il ne s'oppose pas au génie et est partie prenante de la pensée comme telle, puisque celle-ci consiste à voir ou à croire voir : « quoique nous opposions l'idée au sentiment, cependant, lorsque (l'âme) voit une chose, elle la sent ; et il n'y a point de choses si intellectuelles qu'elle ne voie ou qu'elle ne croie voir, et par conséquent qu'elle ne sente »[2].

À l'instar de Montesquieu, Burke insiste sur l'orientation concrète de sa *Recherche* et définit dès sa préface de 1757 le caractère expérimental de sa méthode, en utilisant un vocabulaire newtonien. Le seul moyen de remédier à la confusion des idées du beau et du sublime, réside non seulement dans « un examen diligent des passions qui agitent nos propres

---

1. Voir B. Saint Girons, *Le sublime de l'antiquité à nos jours*, Paris, Desjonquères, 2005, chap. IV.

2. Montesquieu, *Essai sur le goût*, Paris, Rivages, 1993.

cœurs », mais dans la « revue minutieuse des propriétés des objets que nous savons par expérience influer sur ces passions »; bien plus dans « l'investigation sévère et attentive des *lois de la nature*, par lesquelles ces propriétés sont capables d'affecter le corps et ainsi d'éveiller nos passions ». L'allusion à Newton se trouve d'ailleurs explicitée au début de la IVᵉ partie de la *Recherche* : de même que Newton ne cherchait point à démontrer la cause de l'attraction, propriété dont il fixait les lois, Burke s'efforce de trouver des principes d'explication, en repérant « certaines propriétés et certains pouvoirs », sans forger d'hypothèses hasardeuses.

Burke se situe, certes, ainsi dans la filiation de Hume qui donnait pour sous-titre à son *Traité de la nature humaine* : « Essai pour introduire la méthode expérimentale dans les sujets moraux ». Mais dans sa tentative pour saisir les aspects physiologiques des différentes formes de plaisir et de douleur – tentative dont Kant profite non sans humour pour réduire la *Recherche philosophique* à une simple « exposition physiologique » [1] –, il rejoint les préoccupations d'un Georges-Ernest Stahl [2], ou plus particulièrement d'un Frédéric Hoffman [3], lequel définissait l'organisme humain comme un composé de « fibres », caractérisées par un *tonus* spécial, consistant dans leur capacité de se contracter et de se dilater; les types d'alté-

---

1. *Critique de la faculté de juger*, § 29, Remarque générale sur l'exposition des jugements esthétiques réfléchissants.

2. G.E. Stahl (1660-1734).

3. F. Hoffman (1660-1740) publia de 1718 à 1740 les *Médicina rationalis systematica*. On peut aussi consulter sur ce sujet A. Von Haller, dont les *Primae lineae physiologiae* parurent en 1747 et dont les *Mémoires sur la Nature Sensible et Irritable des parties des corps animals* prononcées à Göttingen en latin dès 1752, furent traduits aussitôt en anglais (1755) et en français (1756).

ration de ce tonus définissaient les différents états du sujet, de la maladie vers la santé. Et il suit la théorie de David Hartley qui explique un grand nombre de phénomènes psychiques par sa doctrine des vibrations[1].

Burke inaugure de la sorte deux grands courants : celui qui de John Brown à Fechner se prolonge en une étude neuro-physiologique des sources de l'excitation esthétique ; mais également celui qui de Kant à Bentham et à Freud s'emploie à étudier les effets du plaisir et de la douleur sur les vicissitudes de notre vie psychique et intellectuelle.

UNE « ÉTRANGE ENTREPRISE »

La *Recherche* a beau s'inscrire dans une problématique d'époque : elle garde un cachet singulier que Burke reconnaît en 1747, lorsqu'il évoque la « chose étrange (*odd thing*) » qu'il avait été porté à écrire, sans croire vraiment à l'éventualité de sa publication. C'est d'abord un ouvrage irlandais, qui plante son décor dans un monde de landes et de spectres, où, seules, la beauté d'un infime objet et la douceur d'une courbe mettent du baume sur l'âme ; c'est l'ouvrage d'un très jeune homme, osant, notamment, cette terrible formule que « l'amour approche beaucoup plus du mépris qu'on ne l'imagine communé-ment »[2] ; c'est, enfin, le coup de maître d'un profond philo-sophe qui s'applique à penser l'intégrité toujours menacée du sujet : le sublime est d'abord contrainte, emprise, blessure. Sans doute exerce-t-il la stimulation la plus puissante ; mais

1. Sur Hartley, voir *Recherche*, II, 8, notre note.
2. *Recherche*, II, 5. Voir, également, *Recherche*, III, 13.

non sans avoir préalablement terrassé. De ce fait, il n'a rien de commun avec le beau qui ou bien demeure pareil à lui-même en son aséité, ou bien invite à l'union par un mouvement irrésistible de sympathie et d'amour.

« La terreur est dans tous les cas possibles, d'une façon plus ou moins manifeste ou implicite, le principe qui gouverne le sublime » [1] : pareille formule, d'abord difficile à accepter, condense toute l'étrangeté de la *Recherche*. La terreur « gouverne » le sublime : elle ne le produit pas, mais, à chaque instant, rend dérisoires les succès, menace l'acquis et multiplie les risques.

Alors que l'esthétique commence juste à naître, Burke met en lumière le caractère agonistique de l'expérience qu'elle commande et montre comment l'opération du sublime est fois destructrice et constitutive pour le sujet, qu'elle renvoie du possible à l'impossible, de la présence à l'absence, du moi à l'autre.

Pareil saut dans l'inconnu, les qualités sensibles des choses dans la nature ou dans l'art nous permettent de l'effectuer. Elles constituent de la sorte des points de départ indispensables ; et il faut éviter deux écueils : les considérer comme de simples occasions fortuites (ainsi que le fera Kant) ou, inversement, comme des causes suffisantes et automatiques. Il faut les repérer et les décrire soigneusement pour comprendre l'aspect potentiellement universel des expériences émotionnelles qu'elles entraînent. Cela se montre vrai même pour le sublime ; car, si son pouvoir nous entame et nous déborde, reste que nous ne sommes pas entamés et débordés de n'importe quelle manière : il nous faut ressaisir les formes de

---

1. *Recherche*, II, 2.

cette entame et les modalités de ce débordement pour repérer les facultés qui se trouvent alors non seulement défiées, mais exacerbées.

Burke définit de la sorte un nouveau principe, distinct à la fois du « vrai », situé au-delà des situations concrètes, du « bon » référé à des modèles préconstitués et du « beau », subsistant en lui-même dans un paradis immobile. Sans doute est-ce à ce principe que Freud fait implicitement recours, lorsqu'il cherche à identifier « ce qui nous empoigne si violemment (*was uns so mächtig packt*) »[1] dans l'œuvre d'art. Mais alors que Freud renonce à l'analyse systématique de nos éblouissements *a parte objecti*, Burke tente de faire la typologie de leurs motifs.

Le sublime et le beau opèrent chez Burke comme chez Freud à des couches très profondes de notre être. Burke ne parle pas d'inconscient, mais sa théorie des passions pourrait être systématiquement comparée à la théorie psychanalytique des pulsions. Tout comme Freud oppose la libido du Moi à la libido d'objet, Burke fait, en effet, le départ entre passions dirigées vers autrui et passions dirigées vers le moi ; et sa passion de conservation de soi préfigure à bien des égards l'amour de soi ou le narcissisme. Certains caractères propres au sublime burkien se retrouvent, en outre, dans la sexualité infantile freudienne : choc, excitation violente, répétition, concentration des forces[2]. Si le sentiment de la blessure ou de la mort menaçante porte l'élan vital et la force de pensée à leur acmé chez ces deux auteurs, Burke place, cependant, l'amour d'autrui du

1. Freud, *Le Moïse de Michel-Ange* (1914), trad. fr. M. Bonaparte et E. Marty dans *Essais de psychanalyse appliquée* (1927), « Idées », Paris, Gallimard, 1971, p. 10.
2. Freud, *Trois essais sur la théorie de la sexualité* (1905), trad. fr. B. Reverchon-Jouve (1923), « Idées », Paris, Gallimard, 1958, chap. II.

côté du beau, alors que Freud lui redonne certains traits du sublime et montre sa valeur tantôt destructrice et tantôt thérapeutique. Mais le problème qui resurgit dans les deux cas est bien de comprendre l'articulation du dessaisissement et du saisissement, pour utiliser notre vocabulaire.

En quoi donc a consisté ce qui fut en son temps et pour ses contemporains l'originalité de Burke ? C'est ce qu'il nous faut tenter maintenant de dégager pour marquer la place de l'auteur de la *Recherche* dans une histoire du sublime et du beau.

LE SUBLIME AVANT BURKE

Dans son *Dictionnaire*, paru en 1755, Samuel Johnson note que le terme *sublime* est un gallicisme aujourd'hui naturalisé et renvoie aussitôt à Longin. La première traduction anglaise du *Traité du sublime* date de 1652, mais celui-ci ne prit ses véritables lettres de noblesse que grâce à la traduction qu'en publia Boileau en 1674. Boileau utilisait pour la première fois le substantif « le sublime » comme équivalent de l'*hupsos* longinien (hauteur, cime) et rompait ainsi avec la tradition, selon laquelle « sublime » était seulement un adjectif, emprunté au latin et caractérisant un style [1]. Songeons que la traduction de Longin par Boileau fut réimprimée dix-huit fois en France au XVIIIe siècle et qu'on la traduisit à trois reprises en anglais ! La vogue du traité *Du Sublime*, « le livre d'or », comme l'appelait Casaubon, fut si profonde que, parallèlement, les éditions du texte grec se multiplièrent et que

1. Voir B. Saint Girons, *Le sublime de l'antiquité à nos jours*, *op. cit.*, chap. III, Le terme « Sublime » : une double tradition antique.

deux nouvelles traductions anglaises directes virent le jour en 1712 et 1739.

Démétrios[1], autre rhéteur de l'Antiquité, a-t-il influencé Burke, notamment par la médiation de Milton qui lui avait consacré une longue analyse ? Il définit un style *deinos*, énergique, véhément ou terrible, qui a plusieurs traits communs avec le sublime burkien. Alors que le style élevé brille par sa gravité et sa magnificence, le style énergique se recommande par sa concision et par une relative obscurité. Car ce qui est suggéré à mots couverts prend souvent plus de poids que ce qui est platement exposé. Démétrios n'en exclut ni la cacophonie, ni même la raillerie ou le sarcasme. Peut-être le jeune Burke a-t-il connu ces distinctions : aux apostrophes, aux hyperbates, aux asyndètes et aux sonorités rudes correspondraient, dans l'ordre visuel, les saillies, les lignes brisées et les buissons d'ombre, propices à l'expérience du sublime. Reste que Démétrios ne caractérise que des styles, là où Burke prétend, à l'instar de Longin, définir un principe agissant.

Aussi bien, dans sa préface de 1757, Burke ne se réfère-t-il pas à Démétrios, mais seulement à Longin. S'il en loue « l'incomparable discours », c'est néanmoins pour noter qu'il « a compris des choses totalement incompatibles sous la seule et commune dénomination de sublime ». Voilà qui tranche sur les griefs qu'adressent à Longin par les écrivains du XVIIIe siècle anglais : on lui reproche d'habitude de s'être insuffisamment interrogé sur l'essence du sublime, de s'être cantonné à la rhétorique et à la poétique et, surtout, de n'avoir pas reconnu

---

1. Voir P. Chiron, Démétrios, *Du Style*, Paris, Les Belles Lettres, 1993. Démétrios n'est pas Démétrios de Phalère ; et la rédaction de son traité en remonte vraisemblablement au Ier siècle après J. C.

que les grands spectacles de la nature constituaient le lieu par excellence du sublime.

Si, en effet, dans l'antiquité et à la Renaissance, le sublime relevait de l'art, à la différence du beau qui, lui, appartenait d'abord à la nature, le fait nouveau et massif fut l'émergence d'un sublime proprement « naturel » à la fin du XVIIᵉ et au XVIIIᵉ siècles. Sans doute manquait-on d'un terme pour désigner un rapport esthétique à la nature, fait de terreur et d'admiration. Mais ce qui obligea à inventer le sublime naturel fut la mise en question du géocentrisme et du géostatisme, sous l'effet de la révolution galiléo-copernicienne. L'homme « a perdu sa place dans le monde », comme l'écrit Alexandre Koyré, « ou, plus exactement, il a perdu le monde même qui formait le cadre de son existence et l'objet de son savoir »[1]. Le sublime servit alors à penser le nouvel univers surgi des décombres du cosmos antique. Il témoigne d'une mutation définitive de sensibilité et du besoin urgent sinon d'illustrer les nouvelles idées, du moins de trouver certaines images du monde plus compatibles avec elles.

Pourtant, même si Burke transpose le sublime dans l'ordre visuel, il continue à en privilégier la manifestation dans la poésie et la rhétorique à l'instar de Longin. En fait, la critique que Burke adresse à Longin est parfaitement originale pour l'époque : ne comprenant pas la nécessité d'opposer systématiquement le sublime au beau, Longin n'a pas saisi ce qui est devenu le fil conducteur de la théorie burkienne.

Trois écrivains anglais jouent au début du XVIIIᵉ siècle un rôle essentiel dans l'élaboration du concept de sublime : Shaftesbury, Addison et John Baillie ; ils ont tous en commun

---

1. A. Koyré, *Du monde clos à l'univers infini*, Paris, Gallimard, 1957, p. 11.

une extrême sensibilité à la grandeur des spectacles naturels qui atteste la puissance divine et se réclament, chaque fois de Longin. Mais si Longin évoquait incidemment la supériorité des grands fleuves, des feux célestes et des volcans[1], ils adoptent une démarche finalement inverse de la sienne : l'élargissement de l'horizon physique suscite directement l'élargissement de l'horizon mental, et n'en constitue plus la seule métaphore ; et, d'autre part, l'attention se porte moins sur les composantes paysagères (fleuves ou volcans) que sur la totalité du paysage.

Dans *Les Moralistes, Rhapsodie philosophique*, Shaftesbury s'avoue conquis par le sublime des lieux sauvages, des hautes montagnes et des gouffres et explique l'étrange plaisir qu'ils nous donnent à la fois par leur beauté intrinsèque, par le pressentiment d'une finalité supérieure, par la diversité de leurs couches géologiques, par les symboles qu'ils offrent de la puissance divine[2]. Assurément la sensibilité française était, au début du XVIIIe siècle, bien éloignée de pareilles expériences. On en trouve néanmoins l'équivalent chez d'autres Anglais, notamment dans les lettres de John Dennis évoquant le « spectacle horrible (*horrid*) » des Alpes, dont les formes irrégulières et hardies parviennent d'autant mieux à nous toucher qu'elles cherchent moins à plaire[3]. Shaftesbury et Dennis se souviennent de la théorie de Thomas Burnet qui voyait dans les montagnes des « ruines » d'un

---

1. *Du sublime*, XXXV, 4.

2. *Les moralistes, Rhapsodie philosophique*, 1709, Partie III, sect. 1 et 2.

3. *Miscellanies in Verse and Prose*, London, 1693, lettre du 25 octobre 1688 citée par M.-M. Martinet dans *Art et nature en Grande-Bretagne au XVIIIe siècle*, Paris Aubier, 1980.

monde antédiluvien, auquel le courroux divin aurait ôté à jamais son aspect lisse (*smooth*) et homogène [1].

Addison, frappé lui aussi par ce grandiose panorama de l'évolution du globe terrestre et par les magnifiques gravures qui l'accompagnaient, consacra un numéro du *Spectator* à Burnet [2]. Mais l'inflexion que prennent ses recherches sur le « grandiose » a un tour nettement plus concret que celles de Shaftesbury, puisque son objet direct est d'analyser « les plaisirs de l'imagination ». Tel est en effet, le titre d'une série d'articles, publiés au début de l'été 1712, qui exerça une grande influence sur la pensée allemande, notamment à travers la traduction qu'en donna Bodmer sous le titre *Der Aufseher*. Addison y définit trois catégories esthétiques : le grandiose (*great*), l'inhabituel (*uncommon*) et le beau

> Notre imagination, écrit-il, se plaît à être remplie par un objet ou à saisir une chose qui excède sa capacité. [...] L'esprit humain hait naturellement tout ce qui ressemble à une contrainte exercée sur lui et est porté à s'imaginer dans une sorte de prison quand sa vue est renfermée dans un petit cercle et coupée de chaque côté par des murs ou des montagnes proches [3].

D'emblée, donc, le sublime est placé sous le sceau d'une liberté qui jouit de son illimitation. On sait, d'ailleurs, comment les Anglais aimèrent, dans leurs paysages, multiplier ces sauts-de-loup, frontières invisibles puisque souterraines,

1. Th. Burnet, *Telluris Theoria Sacra*, 1681.
2. *The Spectator*, n° 146.
3. *Ibid.*, n° 412.

qui permettaient à l'œil de s'ébattre à l'infini[1]. Le « grandiose » n'est pourtant pas le seul apanage de la nature chez Addison : l'art met en œuvre un « nouveau principe de plaisir » résidant dans l'action de l'esprit qui, affecté à la fois par l'original et par la copie, par les idées venues des objets et par celles venues des mots, trouve dans leur comparaison un « ferment secret »[2].

C'est à partir de la catégorie du grandiose, jointe à celle de l'insolite ou de l'inhabituel que John Baillie, médecin de l'armée britannique, fonde sa théorie du sublime. le sublime ne nous frappe que par son caractère anomique : « La Grandeur des *cieux* nous affecte rarement, si c'est notre *objet* quotidien, et deux ou trois jours près de la *mer* feront sombrer tout ce *plaisir* élevé que nous ressentons à regarder le vaste Océan »[3]. Montrant que l'opération du sublime diffère de celle de la vertu, il ôte au sublime l'intensité qu'on lui prête généralement pour soutenir que sa présence « affecte l'esprit d'un calme solennel en le remplissant d'une seule idée, vaste et uniforme ». Ainsi ramène-t-il finalement le sublime à la présence concrète d'un Dieu unique.

Le vaste et l'élevé dont John Baillie fait les véhicules privilégiés du sublime, s'accompagna du démiurgique : la nature apparaissait dotée d'une énergie inouïe, dont témoigne son activité et sa mobilité à l'échelle de la protohistoire et de l'histoire. Ainsi les paysages marins et montagneux – calmes, mais aussi tumultueux – devinrent l'objet d'un intérêt esthé-

---

1. *Vide*, A. Grieve, « La limite invisible dans le jardin anglais au XVIIIe siècle : le saut-de-loup ou le ha-ha », *Cahiers Charles V*, n° 4, 1983.

2. *The Spectator*, n° 418.

3. *Essay on the Sublime*, 1747, sect. II, p. 12.

tique croissant, qui s'unissait, d'une façon équilibrée, au goût de la performance sportive et à la passion scientifique.

En somme, si remaniée fût-elle du fait de l'émergence du sublime naturel, mais aussi sous l'influence du monothéisme chrétien, la tradition longinienne continue avant Burke d'occuper le devant de la scène. Mais une nouvelle orientation se fait jour avec la tentative d'analyser les rapports à l'art sur le fondement d'une théorie des passions, dans laquelle l'intensité absorbe l'*uncommon* ou l'inhabituel. Telle fut l'entreprise, en France, de l'abbé Du Bos que Thomas Nugent traduisit en anglais dès 1748 [1].

DU CULTE DE L'INTENSITÉ : LES CINQ SENS

Avant Burke, Du Bos fit de la nature paradoxale du plaisir esthétique l'objet premier de sa réflexion : peut-on encore parler de plaisir quand ce plaisir « ressemble souvent à l'affliction », quand ses symptômes sont « quelquefois les mêmes que ceux de la plus vive douleur » et quand nos applaudissements vont d'autant plus à l'art et à la poésie qu'ils ont davantage « réussi à nous affliger » [2] ?

---

1. Du Bos, *Critical Reflections on Poetry, Painting and Music*, 1748.
2. *Réflexions critiques sur la poésie et sur la peinture*, 1719, I, p. 12 (6ᵉ éd. 1755), rééd. Paris, Ensb-a, 1993, préface D. Désirat. Le titre de l'ouvrage indique la volonté propre à Du Bos d'appliquer au champ pictural une méthode qui serait – s'il était possible – celle du Boileau des *Réflexions critiques sur quelques passages du rhéteur Longin* : les inconséquences de la théorie « classique » y prennent d'autant plus de relief que l'abbé les dénonce comme à contre-cœur.

Le point de départ de la *Recherche philosophique* est assez voisin de celui des *Réflexions critiques sur la poésie et sur la peinture* de 1719; mais, au lieu de se cantonner à la sphère artistique, Burke considère l'ensemble de nos expériences, pour distinguer cinq états : l'indifférence, le plaisir, la douleur, le délice et le chagrin. Quoi qu'en dise Locke, on ne saurait confondre le plaisir qui naît de l'éloignement de la douleur avec un plaisir positif, ni, inversement, la douleur produite par la disparition du plaisir avec la douleur positive. Qu'y a-t-il, en effet, de commun entre le simple éloignement d'une souffrance et l'état de grâce où nous jette un plaisir inattendu ? Et, inversement, quelle ressemblance existe-t-il, malgré l'appellation commune de douleur, entre un désespoir dont l'intensité nous brise et un simple chagrin auquel nous ne nous livrons pas sans complaisance ? Le plaisir négatif se distingue ainsi du plaisir positif, tout comme la douleur négative de la douleur positive. Comment qualifier le plaisir négatif ? Burke préfère procéder par resserrement du champ sémantique plutôt que par invention de néologismes : il utilise le terme usuel *delight* – que nous avons rendu par « délice » –, pour lui donner le sens restreint d'un plaisir qui naît de la relation à la douleur, qu'il s'agisse d'éloignement, de métamorphose ou d'exploitation de celle-ci.

Mais revenons à Du Bos : comment expliquer le « paradoxe » de ce plaisir qui ressemble si fort à l'affliction ? À ses yeux, seule l'horreur du vide ferait naître le besoin d'être occupé; au fond, l'homme ne chérirait sa passion qu'à cause des mouvements qui, remuant son âme, le soulageraient d'un ennui toujours imminent. Telle ne saurait être la position de Burke, dont l'imagination est beaucoup trop forte pour avoir besoin de stimulants aussi artificiels. Il y a ceux qui recherchent l'intensité et ceux qui, d'une certaine façon, la subissent, tout en sachant apprécier son prix. Burke est de ces derniers. Aussi bien la passion primitive qu'évoque la *Recherche* n'est-elle pas l'ennui, mais la curiosité – «principe très actif par nature», si actif même que, lorsque d'autres passions viennent assurer sa relève, elle se mêle «plus ou moins» à chacune d'entre elles.

Du Bos oppose drastiquement l'art et la réalité. L'avantage de l'art consisterait à susciter des passions à partir d'objets non pas réels mais artificiels, c'est-à-dire «imités» – simples copies ou fantômes d'objet[1]. Mais à fantômes d'objets fantômes de passions, à objets artificiels passions artificielles, à productions maîtrisées par l'art passions maîtrisées par le sujet[2]. Même s'il arrive à Du Bos de reconnaître que, parfois, «la copie nous attache plus que l'original»[3], l'art, production de l'homme, reste toujours inférieur à la nature, production de Dieu.

Burke, quant à lui, refuse une séparation aussi tranchée. L'art est la nature de l'homme; vivre pour un homme digne de ce nom, pour un homme doté du langage, c'est vivre en artiste et mêler les mots aux choses. Les passions artistiques ne sauraient donc différer par nature des autres passions: elles sont à la fois réelles et factices, à demi engainées dans leur objet, à demi repétries par le sujet. La ligne de clivage ne passe pas entre une réalité, devenue définitivement modèle, et un art

---

1. *Réflexions critiques*, I, 3, p. 25. «Que le mérite principal des poèmes et des tableaux consiste à imiter des objets qui auraient excité en nous des passions réelles. Les passions que ces imitations font naître en nous ne sont que superficielles».

2. «L'impression faite par l'imitation n'est pas sérieuse», *ibid.*, I, 6, p. 52.

3. *Ibid.*, I, 10, p. 69.

qui l'imiterait sans réussir à la refaçonner. L'art forge sans cesse notre monde, tout autant, sinon davantage que la science.

Encore faut-il comprendre les avantages de la théorie de l'imitation, avant de nous en éloigner. « Comment la copie me toucherait-elle, si l'original n'est pas capable de me toucher ?" se demande Du Bos après Pascal[1]. Sans doute l'idée de modèle et de copie nous gêne-t-elle aujourd'hui, mais l'erreur serait de couper les liens entre l'image et son Autre. Une peinture représente toujours autre chose et plus qu'elle-même. Un tableau s'inscrit dans une série de tableaux, mais il a également des référents extra-artistiques. Voilà ce que comprend Du Bos qui a fait le voyage en Italie et est resté ébloui par la grande tradition picturale de la Renaissance, que Burke ignore encore à l'époque où il écrit la *Recherche*.

On est, de fait, étonné de le voir contester les droits de la peinture au sublime, sous le prétexte que cet art serait strictement mimétique et se donnerait pour fin la clarté de la représentation. Peindre un sujet sublime serait s'exposer au risque de sombrer dans le ridicule, et, de son propre aveu, « les dessins de la tentation de saint Antoine qu'il m'a été donné de voir, loin d'éveiller en moi une passion sérieuse, m'ont paru d'un grotesque étrange et sauvage »[2]. Sans doute fait-il allusion aux gravures de Schongauer, de Callot ou de Téniers ou à celles tirées des tableaux de Cranach ou de Bosch. L'art sublime dans l'Angleterre du milieu du XVIIIᵉ siècle n'est assurément pas la peinture. On eut beau comparer le rôle historique de Hogarth dans son pays à celui de Giotto en Italie ; son style

1. *Ibid.*, I, 6.
2. *Recherche*, II, 4. Voir notre note.

est trop anecdotique et sa veine trop pleine d'humour, pour donner accès au sublime[1].

Burke changea d'avis sur la peinture quand il apprit à la connaître. Nous avons évoqué la splendide collection de peintures italiennes, françaises et espagnoles qu'il se constitua à Beaconsfield. Tout porte à penser qu'il comprit que la *terribilità* pouvait trouver dans les arts plastiques un mode de figuration privilégié. Et son amitié avec Reynolds dut l'inciter à reconnaître en Michel-Ange le « père » et l'« inventeur » de l'art sublime[2].

Par ailleurs, Burke reprocha aux peintres, aux sculpteurs, aux jardiniers paysagistes et aux architectes, de confondre le sublime et le gigantesque, la grandeur réelle et la grandeur d'artifice ou encore la grandeur physique et la grandeur esthétique. La critique qu'il développe d'un projet de James Barry aux Adelphi, est à cet égard éloquente : nous la reproduisons plus loin, dans une note[3].

Prolongeant – sans pour autant s'en réclamer – les considérations de Longin sur les soupçons auxquels prête l'art en tant qu'art, Burke leur donne une inflexion nouvelle en soulignant la fonction de l'illusion : « Aucun ouvrage n'est grand qu'autant qu'il trompe »[4]. Sans doute caractérise-t-il la tragédie sublime par son aptitude à éloigner toute idée de

1. Sur l'influence qu'a pu exercer *The Analysis of beauty* (1753) de Hogarth sur Burke, voir *Recherche*, III, 15 : « Je crois extrêmement juste l'idée de la ligne de beauté trouvée par H. Hogarth ». Avant Burke, Hogarth rejetait toute idée de proportion mathématique comme cause de la beauté.

2. Sir Joshua Reynolds, *Discours sur l'art* (Londres, 1790), trad. fr. L. Dimier, 1909, p. 85, *ibid.*, p. 269.

3. Voir *Recherche*, II, 10, note.

4. *Ibid.*, II, 10.

fiction – formule qui reste ambiguë –; mais il est le premier, nous semble-t-il, à déclarer que l'architecture sublime est celle qui parvient à donner l'illusion d'un *infini artificiel*, et qu'elle y réussit par la suppression des ornements et la répétition. Principes qui seront de grandes conséquences chez un Boullée ou un Ledoux. L'influence de Burke ne s'exercera pas seulement dans la réflexion sur les caractéristiques formelles d'un sublime fondé sur les illusions optiques, elle jouera un rôle dans la réhabilitation de l'architecture et de la sculpture égyptienne ou préhistorique, telle que l'entreprit, en France, Caylus ou, en Angleterre, William Stukeley. Elle se trahira en même temps, d'une façon qu'il stigmatisera, dans la prolifération des accessoires terrifiants qui caractérisent le roman gothique, la peinture dite « sublime », ou encore les « tableaux du genre terrible » dans l'art des jardins.

Ajoutons que, dans sa critique d'une sublime francisé par Boileau, Burke manifeste sa conviction que les valeurs esthétiques d'une société qui se réclame de Corneille et de Racine ne sauraient être les mêmes que celles d'un monde qui fait son délice de Milton et de Shakespeare. Avec Burke, le sublime perd toutes ses attaches au goût, au goût français, pour s'impatroniser définitivement en Angleterre.

Alors qu'en France, en effet, on semble renoncer à toute caractérisation formelle du sublime, pour développer une théorie des genres littéraires et picturaux, voilà qu'avec la *Recherche*, nous nous trouvons plongés dans un univers auquel, effectivement, ne correspond plus l'épithète de beau. Encerclés de ténèbres et privés des flambeaux habituels que sont nos idées claires, nous sommes soumis à une menace qui reste cependant toujours latente et indirecte, paralysant le besoin d'agir, sans pour autant entraver nos facultés de contemplation : des puissances nous environnent que seule notre bonne fortune nous permet provisoirement de ne pas trop redouter.

L'expérience du sublime porte ainsi témoignage de la dualité de la vocation humaine. Le sublime, dit Burke, va immédiatement dans un sens opposé à celui de la vie, alors que le beau épouse son cours; le délice naît de la pression d'une exigence, mais le plaisir réside dans la reconnaissance d'une beauté qui nous flatte. Cependant, sans cette tension et cette contraction douloureuse des nerfs, cause efficiente des idées du sublime, quel rempart posséderions-nous contre « la mélancolie, l'abattement, le désespoir » liés à l'inertie[1]? La défense de la vie, s'organisant autour de l'idée de la mort, donne à celle-ci un statut nodal; celui très précisément que Hegel lui assigne, quand il distingue de la mort comme « négation naturelle » la « faculté de mort », ou encore le travail de la mort[2]. Le sublime arrache l'homme à lui-même; aussi, pas plus que nous ne pouvons vraiment le retenir, nous n'arrivons à vouloir séjourner en lui. L'homme en définitive trouve son aliment dans l'obscurité, alors même qu'il s'enchante de clarté; il aspire au beau, mais est arrêté par le sublime.

Quoi d'étonnant, alors, si le poème d'un génie aveugle[3] projette sa grande ombre sur la *Recherche*; et si, dans le délice – cette tranquillité ombragée d'horreur, dont Burke fait la

1. *Ibid.*, IV, 6.
2. Voir *Phénoménologie de l'esprit*, VI, A, a, trad. fr. B. Bourgeois, Paris, Vrin, 1991, p. 306 : « La mort est l'achèvement et le suprême travail que l'individu, comme tel, prend en charge pour (la communauté) ».
3. À quel point Milton put façonner la pensée de Burke, les six citations, souvent longues, de la *Recherche* l'attestent avec les quelques inexactitudes qui nous permettent de penser qu'elles furent faites de mémoire (*Recherche*, II, 3; II, 4; II, 14 (2 fois); III, 25; V, 7).

source du sublime –, nous retrouvons par association « l'obscurité due à une excessive lumière » ou « l'excès de splendeur obscurcie » que Milton se plaisait à peindre sur les vêtements du Créateur et dans la contenance de l'archange déchu[1] ! Délice, ce terme évoque également pour nous le piège – désigné par le *lacio* où nous renvoie l'étymologie – dans lequel tomba jadis Lucifer qui portait aux cieux la lumière ; modèle des rêts que le prince des ténèbres trouve aujourd'hui son « seul délice »[2] à nous tendre, pour nous éloigner, à notre tour, de la lumière. Clarté dans les ténèbres, volupté dans la souffrance, danger mortel caractérisent ce « jardin de délices » vers lequel l'homme se sent irrésistiblement attiré.

Descartes, curieusement, en avait pressenti la nature, lui qui voyait dans la passion esthétique la plus violente de toutes les passions, la plus trompeuse[3]. Cependant manque à Descartes la compréhension de la dynamique qui de la passion d'horreur permet de passer à la passion d'agrément.

EN DEÇÀ DU BEAU IDÉAL
UNE ESTHÉTIQUE DU LISSE ET DE L'AGRÉABLE

L'originalité de Burke ne tient pas seulement à cette opposition du sublime au beau. Sensible à la forme la plus

---

1. Voir *Paradis perdu*, III, v. 380 : *dark with excessive light thy skirts appear*, cité par Burke, *Recherche*, II, sect. 14, p. 145, et *Paradis perdu*, I, v. 593-594 : *... and th'excess / of Glory obscur'd*, cité par Burke, *Recherche*, II, 4.
2. Voir *Paradis perdu*, I, v. 160 : *But ever to do ill our sole delight*.
3. Voir *Les passions de l'âme*, art. 85. Descartes réserve le terme d'« horreur » à l'aversion que nous éprouvons à l'égard du laid. Le laid serait ainsi la première ébauche du sublime, comme forme de contrainte désagréable.

aiguë et la plus troublante de séduction esthétique, celle du sublime, il se montre curieusement indifférent au beau idéal fondé sur la proportion et sur la convenance, reflet du vrai et du bien. Ainsi récuse-t-il d'emblée la tradition néo-platonicienne, dont il garde pourtant le principe d'un lien privilégié du beau avec l'amour. «La présence de la beauté, écrit-il, inspire l'amour aussi naturellement que l'application de la glace ou du feu produit les idées du froid ou du chaud»[1]. Mais il précise aussitôt qu'on ne saurait confondre l'amour ni avec le désir de possession, ni avec la reconnaissance – même confuse – d'une quelconque suprématie d'ordre intellectuel ou moral.

D'une part Burke distingue le beau de l'érotique, du bon et du parfait; d'autre part, il l'étend aux autres sens que la vue et l'ouïe et privilégie le toucher à l'instar de Condillac et tout en allant plus loin que lui, puisqu'il esquisse une véritable phéno-ménologie de l'agrément tactile, en même temps qu'il lui assigne une portée fondée sur le postulat d'une analogie entre les plaisirs des cinq sens[2]. Qu'aimons-nous à caresser? Des corps lisses et mœlleux qui n'opposent guère de résistance au contact, que ce soit dans l'effleurement ou dans la pression. Des corps qui nous enchantent par la variété de leurs lignes, mais n'offusquent jamais par des changements brutaux et inconvenants: raideur d'un angle, rudesse d'une transition. L'appréhension du mœlleux et la sensibilité thermique feront certes défaut à la vue qui possédera, en revanche, la sensibilité aux couleurs et un registre plus étendu que le tact. Voilà qui n'empêche pas Burke de conclure à une stricte analogie entre agrément du toucher et beauté visuelle.

1. *Recherche*, III, 2.
2. *Ibid.*, IV, 24.

« La douceur est le beau du goût », telle est la formule qui résume son esthétique [1]. Et l'on ne peut s'empêcher de songer ici à l'exhortation qu'aimait à formuler Chardin, cité par Diderot : « De la douceur, toujours de la douceur ! ». La *smoothness* qui est d'abord une qualité tactile pénètre bientôt tous les champs, ancêtre de la « valeur » à laquelle Berenson attribuera cette sensation de force ou de confort vital si essentielle à notre ancrage dans le monde de l'art et dans le monde tout court. Et à l'absence d'aspérité, au mœlleux d'une surface correspondront bientôt la tendresse et la gaîté de couleurs, la clarté et la régularité de certains sons, mais aussi, d'une façon plus élémentaire, un sentiment d'onctuosité, une saveur fruitée ou la suavité d'un parfum.

Il n'est guère de substantif en français pour exprimer le « lisse » dans des registres aussi différents et il est malaisé de rendre, même en anglais, cette association du lisse avec le « mœlleux » et le « varié » qui exclut l'ennui chez l'homme sensible. Car le paradigme de la *smoothness* n'est pas le repos, mais un mouvement léger, varié et continu, tel le bercement qui apaise le jeune enfant, ou le glissement sur l'herbe dans un carrosse bien suspendu. Toute une esthétique de la tendresse se fait jour, aux antipodes de l'état de tension nerveuse, faite de joie et d'anxiété, où jette le sublime.

Définissant les deux pôles de la séduction esthétique, Burke n'oppose donc pas seulement l'idée énergique à l'idée claire, mais le choc à la caresse, la rupture à la continuité, la résistance à l'abandon. Et son génie consiste à maintenir chaque fois un équilibre tel entre l'objet et le sujet que leurs qualités semblent en quelque sorte s'échanger : si les propriétés

---

1. *Ibid.*, IV, 22.

naturelles des choses nous plaisent de façon presque mécanique, on peut surprendre leurs effets dans les symptômes
physiologiques que Burke s'applique à décrire avec un talent
qu'il doit sans doute à sa longue fréquentation du théâtre. On
songe aux descriptions et aux gravures de Le Brun, dont nous
nous sommes plu à orner cette édition, aux Coypel et à toute
une longue théorie de peintres obsédés par le théâtre.

   À lire Burke, nous apprenons à distinguer trois formes de
séduction esthétique, qui vont de la violence à la flatterie, en
passant par un stade intermédiaire qui répond à un certain
point de perfection dans l'agencement des formes. Sans doute
Burke, sous l'influence de Locke, récuse-t-il l'importance de
la géométrie ; mais il redonne son empire au pur tracé et fait
l'éloge de la « variation continue » dont il emprunte le concept
à Hogarth. Par ce biais, Burke nous semble retrouver la triade
rhétorique empruntée par Quintilien à une tradition hellénique
et latine bien affirmée : celle que forment le style véhément et
fort (*hadros*), le style concis, propre ou simple (*ischnos*) et le
style moyen, doux ou fleuri (*anthêros*).

TROIS CATÉGORIES OU TROIS STYLES RHÉTORIQUES ?

   Quintilien croyait retrouver chez Homère la distinction
entre trois genres stylistiques :

> Voyez Homère : il donne à *Ménélas* une éloquence à la fois
> concise et agréable, ennemie de toute superfluité, et remar-
> quable surtout par la propriété, c'est-à-dire ne s'égarant jamais
> sur la valeur des mots : ces qualités sont celles du premier
> genre. Il dit que les paroles de *Nestor* coulent de ses lèvres, plus
> douces que le miel, et certes on ne peut rien se figurer de plus

> aimable : voilà pour le genre fleuri ; mais quand il atteint, dans
> la personne d'*Ulysse*, au sublime de l'éloquence, il y ajoute la
> grandeur et attribue aux discours de ce héros tant d'abondance
> et d'impétuosité qu'on dirait un fleuve grossi par la fonte des
> neiges et qui déborde de toutes parts […]. C'est là ce qui
> caractérise véritablement l'éloquence [1].

Consacrant un chapitre de l'*Institution oratoire* aux genres
de dire (*genera dicendi*), Quintillien commence par faire état
de la diversité des genres dans les arts plastiques : style simple,
dur et raide des commencements, style pur et correct de
Parrhasius ou de Polyclète, style délicat et gracieux d'Apelle
et de Myron, grand style de Zeuxis et de Phidias. Et l'auteur de
conclure qu'il y a presque autant de diversité dans les styles
que dans l'apparence physique et dans l'art oratoire :

> Il y a d'abord eu une manière d'écrire qui se ressent des temps
> barbares où elle est née, quoique déjà on y remarque
> l'empreinte d'une grande vigueur […]. Ensuite, il s'est formé
> une sorte d'éloquence moyenne […] Enfin, et à des distances
> assez rapprochées, il a paru un nombre prodigieux d'orateurs
> distingués par divers mérites.

Ces trois genres d'éloquence ont des offices bien distincts :
le style simple convient pour enseigner, le style doux et fleuri
lorsqu'on veut plaire et se concilier l'auditeur. Quant au style
sublime (*genus sublime dicendi*), il vise d'abord à mettre en
mouvement et à emporter l'adhésion. C'est le plus noble et le
plus puissant des styles. Et, bien que Quintilien ne se réfère pas
au grec *hupsos*, bien qu'il donne pour équivalent du latin

---

1. *De l'Institution oratoire*, XII, 10, trad. fr. M.C.V. Ouizille et Charpentier,
Paris, Garnier, 1921, p. 397-398.

sublimis le grec *hadros* qui désigne la puissante musculature de l'athlète, par opposition à *ischnos* (destiné à rendre la gracilité physique), son sublime n'a pas moins en commun avec le *hupsos* longinien cet « éclat éblouissant » qui plonge dans l'ombre la discussion des faits[1] et qui, loin de persuader posément l'auditeur, le ravit en extase en dépit même de sa volonté[2]. D'ailleurs, à l'instar de Longin, Quintilien dresse aussitôt la série des pièges dans lesquels risque de tomber l'orateur, en allant du grand au trop grand, du sublime à l'abrupt, du fort au téméraire, du sévère au triste, du grave au lourd, de l'élevé à l'enflé, etc.

Pourquoi a-t-on le sentiment que cette liste pourrait indéfiniment se continuer sans par là produire de connaissance supplémentaire? La réponse nous a soudain semblé évidente. C'est que, d'une certaine manière, les qualités les plus opposées peuvent devenir sublimes: l'infime comme le gigantesque, le léger comme le lourd, le trivial comme le pompeux, le maniéré comme le simple, etc. Cette nature instable et versatile, le sublime la doit à l'expérience passionnelle qu'il commande, éloignant les qualités sensibles des choses de toute neutralité pour leur conférer une vie et une puissance qui interloquent. Est-ce parce que le sublime, comme dit Burke, aime les extrêmes et fuit la médiocrité[3]? Quoi qu'il en soit, les critères d'appréciation objective du beau sont mieux déterminés que ceux qui permettraient de reconnaître *a priori* le sublime. Le beau, dirons-nous, a des moyens; le sublime, lui, n'a que des véhicules.

---

1. *Du sublime*, XV, 11.
2. *Ibid.*, I, 4.
3. *Recherche*, II, 15.

Du beau et du sublime comme principes

Nous restons frappés de ce que les philosophes expédient souvent fort rapidement ce qu'il est convenu d'appeler le « stade esthétique », comme si l'esthétique ne se retrouvait pas toujours en aval aussi bien qu'en amont de tout processus de pensée, comme si la force du style n'était pas étroitement liée à la force de conception. Il faut continuer cette théorisation si profonde, amorcée par Burke, d'un écartèlement entre au moins deux principes rendus anomiques par l'intensité de leurs effets : d'un côté, une violence qui révèle au sujet son abîme, de l'autre, une douceur où il s'enlise. Si la pensée trouve non seulement son origine, mais sa relance dans des situations extrêmes d'enthousiasme et de trouble, il faut s'interroger sur les implications méthodologiques de pareil constat.

Or, Burke ne se contente pas de dégager les valeurs esthétiques de toute considération morale à une époque où, même dans la patrie de l'empirisme, il était difficile de ne pas faire du beau un reflet du bon et du vrai : il parvient, bien avant Freud, à affranchir la psychologie des passions de la tutelle de l'éthique ; ce qui ne va pas sans danger.

Cette double opération de libération s'effectue grâce à une suspension de la hiérarchie établie et a pour rançon une indétermination troublante des contenus. Sans doute est-ce la raison pour laquelle l'attitude de Burke à l'égard de la Révolution française nous paraît si difficile à saisir. Faudrait-il soutenir de son point de vue que la Révolution française met en œuvre un mauvais sublime, un sublime inauthentique, ou bien qu'elle est à la fois sublime et mauvaise ? S'il est un sublime que la morale commune reconnaît après un temps de suspicion, il en est un autre qui, trop éloigné des habitudes, se prête aux jugements les plus opposés. La passion avec laquelle Burke s'intéresse à la Révolution française, même pour la condamner, est une manière d'admettre le caractère exceptionnel, sans précédent, d'une « révolution complète ».

Le principe qui domine l'esthétique burkienne du beau est aussi celui dont il paraît exiger la prévalence en matière politique : celui de la « variation graduelle » emprunté à Hogarth, bref du changement progressif et continu. Mais s'il est vrai que Burke préfère le beau au sublime dans l'ordre politique, cela peut être pour trois raisons différentes : soit parce qu'il juge que le sublime doit être purement et simplement exclu de la sphère politique ; soit parce qu'il exclut le faux sublime de la violence au nom d'un sublime effectif de l'amendement ; soit, enfin, parce qu'il distingue entre le sublime du témoignage (celui du spectateur sensible) et le sublime d'action (celui du promoteur du sublime, responsable des troubles qui l'accompagnent). L'évocation de l'incendie de Londres irait en ce dernier sens, puisque Burke montre qu'il ne peut apparaître sublime qu'à un spectateur qui oublie au moins un temps ses conséquences désastreuses.

Rappelons, dans cette perspective, le célèbre jugement de Kant :

> La Révolution [...] peut bien être remplie de misères et d'atrocités au point qu'un homme réfléchi, s'il pouvait, en l'entreprenant pour la seconde fois, espérer l'accomplir avec succès, ne se déciderait cependant jamais à tenter l'expérience à un tel prix ; cette Révolution, dis-je, trouve cependant dans les esprits de tous les spectateurs (qui n'ont pas eux-mêmes été

impliqués dans ce jeu) une *prise de position*, au niveau de ses
souhaits, qui confine à l'enthousiasme[1].

Le sublime semble alors ne pouvoir être qu'objet de
contemplation et on ne saurait sans outrecuidance s'en réclamer comme principe d'action politique. Aussi bien Burke ne
condamne-t-il si violemment la Révolution française que dans
la mesure où elle est proposée comme exemple à imiter sur le
sol anglais, et où les Anglais n'en sont donc en aucune manière
les spectateurs désintéressés.

Si Burke laisse en suspens la question des rapports du
sublime au mal dans la section de *Recherche philosophique*
consacrée au « pouvoir », du moins définit-il parfaitement ce
qu'il entend par une vie publique digne de ce nom : lutter pour
la liberté des autres et battre en brèche toutes les formes de la
tyrannie[2] dans le souci du bonheur du peuple. Une formule
empruntée à *L'Art poétique* d'Horace résume sa pensée : « Le
précepte donné pour la construction d'un poème par un sage
qui était aussi un grand critique, n'est pas moins vrai pour les
États : La beauté ne suffit pas aux poèmes, il leur faut de la
douceur (*non satis est pulchra esse poemata, dulcia sunto*) »[3].
La douceur devient ainsi un principe politique : « Tout homme
politique », affirme Burke, « devrait sacrifier aux Grâces et
unir l'aménité à la raison »[4].

---

1. *Conflit des facultés* (1798), II, 6, trad. fr. A. Renaut, Paris, Gallimard,
1986, p. 895.

2. *Réflexions sur la révolution de France*, fin.

3. Horace, *Art poétique*, v. 99 et *Réflexions sur la révolution de France*,
p. 98.

4. *Op. cit.*, p. 314. Voir aussi la lettre à un membre de l'Assemblée
nationale (janvier 1791), *ibid.*, p. 372.

Difficilement utilisable dans l'action politique, le sublime est-il pour autant chez Burke indifférent à la morale ? Assumer les risques de la souffrance et la mort, plutôt que de céder à la pression, si obscure et contestable que cette résistance puisse paraître à autrui, voilà qui forcera toujours une certaine admiration. Le sublime révèle l'intensité d'un désir qui, dans sa profondeur, s'apparente à une loi, puisqu'il va jusqu'à se faire lui-même loi pour transgresser une autre loi. Là où l'horreur aurait pu prévaloir, le sublime réussit tout de même à passer. Mais le sublime avoisine parfois le mal ; et son véritable antonyme est la médiocrité. Ainsi reconnaître avec Kant, dans une perspective burkienne, que le guerrier force davantage l'estime que l'homme politique, parce qu'il montre une « âme inaccessible au danger »[1], conduit à envisager la possibilité d'un divorce entre l'admiration esthétique et l'approbation morale.

Pour comprendre l'entreprise de Burke, il faut donc toujours se souvenir qu'elle se donne pour une archéologie : elle s'attache à déterminer « l'origine » de nos passions et à montrer comment la simple appréhension des qualités sensibles peut aller de pair avec un investissement d'ordre à la fois imaginatif et intellectuel. Pour penser les « qualités des choses », il faut étudier leurs effets sur le sujet sentant et pensant. Ce qu'on a pu appeler son « subjectivisme » n'est, en fait, qu'un souci de décrire rigoureusement une expérience où, comme le dira Hegel, sujet et objet ne cessent d'échanger leurs propriétés.

---

1. Kant, *Critique de la faculté de juger*, trad. fr. A. Philonenko, Paris, Vrin, 1968, § 28, p. 100-101.

Sous ce jour on comprendra pourquoi Burke récuse l'esthétique du « bon goût », des proportions et de la convenance. Esprit concret, c'est d'abord un homme écartelé entre un souci de serrer au plus près l'existence passionnelle et un vif souci de clarté. Aussi se donne-t-il pour tâche de décrire la genèse d'une exigence de dépassement – de sublimation, dirait-on aujourd'hui –, qui n'arrache pas seulement à soi-même, mais à un univers commun et rassurant, parfois empreint des traits de la douceur. Le malaise, alors, accompagne la pensée à l'état naissant ; mais le délice surgit au moment où nous réussissons à vaincre une certaine forme d'angoisse de la solitude. La théorie burkienne de l'origine du sublime se prolonge ainsi naturellement en une théorie de l'origine de la sublimation. Et celle-ci concerne plus particulièrement la sublimation artistique ; car, autant le souci du sublime semble peu apte à guider l'action politique ou la morale ordinaires, autant le sublime constitue l'enjeu suprême de l'art.

De ce point de vue, la cinquième partie de la *Recherche* est fort précieuse : en critiquant la théorie de l'imitation et en formulant avant Saussure la thèse d'une indépendance de la représentation à l'égard du représenté, Burke fait souffler un vent frais qui secoue tous les académismes. Le monde n'est pas stable et préconstitué ; il n'y a pas de modèle éternel dont nous ne serions que les copistes. L'art n'est pas un domaine séparé, réservé à des professionnels que seraient les artistes. Il nous appartient en profondeur, comme à des êtres dotés de langage, participant au monde et le remodelant, si peu que ce soit.

Et sous cet angle, la poésie est notre maître. Car elle nous enseigne que l'essentiel, en ces temps où s'accumule un savoir inutile, est la fécondation par des œuvres qui nous empoignent et nous transportent.

Burke avait mis en évidence la violence et la générativité de l'émotion du sublime. Oubliant qu'il avait également montré combien la douceur du beau peut devenir poignante, Kant voulut réserver l'émotion (*Rührung*) au sublime et la refuser au beau. De fait, le sublime apparaît parfois comme le beau qui s'anime jusqu'à nous terrasser, tout en suscitant des exigences inédites. L'intelligence s'y nourrit « d'un feu qui brûle déjà dans un autre et qui n'aurait jamais jailli de l'objet décrit »[1]. Le sublime manifeste alors la force de la pensée à l'état naissant. Il sollicite l'intelligence en son point le plus vif, la fragilise et la désoriente, mais lui découvre aussi un nouvel enjeu, grâce auquel se renouvelle le sentiment de sa présence au monde.

Finalement, bien avant Kant, Burke suggère que le beau et le sublime ne sont pas seulement des catégories qui permettent de désigner deux types d'expérience esthétique, mais des principes agissants, dont il importe d'analyser l'opération à partir des signifiants qui les véhiculent et à partir des effets produits sur leurs destinataires.

Tout un programme de travail nous est ainsi légué. Car les moyens du beau et les véhicules du sublime relèvent plus particulièrement de l'esthétique, de l'histoire et de la philosophie de l'art; les principes concernent au premier chef l'ontologie et la métaphysique, puis, de proche en proche la philosophie politique et la morale; les destinataires, eux, relèvent davantage d'une philosophie du sujet ou d'une anthropologie critique. Or, le problème n'est pas de juxtaposer les acquis de ces différentes disciplines, mais de saisir leurs modes d'articulation, en s'interrogeant sur les remaniements auxquels conduit

1. *Recherche*, V, 7.

la prise au sérieux des principes du beau et du sublime, lorsqu'on refuse de les confiner dans des champs séparés.

REMARQUES SUR LA PRÉSENTE ÉDITION

Comme nous désirions proposer l'ouvrage de Burke à un lectorat plus large et non spécialisé, nous avons allégé l'appareil scientifique qui accompagnait notre traduction publiée en 1990 et 1998 – par ailleurs toujours disponible en librairie. Nous avons, en outre, refondu et réduit de moitié l'avant-propos et généralement remplacé les citations grecques et latines par leurs traductions françaises. Cela à quelques exceptions près, qui concernent notamment les vers le plus fameux de Virgile (II, 6). Les citations originales de Milton et de Shakespeare ont, elles, été maintenues en notes.

1) Pour l'établissement du texte, nous avons suivi l'édition anglaise de J.T. Boulton, *A philosophical Inquiry into the Origin of aur Ideas of the Sublime and Beautiful*, Londres, Routledge and Kegan Paul, 1958.

2) Les modifications introduites par Burke en 1759 concernent la préface, l'introduction sur le goût, la section de la seconde partie sur le pouvoir et quelques paragraphes dans le corps des différentes sections. Nous avons utilisé, sur le modèle de Boulton, les symboles < et > pour marquer le commencement et la fin du passage ajouté.

3) Nous avons conservé dans l'édition de poche l'iconographie que nous avions choisie pour les éditions antérieures.

Edmund Burke

RECHERCHE PHILOSOPHIQUE SUR L'ORIGINE DE NOS IDÉES DU SUBLIME ET DU BEAU

PRÉFACE À LA PREMIÈRE ÉDITION
(1757)

L'auteur espère qu'on ne trouvera pas impertinente l'évocation des motifs qui l'ont conduit à entreprendre la présente recherche. Les questions qui en constituent le sujet sollicitent depuis longtemps son attention. Mais il s'est souvent trouvé lui-même dans un grand embarras; il a découvert qu'il était loin de posséder une théorie exacte des passions ou une connaissance de leurs sources véritables et qu'il ne pouvait pas ramener sa pensée à des principes établis ou cohérents; et il a remarqué que d'autres personnes connaissaient les mêmes difficultés.

Il a observé qu'on avait souvent confondu les idées du sublime et du beau et qu'on les avait appliquées toutes deux sans discrimination à des objets extrêmement différents, et parfois de nature directement opposée. Longin[1] lui-même, dans son incomparable discours sur une partie de ce sujet, a compris des choses totalement incompatibles sous la seule et commune dénomination de *sublime*. L'abus du terme *beauté* a

---

1. Voir Longin, *Du Sublime*, texte et trad. fr. H. Lebègue, Paris, Les Belles Lettres, 1939; Longin, *Du sublime*, J. Pigeaud (éd.), Paris, Rivages, 1991.

été encore plus général et entraîné des conséquences encore plus graves.

Cette confusion d'idées n'a pu manquer de rendre nos raisonnements fort imprécis et peu concluants. Si on pouvait y remédier, ce serait seulement, imaginait-il, par un examen diligent des passions qui agitent nos cœurs, par une revue minutieuse des propriétés des objets que nous savons par expérience influer sur ces passions et par une investigation sévère et attentive des lois de la nature par lesquelles ces propriétés sont capables d'affecter le corps et ainsi d'éveiller nos passions. Si cela pouvait être fait, il imaginait que les règles qu'il serait alors possible de déduire d'une telle recherche pourraient s'appliquer sans trop de difficulté aux arts imitatifs et à tout ce qu'ils concernent.

Il y a maintenant quatre ans que cette recherche est terminée; l'auteur n'a trouvé jusqu'ici aucune raison de modifier sensiblement sa théorie. Il l'a montrée à quelques-uns de ses amis, hommes savants et sincères, qui ne l'ont pas estimée totalement déraisonnable; il se risque donc à la présenter maintenant au public, mais comme une conjecture probable, non comme une chose certaine et irréfutable : s'il lui est arrivé de s'exprimer ici ou là de façon péremptoire, c'est par négligence.

<PRÉFACE À LA SECONDE ÉDITION (1759)

Je me suis efforcé de rendre cette édition plus complète et plus satisfaisante que la première. J'ai cherché avec le plus grand soin et lu avec une égale attention tout ce qui a été publié contre mes opinions ; j'ai profité de la franchise et de la liberté de mes amis ; et si, par là, j'ai été mieux à même de découvrir les imperfections de mon ouvrage, l'indulgence dont il a malgré tout bénéficié m'encourage à ne pas épargner ma peine pour l'améliorer. Bien que je n'aie pas trouvé de raison suffisante – ou qui m'apparût telle-pour modifier sensiblement ma théorie, j'ai jugé nécessaire de l'expliquer, de l'illustrer et de la renforcer en maints endroits. J'ai placé en tête du livre un discours d'introduction sur le goût, sujet curieux en soi, et qui conduit assez naturellement à notre recherche principale. Cela, joint à d'autres développements, grossit mon livre et, en augmentant son volume, ajoute, je le crains, à ses défauts ; si bien que, malgré toute mon attention, il exige peut-être aujourd'hui plus d'indulgence encore qu'à sa première parution.

Ceux qui sont accoutumés à ce type d'études s'attendront à de nombreuses fautes et en tiendront compte. Ils savent que maints objets de recherche sont par eux-mêmes obscurs et compliqués et que beaucoup d'autres le sont devenus par une subtilité affectée ou par un faux savoir; que de nombreux obstacles provenant du sujet traité, des préjugés d'autrui et même des nôtres rendent difficile la tâche de montrer en pleine lumière la vraie face de la nature. Ils savent que l'esprit, absorbé dans le système général des choses, oublie nécessairement quelques particularités, que le style doit souvent se plier au sujet et qu'il nous faut plus d'une fois renoncer à être prisés pour l'élégance, en nous contentant seulement d'être clairs.

Les caractères[1] de la nature sont lisibles, il est vrai; mais ils ne sont pas assez évidents pour qu'on puisse les lire en courant. Nous devons employer une méthode prudente, j'allais presque dire timorée. N'essayons pas de voler, quand nous pouvons à peine prétendre ramper. Soit un sujet complexe, quel qu'il soit, nous devons examiner un à un ses ingrédients et les réduire chacun à leurs éléments les plus simples, puisque notre condition naturelle nous assujettit à une loi stricte et nous fixe des limites fort étroites. Puis il nous faut examiner de nouveau les principes à la lumière de la composition, ainsi que la composition à la lumière des principes. Il nous faut, enfin, comparer notre sujet avec d'autres de nature voisine et même contraire; car du contraste peuvent résulter et résultent souvent des découvertes qui échapperaient à un seul examen. Plus nombreuses seront les comparaisons, plus notre savoir aura de chances d'être général et certain, étant fondé sur une induction plus large et plus parfaite.

1. Burke renvoie ici à la tradition d'une herméneutique de la nature allant de l'interprétation des « signes » de la divination au déchiffrage des caractères d'écriture, sous l'influence de Warburton, qui avait consacré aux hiéroglyphes des Égyptiens le quatrième livre de *The divine legation of Moses* (1738-1741).

Si une recherche menée avec un tel soin échoue finalement à découvrir la vérité, elle répondra à une fin qui peut être utile, en nous découvrant la faiblesse de notre entendement. Si elle ne nous rend pas savants, elle nous rendra modestes. Si elle ne nous préserve pas de l'erreur, du moins nous préservera-t-elle de l'esprit d'erreur et nous gardera-t-elle de prononcer avec assurance ou précipitation, puisque autant de travail peut aboutir à autant d'incertitude.

Je souhaiterais qu'en examinant ma théorie on suivît la méthode que j'ai tâché d'observer en la formant. Les objections devraient porter sur les différents principes, considérés séparément, ou sur la justesse des conséquences qui en sont tirées. Mais il est commun de passer sous silence à la fois les prémisses et la conclusion, et de produire, en guise d'objection quelque passage poétique qui semble ne pas aisément s'expliquer à partir des principes que j'ai tenté d'établir; ce qui est un procédé tout à fait incorrect, il faut en convenir. La tâche serait infinie si nous ne pouvions établir des principes avant d'avoir démêlé le tissu complexe de chaque image ou description rencontrée chez les poètes et les orateurs. Et ne serions-nous jamais capables de concilier l'effet de ces images avec nos principes, cela ne saurait renverser notre théorie, puisqu'elle est fondée sur des faits certains et incontestables. Une théorie fondée sur l'expérience et qui n'est pas purement hypothétique est toujours bonne pour ce qu'elle explique. Notre impuissance à l'étendre indéfiniment ne saurait nullement constituer un argument contre elle. On peut imputer cette incapacité à l'ignorance de certains moyens d'expression nécessaires, à un manque d'application correcte et à bien d'autres causes qui ne tiennent pas au défaut des principes employés. Le sujet exige, en effet, une attention plus soutenue que celle à laquelle nous oserions prétendre par notre manière de le traiter.

Le titre de mon ouvrage l'indique explicitement, je n'ai pas voulu écrire une dissertation complète sur le sublime et le beau : le lecteur voudra bien se souvenir que ma recherche se borne à l'origine de ces idées. Si les qualités que j'ai rangées sous le chef du sublime s'accordent entre elles et diffèrent toutes de celles que j'ai placées sous le chef de la beauté, et si celles qui composent le beau ont la même compatibilité et s'opposent à celles du sublime, il me sera indifférent qu'on approuve ou qu'on condamne le nom que je leur donne, pourvu qu'on reconnaisse que les choses que je dispose sous différents chefs diffèrent en réalité de nature. On peut blâmer l'usage que je fais des mots comme étant trop restreint ou trop étendu; mais on peut difficilement se méprendre sur leur acception.

Pour conclure, quels que soient en cette matière les progrès réalisés dans la découverte de la vérité, je ne regrette pas la peine que j'y ai prise. Ces recherches peuvent être d'un grand profit. Tout ce qui tourne l'âme vers l'intérieur tend à concentrer ses forces et la prépare à des envolées plus vastes et plus puissantes dans la science. Notre esprit s'ouvre et s'élargit par l'examen des causes physiques; et, dans cette poursuite, que nous saisissions la proie ou que nous la manquions, la chasse est certainement d'utilité. Cicéron a beau demeurer fidèle à la philosophie académique et tendre donc à rejeter la certitude de la connaissance physique comme de toute autre espèce de connaissance, cela ne l'empêche pas d'avouer ouvertement leur grande importance pour l'entendement humain :

C'est pour nos âmes et pour nos intelligences quasiment une nourriture naturelle que la considération et la contemplation de la nature[1].

Si nous pouvons diriger les lumières que nous tirons de ces spéculations élevées vers le champ plus humble de l'imagination, tandis que nous cherchons les sources de nos passions et que nous en suivons le cours, non seulement nous pourrons communiquer au goût une sorte de solidité philosophique, mais nous pourrons réfléchir sur les sciences plus austères un peu de cette grâce et de cette élégance du goût sans lesquelles la plus grande compétence dans ces sciences aura toujours quelque chose de mesquin[2].>

---

1. Cicéron, *Premiers Académiques*, II, 127.
2. *Illiberal*. La même idée se trouve développée dans un texte d'Ed. Burke antérieur à 1757 retrouvé dans les papiers de W. Burke et cité par D. Wecter («The missing years in Edmund Burke's biography», *PMLA*, vol. LIII, déc. 1938): «La fin du savoir n'est pas la connaissance, mais la vertu [...]. J'ai toujours considéré que l'utilité principale du savoir était d'implanter d'élégantes dispositions dans nos esprits et dans nos manières, et d'en extirper tout ce qui était sordide, bas et mesquin (*illibéral*)».

<INTRODUCTION

DU GOÛT

Il peut sembler, au premier abord, que nous différons beaucoup les uns des autres dans nos raisonnements, comme dans nos plaisirs; mais il est probable que, malgré cette différence sans doute plus apparente que réelle, la norme[1] de la raison et du goût est la même chez tous les hommes. Car, si certains principes de jugement et de sentiment ne leur étaient pas communs, on ne saurait avoir d'emprise suffisante sur leur raison et sur leurs passions pour maintenir le commerce ordinaire de la vie. On convient généralement qu'il y a quelque

---

1. *Standard.* Burke fait ici directement allusion à l'essai de Hume paru en 1757 : *Of the standard of Taste* (trad. fr. M. Malherbe, *David Hume, Essais et traités*, Paris, Vrin, 1999). À la différence de Hume qui demeure sceptique quant à la possibilité d'établir une norme du goût, Burke est intimement persuadé qu'il existe des principes esthétiques communs à tous les hommes. Encore faut-il comprendre qu'à ses yeux, ces principes ne sont communs qu'à l'origine, puisque des séries d'associations plus ou moins contingentes ne cessent, ensuite, de déformer notre appréciation « naturelle » des qualités sensibles. Si la solution de Burke est en amont du goût, pourrait-on dire, celle de Hume est influencée par Du Bos et les encyclopédistes français : le goût est l'organe d'une élite dont les normes s'imposent.

chose de fixe en matière de vérité et de fausseté. Nous voyons les hommes, dans leurs disputes, faire constamment appel à certaines épreuves et à certaines normes, acceptées de toutes parts et censées établies dans notre nature à tous. Mais le même accord sur des principes uniformes et établis ne se manifeste pas pour le goût. On suppose même communément que cette faculté délicate et aérienne, qui semble trop inconstante pour supporter les chaînes d'une définition, ne saurait être proprement soumise à aucune épreuve, ni réglée par aucune norme. La faculté raisonnable est appelée si continuellement à s'exercer, elle se fortifie tellement par une contrainte perpétuelle, que certaines maximes de droite raison semblent tacitement établies parmi les plus ignorants. Les savants ont perfectionné cette science grossière et réduit ces maximes en système. Si le goût n'a pas été aussi heureusement cultivé, ce n'est pas que le sujet fût stérile, c'est que les ouvriers étaient peu nombreux ou négligents ; car, pour dire la vérité, les motifs qui nous incitent à déterminer l'un n'ont pas le même intérêt que ceux qui nous pressent d'établir l'autre. D'ailleurs, si les hommes diffèrent d'opinion en matière de goût, les conséquences n'en sont pas aussi importantes ; sans quoi, nul doute que la logique du goût, si l'expression m'est permise, n'aurait pu aussi bien se constituer, et que nous n'aurions pu venir à discuter des questions de cette nature avec autant de certitude que de celles qui semblent plus immédiatement situées dans la province de la pure raison. Au seuil d'une recherche comme la nôtre, il est en effet très nécessaire d'éclaircir le mieux possible ce point ; car, si le goût n'a pas de principes fixes, si l'imagination n'est pas affectée selon des lois invariables et certaines, notre travail risque de ne servir qu'à une fin bien médiocre ; il faut, en effet, juger inutile, sinon absurde, l'entreprise d'établir des règles par caprice et de s'ériger en législateur de fantaisies et de chimères.

Le terme « goût » comme tous les autres termes figurés, n'est pas très précis : ce qu'on entend par là n'ayant rien de simple et de déterminé aux yeux de la majorité des hommes, son emploi expose à l'incertitude et à la confusion. Je n'ai pas grande opinion d'une définition, remède bien connu face au désordre. Car, en définissant, nous risquons de circonscrire la nature dans les bornes de notions que souvent nous adoptons par hasard, embrassons sur parole ou formons d'après une considération limitée et partielle de l'objet présent, au lieu d'élargir nos idées pour y faire entrer tout ce que la nature comprend, suivant ses propres combinaisons. Nous sommes limités dans notre recherche par les lois sévères que nous nous sommes prescrites en commençant.

> Nous nous attarderons dans le cercle vil et banal
> D'où la pudeur ou bien la loi de l'œuvre interdisent de sortir [1].

Une définition peut être très exacte et pourtant ne pas conduire bien loin dans la connaissance de la nature de la chose définie ; quelle que soit sa vertu, dans l'ordre des choses, elle doit suivre plutôt que précéder la recherche et en être considérée comme le résultat. Il faut reconnaître que les méthodes de recherche et d'enseignement peuvent parfois différer pour d'excellentes raisons ; mais je suis, pour ma part, convaincu que la méthode d'enseignement qui s'approche le plus de la recherche est sans comparaison la meilleure. Car, ne se contentant pas d'administrer des vérités stériles et sans vie, elle conduit au tronc d'où elles sont issues, tend à mettre le lecteur sur la piste de l'invention et l'oriente sur ces sentiers où

---

1. Horace, *Art poétique*, II, v. 132 et v. 135, trad. fr. F. Villeneuve, Paris, Les Belles Lettres, 1934.

l'auteur a fait ses propres découvertes, si du moins il a eu le bonheur d'une précieuse trouvaille.

Mais, pour couper court à tout semblant de chicane, je n'entends par « goût »rien de plus que cette faculté ou ces facultés de l'esprit qui sont émues par les œuvres d'imagination et les arts raffinés, ou qui prononcent des jugements à leur endroit. Voilà, je pense, l'idée la plus générale du terme, et celle qui a le moins de liens avec une théorie particulière. Je me propose de rechercher s'il est des principes suivant lesquels l'imagination est affectée, qui soient assez communs, assez bien fondés et assez certains pour pouvoir procurer les moyens de raisonner correctement sur ce sujet. Je me figure qu'il en est, si paradoxal que cela puisse sembler aux personnes qui, se fondant sur un examen superficiel, imaginent que les goûts sont très divers, tant en genre qu'en degré, et que rien ne peut être plus indéterminé.

Les seules facultés naturelles de l'homme liées aux objets extérieurs sont, que je sache, les sens, l'imagination et le jugement. Commençons par les sens. Nous supposons et devons supposer que, la conformation des organes étant à peu près ou exactement la même chez tous les hommes, ils perçoivent les objets extérieurs de façon identique ou presque. Nous sommes sûrs que ce qui paraît lumineux à un œil le paraîtra un autre ; que ce qui semble doux à un palais l'est à un autre ; que ce qui est sombre et amer pour celui-ci l'est également pour celui-là ; et nous disons la même chose du grand et du petit, du dur et du mou, du chaud et du froid, du rude et du lisse et à vrai dire de toutes les qualités et affections naturelles des corps. Si nous allons jusqu'à imaginer que les sens présentent aux différents hommes des images différentes des choses, ce scepticisme rendra vain et frivole tout raisonnement, y compris celui qui nous avait fait douter d'un accord entre nos perceptions. Mais, puisque les corps présentent presque certainement des images semblables à tous les hommes, le même objet doit éveiller chez tous les plaisirs et les douleurs qu'il engendre chez l'un d'entre eux, étant donné qu'il agit naturellement, simplement et uniquement par ses propres forces; dire le contraire reviendrait à imaginer que la même cause opérant de la même manière sur des sujets de même espèce produirait des effets différents, ce qui serait d'une grande absurdité.

Considérons d'abord ce problème par rapport au sens du goût, duquel la faculté que nous étudions tire son nom. Tous les hommes s'accordent à dire le vinaigre acide, le miel doux et l'aloès amer; et, de même qu'ils s'accordent sur les qualités qui se trouvent dans ces objets, ils ne diffèrent aucunement sur la question du plaisir et de la douleur qu'ils produisent, et déclarent la douceur plaisante, l'acidité et l'amertume déplaisantes. De cette concordance de leurs sentiments témoigne l'assentiment universel donné aux métaphores tirées du sens du goût. L'aigreur du caractère, l'amertume des expressions, des imprécations, du sort, voilà ce que chacun entend fort bien; et parler d'une douceur de disposition, de personne, de condition, etc, ne crée aucune difficulté de compréhension. Sans doute différentes causes, et surtout l'habitude, ont-elles produit des variations qui éloignent des douleurs et des plaisirs naturels; néanmoins la faculté de distinguer entre saveur naturelle et saveur acquise se maintient. Qu'on préfère le goût du tabac à celui du sucre, ou l'arôme du vinaigre à celui du lait, cela ne jette aucune confusion dans les goûts, si l'on sait que le tabac et le vinaigre ne sont pas doux et que l'habitude seule a rendu le palais sensible à ces plaisirs étrangers. On peut discuter des goûts et même avec une certaine précision. Mais, si quelqu'un déclarait que le tabac a le goût du sucre, qu'il ne peut guère distinguer le lait du vinaigre, ou encore que le tabac et le vinaigre sont doux, le lait amer et le sucre acide, nous conclurions aussitôt que ses organes sont déréglés et que son palais est complètement vicié. Discourir alors des goûts serait comme raisonner sur les relations de quantité avec quelqu'un qui nierait que toutes les parties ensemble fussent égales au tout ! Nous ne dirons pas de pareil interlocuteur qu'il a de fausses notions, mais qu'il est absolument fou. Ces deux exceptions ne sauraient guère infirmer la règle générale et nous obliger à conclure que les hommes ont des principes différents concernant les relations de quantité ou le goût des choses. Aussi, lorsqu'on dit qu'on ne peut disputer du goût, veut-on seulement dire que personne ne peut répondre précisément du plaisir et de la douleur qu'un homme particulier trouve dans le goût d'une chose particulière. Mais on peut disputer, et avec suffisamment de clarté, des choses qui sont naturellement plaisantes ou désagréables aux sens. C'est seulement pour parler d'un penchant particulier ou acquis qu'il faut connaître les habitudes, les préjugés ou les infirmités de l'homme qui les possède et en tirer nos conclusions.

L'accord du genre humain ne se borne pas au goût. Le principe du plaisir qu'on reçoit de la vue est le même chez tous. La lumière plaît davantage que l'obscurité. L'été, cette saison où la terre se couvre de verdure, où le ciel est serein et brillant, est plus agréable que l'hiver, où tout diffère tant d'aspect. Je ne me rappelle pas de spectateurs qui, en présence d'un bel objet-homme, quadrupède, oiseau, plante –, ne s'accordent pas aussitôt sur sa beauté, fussent-ils une centaine, même si certains s'estiment déçus dans leur attente ou voient plus de beauté ailleurs. Personne, je crois, ne trouvera l'oie plus belle que le cygne ou n'imaginera que ce qu'on appelle la poule de Frise l'emporte sur le paon. Remarquons, d'ailleurs, que les plaisirs de la vue ne sont pas aussi compliqués, brouillés et altérés par des habitudes et des associations non naturelles que les plaisirs du goût : ils tiennent plus ordinairement à eux-mêmes et ne sont pas aussi souvent adultérés par des considérations qui en sont indépendantes.

Les objets du goût se présentent au palais sous le double aspect d'aliments et de remèdes ; c'est selon leurs qualités nutritives ou médicales que le palais se forme progressivement et par la force de l'association. Ainsi l'opium plaît aux Turcs à cause de l'agréable délire qu'il provoque, le tabac fait le délice des Hollandais par la torpeur et l'engourdissement agréable qu'il diffuse, les liqueurs fermentées ravissent le peuple, en bannissant toute inquiétude des maux présents et futurs. On ne se soucierait guère de ces produits, si leurs propriétés n'excédaient pas, dès l'origine, celles du goût ; mais, de même que le thé, le café, etc., elles sont passées de la boutique de l'apothicaire sur nos tables et nous les avons absorbées pour notre santé, bien avant de songer à notre plaisir. L'effet d'une drogue nous a conduits à l'utiliser souvent ; et l'usage fréquent, combiné avec l'effet plaisant, en a rendu finalement le goût agréable. Mais cela ne trouble aucunement nos raisonnements, puisque nous distinguons toujours le goût acquis du goût naturel. Décrivant le goût d'un fruit inconnu, vous n'irez pas dire qu'il possède la saveur douce et plaisante du tabac, de l'opium, de l'ail, même si vous vous adressez à ceux qui font un constant usage de ces drogues et qui en tirent un grand plaisir. Tous les hommes gardent des causes naturelles et primitives de leur plaisir une mémoire qui leur permet de rapporter à ce modèle tout ce qui s'offre à leurs sens, et de régler sur eux leurs sentiments et leurs opinions. Présentez un bol de scilles[1] à une personne dont le palais dépravé goûte davantage l'opium que le beurre ou le miel; elle préférera certainement ces derniers à ce mets nauséabond ou à toute autre drogue amère et pour elle inacoutumée; ce qui prouve que son palais était naturellement semblable à celui des autres hommes, qu'il l'est encore à maints égards, et qu'il n'est dépravé qu'en quelques points particuliers. Car, lorsqu'on juge un produit nouveau, même de goût comparable à ce que l'habitude fait aimer, le palais est toujours affecté de manière naturelle, et d'après les principes communs. Ainsi le plaisir de tous les sens, celui de la vue, et même du goût, le plus ambigu des sens, est semblable chez tous les hommes, grands ou petits, savants ou ignorants.

Outre les idées que présentent les sens, avec les douleurs et les plaisirs qui les accompagnent, l'esprit humain possède une sorte de pouvoir créateur qui lui est propre, soit qu'il représente à sa guise les images des objets suivant l'ordre et la manière dans lesquels les sens les ont reçues, soit qu'il les combine d'une nouvelle manière et dans un ordre différent. On appelle ce pouvoir imagination; d'elle relève tout ce qu'on appelle esprit, fantaisie, invention, etc. Mais il faut observer que le pouvoir de l'imagination est incapable de produire quoi que ce soit d'absolument nouveau; elle peut seulement faire varier la disposition des idées qu'elle a reçues des sens[2]. Or

1. Les scilles ou squilles sont des liliacées, dont beaucoup sont cultivées pour leurs propriétés médicinales.
2. Burke retrouve ici les fondements de la théorie empiriste : les « idées simples » qui sont les matériaux de toutes nos connaissances ne peuvent être reçues que par deux voies – la sensation et la réflexion –, hors desquelles il est impossible, même aux « esprits les plus sublimes et les plus vastes »,

l'imagination constitue la province la plus étendue du plaisir et de la douleur, puisque c'est la région de nos craintes et de nos espoirs, ainsi que de toutes les passions qui leur sont liées ; et tout ce qui est calculé pour affecter l'imagination par ces idées dominantes, par la force d'une impression naturelle et primitive, doit avoir à peu près le même pouvoir sur les hommes. Car, puisque l'imagination n'est que le représentant des sens, les images doivent seulement lui plaire ou lui déplaire, d'après le principe suivant lequel les réalités plaisent ou déplaisent aux sens ; et l'accord entre les imaginations des hommes doit donc être aussi intime qu'entre leurs sens. Un peu d'attention nous convaincra qu'il en va nécessairement ainsi.

Outre la douleur et le plaisir qui naissent des propriétés de l'objet naturel, l'imagination goûte un plaisir qui naît de la ressemblance de l'imitation avec l'original ; et elle ne peut avoir d'autre plaisir, à mon sens, que celui qui résulte d'une de ces causes. Celles-ci agissent à peu près uniformément chez tous les hommes, parce qu'elles opèrent suivant des principes qui sont dans la nature et qui ne procèdent d'aucune habitude ou d'aucun avantage particuliers. M. Locke observe avec autant de justesse que d'élégance que le bel esprit (*wit*)[1] consiste principalement à marquer des ressemblances ; alors

de produire une quelconque idée nouvelle. Il est, en revanche, loisible à l'entendement de répéter, de comparer et de joindre ces idées « avec une variété presque infinie » (Locke, *Essai philosophique concernant l'entendement humain*, II, 2, 2, trad. fr. Coste, 1700, Paris, Vrin, 1972, voir trad. fr. J.-M. Vienne, Paris, Vrin, 2001).

1. Nous rendons ici *wit* par « bel esprit ». Le même terme français « esprit » est supposé rendre à la fois trois termes anglais (*wit, mind, spirit*) et trois termes allemands (*Witz, Gemüt, Geist*).

que le jugement s'applique plutôt à trouver des différences[1].
Dans cette hypothèse, on pourrait penser qu'il n'y a pas de
différence essentielle entre bel esprit et jugement, puisque tous
deux semblent résulter d'opérations différentes de la même
faculté de *comparer*. Mais, en réalité, qu'ils dépendent ou non
du même pouvoir de l'esprit (*mind*), ils diffèrent essentiellement sous maints rapports ; aussi l'union parfaite du bel
esprit et du jugement est-elle une des choses les plus rares au
monde. Que deux objets distincts ne se ressemblent pas, nous
nous y attendons ; les choses sont comme à l'accoutumée,
aussi ne font-elles aucune impression sur l'imagination ; mais
qu'ils se ressemblent, cela nous frappe, nous attache et nous
plaît. L'esprit (*mind*) humain a par nature plus d'empresse-
ment et de plaisir à restituer des ressemblances qu'à chercher
des différences ; parce qu'en établissant des ressemblances
nous produisons des *images nouvelles*, nous réunissons, nous
créons, nous enrichissons notre stock ; alors qu'en établissant
des distinctions nous n'offrons aucun aliment à l'imagination ;
la tâche est par elle-même plus ingrate et plus ennuyeuse et le
plaisir qu'elle nous procure est de nature négative et indirecte.
On m'annonce une nouvelle, au matin ; celle-ci, prise comme
nouvelle – fait ajouté au stock antérieur – me donne du plaisir.

1. Voir Hobbes, *Léviathan* (1651), I, 8, trad. fr. F. Tricaud, Paris, Sirey,
1971, p. 65 : « Et, comme en cette succession des choses humaines, il n'y a rien à
remarquer dans les choses auxquelles on pense, si ce n'est en quoi elles se
ressemblent ou *diffèrent*, *à quoi elles servent* ou *comment elles servent tel*
dessein, ceux qui remarquent leurs ressemblances, s'il s'agit de ressemblances
que d'autres ne remarquent que rarement, sont dits avoir de *l'esprit* (*wit*), ce qui
signifie en ce cas une bonne *imagination* (*fancy*). Mais de ceux qui remarquent
leurs différences et dissemblances, ce qui se nomme *distinguer*, *discerner*,
juger entre les choses, on dit, lorsque ces distinctions ne sont pas faciles à faire,
qu'ils ont un *bon jugement* ».

Au soir, je m'aperçois qu'elle n'apprend rien. Qu'ai-je gagné sinon d'être fâché de découvrir qu'on m'en a imposé ? De là vient que les hommes sont naturellement beaucoup plus enclins à la confiance qu'à l'incrédulité. Et c'est selon ce principe que les nations les plus ignorantes et les plus barbares ont souvent excellé dans les similitudes, les comparaisons, les métaphores et les allégories, alors qu'elles montraient de la faiblesse et de la lenteur à distinguer et à mettre en ordre leurs idées[1]. C'est aussi pour une raison de ce genre que si Homère et les auteurs orientaux aiment les comparaisons et en inventent de vraiment admirables, ils veillent rarement à leur exactitude : ils saisissent la ressemblance générale, la peignent avec force et ne tiennent pas compte des différences entre les choses comparées.

Or, comme le plaisir de la ressemblance flatte principalement l'imagination, les hommes sont à cet égard quasiment égaux, aussi loin que s'étend leur connaissance des choses représentées ou comparées. Le principe de cette connaissance est fort accidentel, puisqu'elle dépend de l'expérience et de l'observation plutôt que de la force ou de la faiblesse d'une faculté naturelle ; et c'est de cette différence de connaissance que provient ce que nous appelons communément, quoique sans grande exactitude, la différence de goût. Qu'un homme à qui la sculpture est étrangère voit une de ces têtes de bois dont se servent les perruquiers ou bien une statue quelconque, il en est frappé sur-le-champ et ressent du plaisir, parce qu'il les trouve proches de la figure humaine ; et, entièrement absorbé

---

1. Ce passage fait penser à G. Vico, qui déclarait que la clé de sa « science » était la découverte de la « nature poétique » ou « métaphorique » de l'homme (*Scienza nuova* (1744), § 34, trad. fr. A. Pons, Paris, Fayard, 2001) et voyait dans la production d'« universels d'imagination » ou de « caractères poétiques » la première manifestation, préréflexive, de l'esprit humain.

par la ressemblance, il ne prête pas du tout attention à ce qui s'en éloigne, comme le fait, je crois, quiconque voit pour la première fois une imitation. Supposons que, quelques temps plus tard, notre novice porte les yeux sur un ouvrage de même nature, mais plus élaboré ; il se met dès lors à regarder avec mépris ce qu'il n'avait d'abord admiré qu'à cause de sa ressemblance générale, quoiqu'imprécise. C'est la même chose qu'il apprécie en différents temps et dans des figures si différentes ; et, quoique sa connaissance se soit perfectionnée, son goût n'a pas changé. Jusqu'ici, son erreur venait d'un manque de connaissance de l'art, dû à l'inexpérience ; mais sa déficience peut aussi provenir d'un manque de connaissance de la nature. Car il est possible qu'il s'en tienne là et que le chef-d'œuvre d'un grand maître ne lui plaise pas davantage que l'ouvrage médiocre d'un artiste vulgaire ; cela, non faute d'un goût meilleur ou plus relevé, mais parce que les hommes n'observent pas toujours la figure humaine avec assez de précision pour juger convenablement de son imitation. Quelques exemples peuvent faire voir que le goût critique ne dépend pas d'un principe supérieur, mais d'une connaissance supérieure. Qui ne connaît, dans l'Antiquité, l'histoire du peintre et du cordonnier[1] ? Le cordonnier redresse le peintre sur certaines erreurs qu'il a commises dans la chaussure d'une de ses figures et que le peintre n'a pas remarquées, pour n'avoir pas observé les chaussures avec précision et s'être contenté

1. Voir Pline, *Histoire naturelle*, XXXV, 84-85, trad. fr. A. Reinach, dans *Textes grecs et latins relatifs à l'histoire de la peinture ancienne*, Recueil Milliet, Paris, Macula, 1985. Burke néglige l'humour de Pline, les exigences d'Apelle et l'humiliation finale du cordonnier. L'anecdote était fameuse et avait été reprise, notamment par Roger de Piles dans son *Abrégé de la vie des peintres*, Paris, Muguet, 1699, p. 125-126.

d'une ressemblance générale. Cela n'empêche pas que le peintre ait du goût, mais démontre seulement qu'il lui manque des connaissances dans l'art de faire des chaussures. Imaginons qu'un anatomiste entre dans l'atelier du peintre. Le tableau est dans l'ensemble excellent, la figure possède une belle attitude et ses parties sont disposées conformément aux différents mouvements ; pourtant, l'anatomiste, exigeant dans sa spécialité, remarque la saillie d'un muscle qui ne correspond pas tout à fait au mouvement particulier du corps. Il observe ici ce que le peintre n'avait pas vu et néglige ce que le cordonnier avait remarqué. Mais le manque de véritable connaissance anatomique ne saurait avoir plus d'incidence sur le bon goût naturel du peintre ou du spectateur que le manque de connaissance exacte dans la manière de faire une chaussure.

On montra à l'empereur de Turquie un beau tableau représentant la décollation de saint Jean-Baptiste ; il en fit maints éloges, mais nota un seul défaut : la peau ne se rétrécissait pas de part et d'autre de la blessure[1]. Malgré la justesse de cette remarque, le sultan ne manifesta pas, en l'occurrence, plus de goût naturel que le peintre qui avait exécuté ce tableau, ou qu'un millier de connaisseurs européens qui n'avaient vraisemblablement pas fait la même observation. De fait, sa Majesté turque connaissait très bien ce terrible spectacle, que d'autres ne pouvaient s'être représenté que par leur imagination. Toutes ces personnes diffèrent sur ce qui leur déplaît, selon le genre et le niveau de leur connaissance ; mais le peintre, le cordonnier, l'anatomiste et l'empereur de Turquie ont quelque chose en commun : le plaisir résultant d'un objet

---

1. L'histoire est rapportée par Roger de Piles, *Abrégé de la vie des peintres*, *op. cit.*, p. 250-251.

naturel, chaque fois qu'on s'aperçoit qu'il est exactement imité, la satisfaction de voir une figure agréable, la sympathie que suscite un incident frappant et touchant. Dans la mesure où il est naturel, le goût est commun à tous les hommes, ou peu s'en faut.

On peut observer la même similitude de goût en poésie et dans d'autres pièces d'imagination. Il est vrai que tel homme sera charmé par *Don Bellianis*[1] que Virgile laissera froid, tandis que tel autre sera transporté par l'*Énéide* et abandonnera *Don Bellianis* aux enfants. Les goûts de ces deux hommes semblent différer considérablement; mais ce n'est pas en réalité le cas. Les deux ouvrages ont beau inspirer des sentiments opposés, tous deux racontent une histoire qui excite l'admiration; tous deux sont remplis d'action, de passion; tous deux traitent de voyages, de batailles, de triomphes et de changements continuels de fortune. Peut-être l'admirateur de *Don Bellianis* n'entend-il pas la langue raffinée de l'*Énéide*; mais il en sentirait toute l'énergie si le style de ce poème s'abaissait à celui du *Voyage du Pèlerin*[2].

---

1. Geronimo Fernandez, *Historia del valeroso é invencibile Principe don Bellianis de Grecia*, Burgos, 1547-1579. Cervantès évoque cet ouvrage qui échappa au grand autodafé et fut remis par le curé à Don Quichotte. Burke appréciait vivement les romans de chevalerie et parla de son intérêt pour eux quarante ans plus tard dans un discours à la Chambre (*Registres du Parlement*, 5 décembre 1787). *Don Bellianis* est par ailleurs intimement lié à sa saga familiale à travers l'histoire du poème d'amour que Richard Shackleton adressa à la sœur de Burke, intitulé *Julia and Belinda* et directement inspiré de *Don Bellianis*.

2. John Bunyan écrivit en 1678 le *Voyage du Pèlerin* (*Pilgrim's Progress*) qui connut aussitôt un vif succès : dix éditions parurent du temps de l'auteur et l'ouvrage jouit d'une telle popularité dans le Royaume-Uni et hors de lui que Brodie le compare, sous cet angle, à la Bible (*Notes on John Bunyan's The*

Il n'est pas choqué de voir son auteur favori pécher continuellement contre la vraisemblance, confondre les temps, offenser les bonnes manières, fouler aux pieds la géographie, parce que lui-même n'a aucune connaissance de la géographie et de la chronologie et qu'il n'a jamais examiné les fondements de la probabilité. Supposons qu'il lise la description d'un naufrage sur la côte de Bohême[1]; entièrement captivé par un épisode si intéressant et préoccupé uniquement du sort de son héros, il ne s'inquiète aucunement de cette bourde extravagante. Car pourquoi serait-il choqué d'un naufrage sur la côte de Bohême, lui pour qui la Bohême est aussi bien une île de l'océan Atlantique ? Et, après tout, cela reflète-t-il quoi que ce soit de son bon goût naturel ?

Dans la mesure donc où le goût relève de l'imagination, son principe est le même chez tous les hommes; il n'y a de différence ni dans la manière dont ils sont affectés, ni dans les causes de cette affection, mais seulement dans le degré de l'impression, qui tient principalement à deux causes : un niveau supérieur de sensibilité naturelle ou bien une attention plus forte et plus soutenue à l'objet. Cherchons-en l'illustration dans l'exercice des sens, et supposons qu'on place devant deux hommes une table de marbre très lisse; cet aspect lisse leur est sensible à tous deux et leur plaît fort. Jusque-là ils sont d'accord. Mais supposons qu'une autre table, une autre

---

Pilgrim's Progress, Londres, Penguin Books, 1978). C'était le premier livre de fiction conçu comme une histoire édifiante destinée aux adultes et qui devint un classique pour enfants. On ne peut éviter de le comparer à *Robinson Crusoé* (1719) et à *Gulliver's Travels* (1726). Dans chacun des cas, un Anglais solitaire accomplit un dangereux voyage dans un pays lointain et doit montrer ses capacités d'adaptation à une situation inédite.

1. Shakespeare, *Conte d'hiver*, III, 3, 2.

encore, chacune mieux polie que la précédente, soient placées devant eux. Il est maintenant fort probable que ces deux personnes, qui s'accordaient si bien sur le lisse et sur le plaisir qu'ils en tiraient, divergeront quand il s'agira de décider quelle table l'emporte pour le poli. La grande différence entre les goûts ne se remarque bien que lorsqu'on vient à comparer l'excès ou le défaut des choses qui s'estiment par degré et non par mesure. Si l'excès ou le défaut de la qualité ne saute pas aux yeux, il n'est guère facile de trancher la question en cas de différend. Quand les opinions divergent sur deux quantités, il est possible de recourir à une mesure commune qui décidera la question avec la plus grande exactitude ; je pense que c'est ce qui donne à la connaissance mathématique une certitude supérieure à toute autre. Mais, pour des objets dont on ne saurait juger l'excès ou le défaut – tels le lisse et le rugueux, le dur et le mou, le sombre et le lumineux, les teintes des couleurs –, toutes ces qualités sont faciles à distinguer quand la différence est considérable, mais non quand elle est ténue, faute de mesures communes que peut-être on ne découvrira jamais. Dans ces cas délicats, si nous supposons une égale acuité sensorielle, l'avantage sera du côté de la plus grande attention et de l'habitude. C'est le marbrier qui décidera sans aucun doute avec le plus de précision à propos des tables. Mais, malgré l'absence de mesures communes permettant de trancher les nombreuses disputes relatives aux sens et à leur représentation dans l'imagination, nous trouvons que les principes sont partout les mêmes, et que le désaccord surgit seulement lorsqu'on vient à juger du degré d'excellence ou de ressemblance des choses ; ce qui nous conduit dans la province du jugement.

Tant que nous nous tournons vers les qualités sensibles des choses, l'imagination semble presque seule en cause ; et il semble aussi qu'elle soit presque seule intéressée dans la peinture des passions ; car les hommes les éprouvent sans recourir au raisonnement et tous les cœurs en reconnaissent la vérité, par la force de la sympathie naturelle. Amour, chagrin, peur, colère, joie, toutes ces passions nous ont tour à tour affectés, d'une manière qui n'est pas arbitraire ou fortuite, mais selon des principes certains, naturels et uniformes. Cependant, comme bien des œuvres d'imagination ne se bornent ni à représenter les objets sensibles, ni à émouvoir les passions, mais s'étendent aux mœurs, aux caractères, aux actions et aux desseins des hommes, à leurs relations, à leurs vertus et à leurs vices, elles entrent dans la province du jugement, lequel se perfectionne par l'attention et par l'habitude de raisonner. Tout cela constitue une part considérable de ce qu'on considère comme les objets du goût ; et Horace nous envoie à l'école de la philosophie et à celle du monde pour nous instruire en ces matières[1]. Quelle que soit la certitude qu'on puisse acquérir dans la morale et dans la science de la vie, nous n'en avons ni plus ni moins en ce qui concerne les œuvres d'imitation. C'est à vrai dire surtout dans notre habileté à nous conduire, dans le respect du temps et du lieu et dans la convenance en général – choses qu'on peut seulement apprendre dans les écoles recommandées par Horace – que consiste ce qu'on appelle le goût, pour le distinguer du reste qui, en réalité, n'est autre qu'un jugement plus raffiné. En somme, il me paraît que ce qu'on appelle goût, dans son acception la plus générale, n'est pas une idée simple, mais se compose d'une perception des

1. Voir *Art poétique*, II, v. 309-316 : « Pour bien écrire, il faut du bon sens (*recte sapere*) : là en est le principe, là en est la source. Les ouvrages socratiques pourront te faire voir l'idée, et, une fois l'idée devant tes yeux, les mots viendront la rejoindre sans se faire prier » (trad. fr. Villeneuve, *op. cit.*, p. 8, n. 1).

plaisirs primitifs des sens, des plaisirs secondaires de l'imagination et des conclusions de la faculté de raisonner touchant
les différentes relations entre ces deux types de plaisir et
touchant les passions, les mœurs et les actions des hommes.
Tout cela est indispensable pour former le goût, et les assises
en sont identiques dans l'esprit humain ; car, comme les sens
constituent les grands originaux de toutes nos idées[1], et donc
de tous nos plaisirs, s'ils ne sont pas incertains et arbitraires,
les assises du goût sont communes à tous les hommes et constituent donc un fondement suffisant pour des raisonnements
décisifs.

Tant que nous considérons le goût uniquement selon sa
nature et son espèce, ses principes sont parfaitement uniformes ; mais ils diffèrent chez les individus selon les éléments
qui prédominent. Car la sensibilité et le jugement, qualités qui
composent ce que nous appelons d'ordinaire le *goût*, diffèrent
extrêmement d'une personne à l'autre. Un défaut de la première qualité produit un manque de goût ; une faiblesse de la
seconde constitue un goût faux ou mauvais. Il est des hommes
aux sentiments si émoussés, d'un tempérament si froid et si
flegmatique, qu'on peut à peine dire qu'ils aient les yeux
ouverts pendant tout le cours de leur vie. Les objets les plus
frappants ne font qu'une impression faible et obscure sur des
personnes de ce genre. D'autres sont continuellement emportés
dans l'agitation de plaisirs grossiers et purement sensuels,
si fortement attachés aux viles manigances de l'avarice ou
tellement échauffés par la poursuite des honneurs et des

---

1. L'âme une fois conçue comme table rase, les objets de la sensation sont
la première source de nos idées. Voir Locke, *Essai sur l'entendement humain*,
op. cit., début du livre II.

distinctions que leur esprit, accoutumé aux tempêtes de ces passions violentes et orageuses, est à peine ébranlé par le jeu délicat et raffiné de l'imagination. Ces derniers, quoique par une cause différente, deviennent aussi stupides et insensibles que les premiers; mais, quand il leur arrive aux uns et aux autres d'être frappés par la grandeur ou par l'élégance, dans la nature ou dans l'art, ils sont émus selon le même principe.

Le mauvais goût a pour cause un défaut de jugement qui peut venir d'une faiblesse naturelle de l'entendement (peu importe la définition qu'on donne de sa puissance) ou, ce qui arrive plus fréquemment, d'un manque d'exercice approprié et bien conduit, seul apte à donner force et promptitude à l'entendement. De plus, l'ignorance, l'inattention, le préjugé, la précipitation, la légèreté, l'obstination, bref toutes les passions et tous les vices qui corrompent le jugement, ne le faussent pas moins dans la plus raffinée et la plus élégante de ses provinces : le goût. Ces causes produisent la diversité des opinions sur ce qui est objet de l'entendement, sans nous déterminer pour autant à supposer l'absence de principes fixes de la raison. Et il faut dire que, dans l'ensemble, les hommes diffèrent plutôt moins sur les matières de goût que sur la plupart des sujets qui relèvent de la raison toute nue ; et que les hommes s'accordent mieux sur l'excellence d'une description de Virgile que sur la vérité ou la fausseté d'une théorie d'Aristote.

La justesse du jugement dans les arts, qu'on peut appeler le bon goût, est en grande mesure fonction de la sensibilité, parce que, si l'esprit n'est pas enclin aux plaisirs de l'imagination, il ne s'appliquera jamais aux œuvres qui les procurent de façon suffisante pour en acquérir une bonne connaissance. Mais, bien qu'une certaine sensibilité soit indispensable pour former un bon jugement, celui-ci ne provient pas nécessairement d'une vive sensibilité au plaisir[1]; souvent, grâce à une plus grande sensibilité de complexion, un fort mauvais critique est plus profondément touché par un ouvrage très médiocre que le meilleur critique ne l'est par le plus parfait; car, comme tout ce qui est nouveau, extraordinaire, grand ou passionné est bien calculé pour toucher une personne de ce genre sans que les défauts ne l'affectent[2], elle jouit d'un plaisir plus pur et sans mélange; et, comme un tel plaisir appartient uniquement à l'imagination, il est bien plus vif qu'aucun autre provenant de la rectitude du jugement; la plupart du temps, le jugement s'emploie à placer des pierres d'achoppement sur le chemin de l'imagination, à dissiper les scènes de ses enchantements et à nous courber sous le joug fâcheux de la raison; car presque tout le plaisir que les hommes ressentent à juger mieux qu'autrui tient à une sorte d'orgueil et de supériorité que leur donne la conscience d'une pensée juste[3]; mais alors c'est un plaisir indirect, un plaisir qui ne résulte pas immédiatement de l'objet contemplé. Au matin de la vie, quand les sens sont

1. Burke ne pose pas dans cette introduction consacrée au goût la question de savoir si le goût concerne ou non le sublime. Kant tire la leçon de pareille remarque lorsqu'il distingue le goût comme faculté du beau, du sentiment comme faculté du sublime.

2. Burke n'oppose pas ici la grandeur à la correction pour noter, à l'instar de Longin-Boileau, que les grands esprits sont sujets à tomber du fait de leur grandeur même; il souligne seulement la divergence radicale entre deux principes : la sensibilité et le jugement. Peut-être a-t-il lu Jean-Pierre Crousaz qui soulignait en 1715 l'incompatibilité entre deux types de plaisir : l'un qui occupe seulement l'esprit, l'autre qui domine le cœur. Aussi un objet peut-il plaire à l'idée et ne pas plaire au sentiment, et inversement (*Traité du beau*, II, 5, Paris, Fayard, 1985).

3. Burke se souvient des analyses de Hume, concernant l'amour de soi et les plaisirs de la vanité (*Traité de la nature humaine*, II, I, 2).

encore neufs et tendres, quand l'homme entier est éveillé et quand l'éclat de la nouveauté donne de la fraîcheur à tous les objets qui nous entourent, combien nos sensations sont vives, mais combien les jugements que nous formons des choses sont faux et imprécis! Je désespère de recevoir jamais des meilleures productions du génie le même degré de plaisir que me firent éprouver à cet âge des œuvres que je juge aujourd'hui frivoles et méprisables[1]. Toute cause ordinaire de plaisir est capable de toucher un homme d'un tempérament trop sanguin[2]; son appétit est trop avide pour s'accommoder d'un goût délicat; et il est précisément à tous égards ce qu'Ovide dit de lui-même en amour :

> Mon cœur, dans sa tendresse, est vulnérable aux traits légers de l'amour, et toujours il est une cause pour que j'aime toujours[3].

Une personne de ce caractère ne saurait jamais être un juge raffiné; elle ne saurait jamais être ce que le poète comique appelle « un juge difficile des belles formes »[4]. On ne peut apprécier qu'imparfaitement l'excellence et la force d'une composition d'après ses effets sur un esprit déterminé, à moins de connaître le tempérament et le caractère de celui-ci. Les plus puissants effets de la poésie et de la musique se sont manifestés, et peut-être se manifestent-ils encore, là où ces arts

---

1. Cette confidence sur la quête d'une intensité émotionnelle désormais perdue pose la question de savoir si le fondement – ou un des fondements – du délice sublime ne tiendrait pas à la reviviscence d'expériences intenses qui, désemparent le cœur et l'intelligence du sujet.

2. *Sanguine* signifie dans l'anglais courant « optimiste » ou « porté à l'optimisme ».

3. Sapho à Phaon, *Héroïdes*, XV, 79-80.

4. Térence, *Eunuque*, v. 566.

ne sont que dans un état inférieur et imparfait. Un auditeur grossier est touché par les principes qui opèrent dans ces arts, dont la forme est encore grossière : il n'est pas assez expérimenté pour en percevoir les défauts. Mais, à mesure que les arts avancent vers leur perfection, la science de la critique avance du même pas, et le plaisir des juges est fréquemment interrompu par les fautes qu'ils découvrent dans les compositions les plus achevées.

Avant de quitter ce sujet, je ne puis m'empêcher de faire état d'une opinion assez répandue suivant laquelle le goût constituerait une faculté séparée de l'esprit, distincte du jugement et de l'imagination ; une sorte d'instinct par lequel nous serions naturellement frappés, au premier coup d'œil et sans aucun raisonnement antérieur, des beautés ou des défauts d'une composition[1]. En tout ce qui concerne l'imagination et les passions, je crois que la raison est en effet peu consultée ; mais, en ce qui concerne la disposition, la bienséance[2], la convenance, bref partout où le meilleur goût se distingue du pire, je suis convaincu que c'est l'entendement qui opère, et rien d'autre ; et son opération est en réalité loin d'être toujours soudaine, et si elle l'est, souvent loin d'être juste. Il arrive fréquemment aux hommes du goût le plus sûr de désavouer ces jugements hâtifs et précipités que l'esprit, dans son horreur de la neutralité et du doute, aime à former sur-le-champ. On sait que le goût (quelle que soit sa nature) se perfectionne exactement de la même manière que le jugement, par un élargisse-

1. Burke s'oppose ici à la théorie du « sixième sens » développée par Du Bos et Hutcheson et préfigure l'assimilation kantienne du goût à un type de jugement : le jugement esthétique réfléchissant qui suppose un accord libre et indéterminé des différentes facultés.

2. Burke utilise le latinisme usuel *decorum*.

ment des connaissances, par une attention soutenue à l'objet et par un fréquent exercice. Chez ceux qui n'ont pas adopté ces méthodes, si le goût décide promptement, c'est toujours de façon incertaine; leur rapidité est due à la présomption et à la témérité, non à une illumination subite qui dissiperait en un instant les ténèbres de leurs esprits. Au lieu que ceux qui ont cultivé l'espèce de connaissance qui fait l'objet du goût acquièrent progressivement par l'habitude non seulement une sûreté, mais une promptitude de jugement, ainsi qu'on le fait par les mêmes méthodes dans toutes les autres circonstances. On est d'abord obligé d'épeler, mais on finit par lire facilement et rapidement; cependant, la rapidité de l'opération ne prouve pas que le goût soit une faculté distincte. Je ne crois pas que personne ait assisté à une discussion sur des matières du ressort de la raison toute nue sans avoir été frappé de la promptitude avec laquelle le processus de l'argumentation se déroule, les raisons sont découvertes, les objections soulevées et réfutées et les conclusions tirées des prémisses – rapidité tout aussi grande que celle avec laquelle on peut supposer que s'exerce le goût –; et cela dans un domaine où rien n'opère ou n'est supposé opérer que la simple raison. Multiplier les principes pour chaque cas est inutile et même fort contraire à la philosophie.

On pourrait poursuivre encore longtemps sur cette matière; mais ce n'est pas l'étendue du sujet qui doit nous prescrire ses limites, car quel sujet ne se ramifie pas jusqu'à l'infini? Seuls la nature de notre projet et le point de vue sous lequel nous le considérons doivent mettre un terme à nos recherches.>

PREMIÈRE PARTIE

I. LA NOUVEAUTÉ

La première émotion, et la plus simple, que nous découvrons dans l'esprit humain est la curiosité. Par là, j'entends tout désir éprouvé pour la nouveauté ou tout plaisir qu'elle procure. Regardons les enfants courir de côté et d'autre à l'affût d'un objet nouveau et saisir avec avidité, sans véritable choix, tout ce qui s'offre à eux; il n'est rien qui n'engage leur attention parce qu'à ce stade de la vie, il n'est rien qui ne se pare du charme de la nouveauté. Mais, comme ce qui nous attire seulement par sa nouveauté ne saurait nous attacher durablement, la curiosité est la plus superficielle de toutes les affections; elle change sans cesse d'objet; son appétit est très vif, mais bien aisément satisfait; et elle présente toujours l'apparence de l'étourdissement, de l'agitation et de l'anxiété. C'est un principe très actif par nature; elle parcourt rapidement la plus grande partie de ses objets et épuise bientôt la diversité qu'on trouve communément dans la nature; les mêmes choses reviennent plusieurs fois, et avec des effets de moins en moins agréables. En somme, dès qu'on a quelque connaissance des circonstances de la vie, on n'y goûterait que des sensations de dégoût et d'ennui si plusieurs objets n'étaient propres à affecter l'esprit par d'autres pouvoirs que la nouveauté, et par d'autres passions que la curiosité : nous considérerons en leur lieu ces pouvoirs et ces passions. Mais, quels qu'ils soient et quel que soit le principe suivant lequel ils affectent l'esprit, ils ne sauraient jamais concerner des choses que la familiarité d'un usage quotidien et vulgaire a déflorées et rendues incapables de nous toucher. Une certaine nouveauté doit entrer dans la composition de tout ce qui agit sur l'esprit ; et la curiosité se mêle plus ou moins à toutes nos passions.

II. La douleur et le plaisir

Si l'on veut remuer les passions de personnes avancées en âge, il semble donc nécessaire que les objets destinés à cet office ne possèdent pas seulement un certain degré de nouveauté, mais soient capables d'éveiller la douleur et le plaisir à partir d'autres causes. La douleur et le plaisir sont des idées simples, qu'on ne peut définir. Les hommes ne sont pas exposés à se méprendre sur leurs sentiments, mais ils se trompent très souvent en les nommant et en raisonnant à leur sujet. Beaucoup pensent que la douleur provient nécessairement de l'éloignement du plaisir, et, réciproquement, que le plaisir naît de la cessation ou de la diminution de la douleur. Pour ma part, je suis plutôt enclin à imaginer que, dans leur manière d'affecter la plus simple et la plus naturelle, la douleur et le plaisir sont chacun de nature positive et ne dépendent en aucune manière l'un de l'autre quant à leur existence. L'esprit humain se trouve souvent, et même la plupart du temps, dans un état exempt de douleur et de plaisir, que j'appelle d'indifférence. Lorsqu'il quitte cet état pour un autre de plaisir réel, il n'a pas besoin de passer par un état intermédiaire de douleur.

Si, dans cet état d'indifférence, d'aise ou de tranquillité – appelez-le comme il vous plaira, vous êtes soudain diverti par la musique d'un concert, si l'on vous présente un objet de belle forme, brillant de vives couleurs, si votre odorat est flatté par le parfum d'une rose, s'il vous arrive de boire du bon vin sans éprouver de soif, ou de savourer quelques douceurs sans appétit, les sens de l'ouïe, de la vue, de l'odorat et du goût vous donneront du plaisir; mais, si je m'enquiers de ce que vous ressentiez avant d'avoir éprouvé ces satisfactions, vous n'allez pas me répondre qu'elles vous ont surpris dans quelque espèce de douleur; ou bien, après avoir pourvu aux plaisirs spécifiques de ces sens, diriez-vous qu'une douleur ait succédé à des plaisirs, alors même que le plaisir a complètement disparu? Supposons, d'autre part, qu'un homme qui se trouve dans le même état d'indifférence reçoive un coup violent, boive une potion amère, ait l'oreille blessée par un son aigre et déchirant : nul plaisir ne lui est ôté et, néanmoins, chacun de ses sens éprouve une douleur très nette. On dira peut-être que celle-ci provient de l'éloignement du plaisir dont il jouissait, bien que ce plaisir fût d'un degré si infime qu'on ne pouvait le percevoir qu'une fois éloigné. On ne saurait cependant découvrir cette subtilité dans la nature. Car, si avant la douleur je ne ressens aucun plaisir réel, je n'ai aucune raison de juger qu'il existe, puisque le plaisir n'est tel qu'autant qu'il est ressenti. On pourra en dire de même pour la douleur, et avec autant de raison. Je ne me persuaderai jamais que le plaisir et la douleur sont de simples relations, ne pouvant exister que par contraste ; mais je pense pouvoir discerner clairement qu'il y a des douleurs et des plaisirs positifs qui ne dépendent nullement les uns des autres. Comment en douter? Il n'est rien que je puisse distinguer avec plus de clarté que les trois états dont j'ai parlé : l'indifférence, le plaisir et la douleur. Je peux sentir chacun

d'entre eux sans avoir aucune idée de sa relation à quoique ce
soit d'autre. Caïus est affligé d'une crise de colique : il souffre
effectivement. Mettez-le sur un chevalet de torture, il souffrira
bien davantage ; mais la douleur du chevalet naîtra-t-elle de
l'éloignement d'un plaisir ? Ou bien l'accès de colique est-il
un plaisir ou une douleur, selon qu'il nous plaît de l'envisager ?

III. DE LA DIFFÉRENCE ENTRE L'ÉLOIGNEMENT
DE LA DOULEUR ET LE PLAISIR POSITIF

Poussons la proposition plus loin. Avançons qu'en ce qui
concerne leur existence, la douleur et le plaisir ne dépendent
pas seulement ni nécessairement d'une diminution ou d'un
éloignement l'un de l'autre : la diminution ou la cessation du
plaisir n'agit pas comme une douleur positive, et l'éloignement de la douleur ou sa diminution ressemble fort peu dans
ses effets à un plaisir positif*. On m'accordera plus facilement, je pense, la première de ces propositions, parce qu'il est
évident que le plaisir, une fois sa carrière parcourue, nous
laisse fort près du point où il nous a trouvés. Le plaisir satisfait
promptement. Est-il passé ? Nous retombons dans l'indifférence, ou plutôt nous succombons à une douce tranquillité,
teinte des couleurs agréables de la sensation précédente. Je
conviens qu'au premier coup d'œil il n'est pas aussi évident
que l'éloignement d'une grande douleur ne ressemble pas à un

---

* Mr Locke (*Essai sur l'entendement humain*, II, 20, 16) pense que
l'éloignement ou l'affaiblissement de la douleur est considéré comme un
plaisir et agit comme tel, et que la perte ou la diminution du plaisir est considérée comme une douleur et agit comme telle. C'est son opinion que nous
considérons ici.

plaisir positif; mais quel est l'état d'âme de celui qui vient d'être sauvé d'un danger imminent ou délivré d'une douleur cruelle? Son humeur est bien éloignée, si je ne me trompe, de celle que donne un plaisir positif : c'est un grand calme teinté de crainte, une sorte de tranquillité ombragée d'horreur. Sa physionomie et ses mouvements correspondent si bien à cet état d'esprit que toute personne étrangère à la cause de son affection, loin de croire qu'il jouisse d'un quelconque plaisir positif, l'imagine plongé dans la consternation.

> Lorsqu'un infortuné, conscient de son crime et recherché pour meurtre dans son pays natal, vient d'atteindre une frontière, sans haleine, pâle, éperdu ; tous regardent, tous s'étonnent [1].

L'aspect saisissant du fugitif qu'Homère suppose juste échappé d'un danger imminent, l'espèce de passion mêlée de terreur et de surprise qu'il présente aux spectateurs peint avec une grande énergie la manière dont nous nous sentons nous-mêmes affectés lors de circonstances comparables. Car, après une émotion violente, l'esprit demeure à peu près dans la même situation, une fois que la cause qui l'a produite a cessé d'opérer. L'agitation de la mer persiste après la tempête ; et quand ce reste d'horreur s'est entièrement dissipé, toute passion suscitée par l'accident se dissipe en même temps que lui ; et l'esprit revient à son état habituel d'indifférence. Bref, je me figure que le plaisir (j'entends par là tout ce qui ressemble à un plaisir né d'une cause positive, soit dans la sensation intérieure, soit dans l'apparence extérieure) n'a jamais son origine dans l'éloignement de la douleur ou du danger.

---

1. Homère, *Iliade*, XXIV, 480-482, trad. fr. R. Flacelière, Paris, Gallimard, 1968. Priam, guidé par Hermès, parvient à s'approcher d'Achille, pour lui demander le corps d'Hector : la stupeur saisit les Grecs.

IV. DE L'OPPOSITION DU DÉLICE ET DU PLAISIR

Mais dirons-nous donc que l'éloignement de la douleur ou sa diminution est toujours simplement douloureuse ? Ou affirmerons-nous que la cessation ou l'affaiblissement d'un plaisir est toujours accompagnée de plaisir ? En aucune façon. Voici tout ce que j'avance : premièrement, il y a des plaisirs et des douleurs de nature positive et indépendante ; deuxièmement, le sentiment qui résulte de la cessation ou de la diminution de la douleur ne ressemble pas assez au plaisir positif pour qu'on le croie de même nature et qu'on lui donne le même nom ; troisièmement, et d'après le même principe, l'éloignement du plaisir ou la diminution du plaisir n'ont pas la moindre ressemblance avec une douleur positive. Certainement, le sentiment qui naît de l'éloignement ou de l'atténuation d'une douleur n'a rien par nature d'affligeant ou de désagréable. Ce sentiment, si flatteur en bien des circonstances, mais toujours différent d'un plaisir positif, ne porte pas de nom que je connaisse ; mais cela ne l'empêche pas d'être fort réel et de différer de tous les autres.

[1] <Il est hors de doute que toute espèce de satisfaction ou de plaisir, quelle que soit la manière dont elle nous affecte, est de nature positive dans l'esprit de celui qui l'éprouve. Mais une sorte de *privation* peut en être la cause, et l'est sûrement en ce cas. Il est donc très raisonnable de distinguer dans les termes

---

1. Burke éclaircit ici sa pensée, pour dissiper une critique formulée par l'auteur dramatique, Arthur Murphy : « Mais, assurément l'éloignement d'un mal de dents est un plaisir à tous égards ; il induit dans l'esprit une suite d'idées agréables, telles que la satisfaction de notre état présent, etc. ; et le plaisir est tout aussi positif, qu'il commence dans l'esprit, ou qu'il y soit transmis par une sensation physique agréable » (*Literary Magazine*, II, p. 183).

deux choses de nature aussi différentes qu'un plaisir simple et exempt de relation et un plaisir qui ne peut exister sans une relation, et plus particulièrement une relation à la douleur. Il serait bien extraordinaire que ces affections, si distinctes dans leurs causes, si différentes dans leurs effets, soient confondues l'une avec l'autre, parce que l'usage vulgaire les a rangées sous une même dénomination générale.>

Chaque fois que j'aurai l'occasion de parler de cette espèce de plaisir relatif, je l'appellerai *délice* (*delight*); et j'aurai soin de ne jamais utiliser ce mot en aucun autre sens. Je suis bien convaincu qu'il n'est pas reçu communément dans l'acception que j'ai adoptée; mais je pense qu'il vaut mieux emprunter un terme déjà connu et en limiter la signification qu'en introduire un nouveau, qui pourrait ne pas s'incorporer aussi bien à notre langue. Je ne me serais jamais permis la moindre altération de notre vocabulaire, si je n'y avais pas été en quelque sorte contraint et par la nature du langage, créé à des fins de commerce plus que de philosophie, et par la nature de mon sujet qui me conduit hors de la route commune du discours. J'userai de cette liberté avec toutes les précautions possibles. J'emploierai le terme *délice* pour exprimer la sensation qui accompagne l'éloignement de la douleur ou du danger et, de même, quand je parlerai de plaisir positif, je le nommerai le plus souvent simplement *plaisir*.

V. La joie et le chagrin

On doit observer que la cessation du plaisir affecte l'esprit de trois manières. S'il cesse simplement, après avoir duré un temps convenable, l'effet produit est l'*indifférence*; s'il s'interrompt brusquement, il en résulte un sentiment désagréable, appelé *déception*; si l'objet est totalement perdu, au point de ne laisser aucune chance d'en jouir de nouveau, il s'ensuit une passion, nommée *chagrin*. Or aucune de ces affections, même la dernière qui est la plus violente, ne ressemble à une douleur positive. La personne qui a du chagrin laisse sa passion la dominer, elle s'y livre et l'aime; ce qui n'arrive jamais lors d'une douleur véritable, que personne n'endure longtemps de son plein gré. Bien que le chagrin soit loin d'être agréable, il n'est pas difficile de comprendre qu'on puisse volontiers s'y adonner. Car c'est dans la nature de cette passion de garder son objet sans cesse sous les yeux, de se le représenter sous ses aspects les plus agréables, de se répéter toutes les circonstances qui l'accompagnent, jusqu'aux plus petits détails; de revenir sur toutes les jouissances particulières, de s'arrêter sur chacune et de trouver à toutes mille nouvelles perfections, insuffisamment perçues jusqu'alors; le *plaisir* domine toujours dans le chagrin; et l'affliction que nous éprouvons n'a aucune ressemblance avec la douleur absolue, qui est toujours odieuse, et dont nous tentons de nous délivrer le plus tôt possible. L'*Odyssée* d'Homère, qui abonde en images naturelles et touchantes, n'en offre pas de plus frappantes que celles que suggère à Ménélas le sort infortuné de ses amis, et les sentiments qu'il lui inspire. Il avoue en effet qu'il s'arrache souvent à des réflexions aussi mélancoliques, mais note également que, malgré leur mélancolie, elles ne laissent pas de lui procurer du plaisir.

> Dans les courts intervalles d'une douleur qui n'est pas sans plaisir, attentif aux devoirs de l'amitié qui m'incombent, je

livre aux morts glorieux, à jamais chers, le tribut d'une larme de gratitude [1].

D'autre part, quand nous recouvrons la santé, ou quand nous échappons à un danger imminent, que ressentons-nous? De la joie? Non, ce que nous éprouvons alors diffère beaucoup de la satisfaction douce et voluptueuse que procure la perspective d'un plaisir assuré. Le délice qui naît des modifications de la douleur indique le tronc dont il est issu, par sa nature solide, forte et sévère.

VI. Des passions relatives à la conservation de soi

La plupart des idées aptes à produire une puissante impression sur l'esprit, qu'il s'agisse de douleur et de plaisir simples ou de leurs modifications, peuvent se réduire à ces deux objets: la *conservation de soi* et la *société*. Toutes nos passions doivent répondre à l'une de ces deux fins. Celles qui concernent la conservation de soi dépendent principalement de la *douleur* ou du *danger*. Les idées de *douleur*, de *maladie*, et de *mort* remplissent l'esprit de fortes émotions d'horreur; en revanche, le simple fait de jouir de la vie et de la santé – sans lesquelles, pourtant, nous ne saurions éprouver du plaisir – ne produit qu'une faible impression. Voilà pourquoi les passions qui ont pour objet la conservation de l'individu dépendent essentiellement de la douleur et du danger et sont les plus puissantes de toutes.

1. *Odyssée*, IV, 100-103. Ménélas s'adresse à Télémaque, dont il ne fait encore que soupçonner l'identité.

VII. DU SUBLIME

Tout ce qui est propre à susciter d'une manière quelconque les idées de douleur et de danger, c'est-à-dire tout ce qui est d'une certaine manière terrible, tout ce qui traite d'objets terribles ou agit de façon analogue à la terreur, est source du *sublime*, c'est-à-dire capable de produire la plus forte émotion que l'esprit soit capable de ressentir.

<Je dis la plus forte des émotions, parce que je suis convaincu que les idées de douleur sont beaucoup plus puissantes que celles qui viennent du plaisir. Sans aucun doute, les tourments qu'on peut nous faire endurer ont des effets sur le corps et sur l'esprit bien plus considérables que tous les plaisirs que pourrait suggérer la volupté la plus raffinée, ou dont pourraient jouir l'imagination la plus vive et le corps le plus robuste et le plus exquisément sensible. Je doute même qu'il se trouve un homme qui veuille acheter une vie de bonheur parfait au prix des tourments ultimes que la justice infligea en quelques heures au dernier et infortuné régicide de France, Damiens[1]. Mais, de même que la douleur opère plus énergiquement que le plaisir, elle nous touche bien moins que l'idée de la mort; parce qu'il y a très peu de douleurs, même des plus cruelles, qu'on ne préfère à la mort; et ce qui rend généralement la douleur plus douloureuse, si je puis dire, est

1. Robert Francis Damiens tenta d'assassiner Louis XV, le 5 janvier 1757 et mourut sous d'horribles tortures, le 28 mars de la même année. Burke répond ici à l'objection présentée par Arthur Murphy : « Mais sûrement c'est une fausse philosophie : le brodequin de Ravaillac, ou le lit de fer de Damiens peuvent susciter des idées captivantes et alarmantes de terreur, mais on ne peut dire qu'elles renferment quoi que ce soit de sublime » (*Literary Magazine*, II, p. 183).

qu'on la considère comme l'émissaire de cette reine des terreurs.>

Lorsque le danger ou la douleur serrent de trop près, ils ne peuvent donner aucun délice et sont simplement terribles; mais, à distance, et avec certaines modifications, ils peuvent être délicieux et ils le sont, comme nous en faisons journellement l'expérience. J'essaierai ci-dessous d'en rechercher la cause.

VIII. DES PASSIONS RELATIVES À LA SOCIÉTÉ

On peut distinguer deux sortes de passions relatives à la *société* : la société des *sexes* dont l'objet est la propagation de l'espèce [1], et la *société plus générale* que nous formons avec les hommes et avec les autres animaux, et même en quelque façon, pourrait-on dire, avec le monde inanimé. Les passions qui concernent la conservation de l'individu reposent totalement sur la douleur et le danger, tandis que celles qui regardent la *génération* ont leur source dans les jouissances et les plaisirs. Le plaisir qui s'attache le plus directement à la génération est

---

1. O. Goldsmith objecte que «l'intérêt propre, et non la beauté, peut être l'objet de cette passion; la beauté ne cimente pas l'amitié entre hommes; la beauté des animaux n'est pas ce qui nous pousse à les apprécier et à les nourrir; la beauté des légumes n'est pas ce qui nous incite à les améliorer par la culture. Si tel était le cas, nous aurions horreur des animaux de vilain aspect, si utiles et inoffensifs soient-ils; nous recevrions dans nos seins le serpent bariolé et accueillerions chez nous la panthère mouchetée. [...] Une grande part de nos perceptions de la beauté ne provient pas d'une opération mécanique sur les sens, dont l'effet serait un plaisir positif, mais d'une inférence de la raison qui n'oublie pas son intérêt propre et qui, parfois même, en déduit ce qui est beau» (*Monthly Review*, p. 476, note).

de caractère vif, frénétique et violent et constitue, de l'aveu général, le plus haut plaisir des sens; cependant, l'absence d'une si grande jouissance s'élève rarement jusqu'à l'inquiétude; et je ne pense pas qu'elle nous touche le moins du monde, sauf à certains moments particuliers. Lorsqu'on décrit la manière dont la douleur et le danger nous affectent, on ne s'arrête pas sur le plaisir de la santé et sur le confort de la sécurité, pour se lamenter ensuite sur la *perte* de ces satisfactions : la pensée est tout entière aux douleurs et aux horreurs réelles dont on souffre. Écoutez les complaintes d'un amant abandonné : vous observerez qu'il insiste longuement sur les plaisirs dont il jouissait ou espérait jouir, et sur la perfection de l'objet de ses désirs; c'est la *perte* qui prédomine toujours dans son esprit[1]. Les effets violents d'un amour qui s'exalte parfois jusqu'à la folie ne constituent pas une objection à la règle que nous cherchons à établir. Quand les hommes ont longtemps laissé une idée toucher leur imagination, cette idée les accapare au point d'exclure progressivement toutes les autres et de ne plus pouvoir demeurer dans les cloisons de l'esprit qui la contiendraient. N'importe quelle idée y suffit, comme le montre l'infinie variété des causes qui donnent naissance à la folie : mais cela peut tout au plus prouver que la passion de l'amour est capable de produire des effets extraordinaires, et non que ses émotions extraordinaires aient quelque relation avec une douleur positive.

1. Burke s'inspire d'une histoire qu'il relate à son ami Shakleton (7 juillet 1744, Samuels, *Early Life*, p. 50-52), concernant un commis amoureux qui, évincé par un rival français, s'empoisonna à l'arsenic : « Cet accident a altéré mes sentiments concernant l'amour, si bien que je ne suis plus maintenant seulement convaincu que l'amour existe, mais qu'il est très probablement la source de ces multiples infortunes qu'on lui attribue ordinairement ».

IX. Cause finale de la différence entre les passions relatives à la conservation de soi et les passions relatives à la société des sexes

La cause finale de la différence de caractère entre les passions qui concernent la conservation de soi et celles qui sont dirigées vers la multiplication de l'espèce permettra de jeter un jour plus grand sur les remarques qui précèdent ; et elle mérite d'ailleurs d'être étudiée pour son propre compte. Comme nous n'accomplissons nos devoirs qu'autant que nous jouissons de la vie, et que nous ne les remplissons avec vigueur et efficacité qu'en conséquence de notre santé, toute menace de destruction nous affecte fortement ; mais, comme il n'a pas tenu à nous d'assentir à la vie et à la santé, leur simple jouissance ne s'est accompagnée d'aucun plaisir véritable, de peur, sans doute, que, satisfaits, nous ne nous abandonnions à l'indolence et à l'inaction. D'autre part, la génération de l'espèce humaine est un grand dessein qu'un puissant aiguillon doit pousser les hommes à accomplir. Aussi est-elle accompagnée du plus vif plaisir ; mais, comme elle n'est nullement destinée à faire notre occupation constante, il ne faut pas que l'absence de ce plaisir soit accompagnée d'une douleur considérable. La différence entre les hommes et les bêtes me semble, à cet égard, remarquable. Les hommes sont en tout temps assez également disposés aux plaisirs de l'amour, parce que la raison leur dicte le moment et la manière de s'y livrer. Si la privation de cette jouissance avait causé une grande douleur, la raison aurait trouvé de grandes difficultés, je le crains, à remplir son office. Mais les bêtes qui suivent des lois dans l'exécution desquelles leur raison a peu de part obéissent à des saisons fixes ; à pareilles périodes, la sensation de privation doit être fort pénible, parce que la fin doit être remplie ou manquée, peut-être pour toujours dans certains cas, puisque l'inclination ne revient qu'avec la saison qui lui est propre.

X. DE LA BEAUTÉ

La passion qui concerne la génération comme telle n'est que luxure ; c'est évident chez les bêtes, dont les passions sont moins complexes que les nôtres et qui poursuivent leurs desseins d'une façon plus directe. La seule distinction qu'elles observent dans leurs accouplements est celle du sexe. Il est vrai qu'elles s'attachent, chacune séparément, à leur propre espèce de préférence à toutes les autres. Je ne crois cependant pas que cette préférence vienne d'un sentiment de beauté qu'elles découvrent dans leur espèce, comme le suppose M. Addison[1], mais d'une autre loi à laquelle elles sont assujetties ; c'est ce qu'on peut raisonnablement conclure de leur défaut apparent de choix dans la sphère où leur espèce les confine. Mais l'homme, qui est une créature faite pour des relations plus variées et plus complexes, associe à la passion générale l'idée de certaines qualités *sociales*, qui dirigent et augmentent l'appétit qu'il partage avec tous les autres

---

1. « (Le Créateur) a rendu agréable tout ce qui est beau dans chaque espèce, afin que toutes les créatures puissent être portées à le multiplier et à remplir le monde d'habitants ; car il est très remarquable que partout où la nature est contrecarrée dans la production d'un monstre (le résultat d'un accouplement non naturel), la race est incapable de se perpétuer et de fonder un ordre nouveau de créatures ; de sorte que, si tous les animaux n'étaient séduits par la beauté de leur propre espèce, la génération serait à son terme, et la terre dépeuplée » (*The Spectator*, n° 413, 24 juin 1712).

animaux ; n'étant pas destiné à vivre sans contrainte comme eux, il lui faut quelque motif pour déterminer sa préférence et fixer son choix : c'est généralement quelque qualité sensible, puisqu'aucune autre ne produit d'effet plus rapide, plus puissant ou plus sûr. C'est pourquoi l'objet de cette passion mixte qu'on appelle amour est la *beauté* du *sexe*. Les hommes sont portés vers le sexe en général, à la fois parce que c'est le sexe et en vertu d'une loi commune de la nature ; mais ils sont attachés à un individu particulier par la *beauté* personnelle. Je dis que la beauté est une qualité sociale ; car lorsque la contemplation d'hommes et de femmes, mais aussi d'autres animaux, nous cause un sentiment de joie et de plaisir (et c'est fréquemment le cas), nous éprouvons pour leurs personnes des sentiments de tendresse et d'affection ; nous aimons les avoir auprès de nous et entrons volontiers dans une sorte d'intimité avec eux, à moins d'avoir de fortes raisons d'agir autrement. Mais je suis dans bien des cas incapable de découvrir la fin à laquelle ce comportement est destiné ; car je ne vois pas de plus grande raison pour que l'homme s'attache à divers animaux parés d'une manière si engageante, plutôt qu'à quelques autres qui manquent entièrement de cet attrait ou qui le possèdent à un degré bien moindre. Il est probable, toutefois, que la Providence n'a établi cette distinction que pour la faire concourir à quelque grand dessein, que nous ne pouvons percevoir distinctement, car sa sagesse n'est pas notre sagesse, ni nos voies ses voies.

XI. LA SOCIÉTÉ ET LA SOLITUDE

La seconde branche des passions sociales est celle qui s'étend à la *société en général*. À cet égard, j'observe que la vie en société, comme telle, sans rien qui la rehausse, ne nous procure aucun plaisir positif; tandis que la *solitude* absolue et entière, c'est-à-dire l'exclusion totale et perpétuelle de toute société, est la douleur positive la plus grande qu'on puisse concevoir. C'est pourquoi, lorsqu'on balance entre le plaisir de la *société* générale et la douleur de la solitude absolue, c'est la *douleur* qui l'emporte. Mais le plaisir de toute jouissance sociale particulière compte bien plus que l'inquiétude causée par le manque de cette même jouissance; si bien que les sensations les plus fortes que peuvent donner les habitudes de la *société particulière*, sont des sensations de plaisir. La bonne compagnie, les conversations animées et les épanchements de l'amitié remplissent l'esprit d'un grand plaisir; par ailleurs une solitude temporaire a bien de l'agrément. Qu'elle en ait autant que la société, cela ne prouve-t-il pas que nous sommes des créatures destinées à la contemplation autant qu'à l'action? En revanche, comme nous l'avons dit, une vie entièrement solitaire contredit la fin de notre être, puisque l'idée de la mort elle-même, suscite à peine plus de terreur.

XII. LA SYMPATHIE, L'IMITATION ET L'AMBITION

Les passions qu'on dit de société sont d'un genre compliqué et se ramifient en formes dont la diversité correspond à celle des fins qu'elles doivent remplir dans la grande chaîne de la société. Les trois principaux maillons de cette chaîne sont la *sympathie*, l'*imitation* et l'*ambition*.

XIII. LA SYMPATHIE

C'est par la première de ces passions que nous entrons dans les intérêts des autres, que nous sommes émus comme ils le sont, et que nous ne pouvons jamais supporter de rester spectateurs indifférents de presque tout ce qu'ils font ou souffrent. Car on doit considérer la sympathie comme une sorte de substitution, qui nous met à la place d'autrui et nous permet d'être affecté presque de la même manière; la sympathie peut ainsi participer par nature des passions qui concernent la conservation de soi et, en procédant de la douleur, devenir une source du sublime; ou bien elle peut éveiller des idées de plaisir, et il est possible alors de lui appliquer tout ce qu'on a dit des affections sociales, qu'elles concernent la société en général ou seulement quelques-uns de ses modes particuliers. C'est essentiellement d'après ce principe que la poésie, la peinture et les autres arts faits pour nous émouvoir transmettent les passions d'un cœur à un autre, et peuvent souvent enter[1] du délice sur le malheur, sur la misère et sur la mort même. On observe couramment que des objets qui choqueraient dans la réalité deviennent dans les représentations tragiques ou proches du tragique la source d'une forme très vive de plaisir. Ce fait dûment constaté a donné lieu à maints raisonnements[2]. On a ordinairement attribué cette satisfaction d'abord au soulagement que nous éprouvons à la pensée qu'une histoire aussi mélancolique n'est qu'une fiction et, ensuite, à la considération que nous sommes nous-mêmes

---

1. *grafting*.
2. Voir Aristote, *Poétique*; Addison, *The Spectator*, juin 1712; Du Bos, *Réflexions critiques sur la poésie et la peinture*, 1719.

exempts des maux que nous voyons représentés[1]. Je crains qu'on ait trop l'habitude, dans ce genre de recherche, de rapporter la cause des sentiments qui ne proviennent que de la structure mécanique de nos organes ou de la forme et de la constitution naturelles de notre esprit à certaines conclusions de notre faculté de raisonnement concernant les objets qui nous sont présentés; quant à moi, il me semble que la raison n'a pas une influence aussi grande qu'on le croit communément dans l'éveil des passions.

---

1. Cet argument du retour sur soi sera repris en I, 15. Il se fonde sur les vers de Lucrèce : *Suave, mari magno turbantibus aequora ventis ...*

« Qu'il est doux quand, sur la grande mer, les vents agitent les flots, d'assister de la terre aux rudes épreuves d'autrui ; non que la souffrance d'autrui soit un plaisir si grand, mais qu'il est doux de voir à quels maux on échappe ! Qu'il est doux encore de contempler, pendant la guerre, les grands combats déployés dans les plaines, sans prendre soi-même part au danger ! ».

Addison et Hume suivent Lucrèce en soulignant l'importance du retour sur soi. Le fait de songer à l'absence de danger personnellement encouru stimule, en effet, aux yeux du premier, le plaisir ressenti (*The Spectator*, 30 juin 1712). Quant au second, il pense que l'idée de la douleur d'autrui augmente celle de notre propre bonheur sous l'action d'un principe de comparaison qui joue alors un rôle supérieur à celui du principe de sympathie (*Traité de la nature humaine*, III, III, 2). Mais Burke suit l'opinion de Du Bos qui insistait déjà sur l'idée que le plaisir éprouvé à la vue des malheurs d'autrui tenait d'abord au simple besoin d'échapper à l'ennui : « Cette émotion naturelle qui s'excite en nous machinalement, quand nous voyons nos semblables dans le danger ou dans le malheur, n'a d'autre attrait que celui d'être une passion dont les mouvements remuent l'âme et la tiennent occupée » (*Réflexions critiques sur la poésie et la peinture*, I, 2). L'intervention du principe de sympathie fut sans doute suggérée à Burke par une lecture critique du texte de Hume.

XIV. EFFETS DE LA SYMPATHIE SUR LA DÉTRESSE D'AUTRUI

Pour examiner correctement la question des effets de la tragédie, considérons d'abord comment nous affectent les sentiments de nos semblables, lorsqu'ils sont en état de détresse véritable. Je suis convaincu que les malheurs et les douleurs d'autrui nous procurent du délice, et qu'il n'est pas de faible intensité; peu importe, en effet, comment se manifeste notre affection : si elle ne nous conduit pas à fuir certains objets, si elle nous porte, au contraire, à nous en approcher, si elle nous incite à demeurer auprès d'eux, je pense que nous devons éprouver du délice ou du plaisir à les contempler. Ne lisons-nous pas les récits authentiques des scènes de ce genre avec autant de plaisir que des romans et des poèmes, qui font part à la fiction ? La prospérité d'aucun empire, la grandeur d'aucun roi ne saurait affecter aussi agréablement à la lecture que la ruine de l'État de Macédoine et les revers de son prince infortuné. Cette catastrophe nous touche autant dans l'histoire que la destruction de Troie dans la fable. Notre délice s'accroît considérablement alors, si la victime est un homme vertueux, succombant à un sort immérité. Scipion et Caton sont tous deux fort vertueux ; pourtant, nous sommes plus profondément touchés par la mort violente du second et par l'effondrement de la grande cause qu'il défendait que par les triomphes mérités et par la prospérité ininterrompue du premier[1] ; car la passion de

1. Scipion l'Africain (235-184 av. J.C.), résolu à venger la mort de son père et de ses deux oncles, devint, dès l'âge de vingt-quatre ans, proconsul de la province d'Espagne. Il s'allia au roi des Numides, Massinissa, força Hannibal à quitter l'Italie en portant la guerre sur le sol africain et gagna la victoire de Zama (202) qui mit fin à la deuxième guerre punique. On l'accusa cependant de s'être laissé corrompre par Antiochus et il fut condamné à l'exil.

la terreur produit toujours du délice quand la menace n'est pas trop proche, et celle de la pitié s'accompagne de plaisir, quand elle provient de l'amour et d'une affection sociale. Chaque fois que la nature nous destine à un dessein actif, la passion qui nous anime est suivie de délice ou de plaisir, quel qu'en soit l'objet ; et comme le Créateur a voulu que nous soyons unis par le nœud de la sympathie, il a affermi ce nœud par un délice proportionné ; délice d'autant plus grand que notre sympathie est davantage requise, lors des malheurs d'autrui. Si cette passion était simplement douloureuse, nous mettrions le plus grand soin à éviter les personnes et les lieux qui pourraient l'exciter, comme le font effectivement les êtres trop indolents pour supporter une forte impression. Mais il en va différemment pour la plus grande partie de l'humanité ; il n'est guère de spectacle que nous recherchions avec plus d'avidité qu'une calamité extraordinaire et rigoureuse : que les malheurs se présentent à nos yeux, ou que l'histoire nous les rapporte, nous éprouvons toujours un délice qui, loin d'être sans mélange, se trouve empreint d'une grande inquiétude. Le délice que nous procurent ces scènes de misère nous empêche de les fuir ; et la douleur que nous ressentons nous incite à nous soulager en soulageant ceux qui souffrent ; cela antérieurement à tout

---

Caton d'Utique (95-46 av. J.C.) défendit la cause républicaine contre Sylla et contre Catilina et s'opposa à l'ambition de César en refusant notamment de lui donner le gouvernement des Gaules. Après la défaite de Pharsale et l'assassinat de Pompée, il essaya encore de lutter contre César, en réunissant les débris de l'armée républicaine. Ne voulant pas survivre à la perte de la République, il se suicida, après avoir lu et médité le *Phédon* de Platon. Addison écrivit une *Mort de Caton*, très largement inspirée par les *Vies parallèles* de Plutarque. La pièce, jouée en 1713, fut traduite en français par Du Bos. Deschamps donna son *Caton d'Utique* en 1715, Métastase son *Caton à Utique* en 1728 et Gottsched son *Caton mourant* (*Der sterbende Cato*) en 1732.

raisonnement, par un instinct qui nous conduit selon ses propres fins, indépendamment de notre assentiment.

XV. Des effets de la tragédie

C'est ce qui a lieu dans les malheurs réels. Quand la détresse est imitée, la seule différence vient du plaisir qui résulte des effets de l'imitation; car celle-ci n'est jamais si parfaite que nous ne puissions percevoir qu'il s'agit d'une imitation; et c'est d'après ce principe que nous éprouvons du plaisir. Il arrive même que nous tirions autant ou plus de plaisir de cette source que de la chose elle-même. Nous nous tromperions pourtant beaucoup, à ce que je crois, si nous attribuions une grande part du plaisir que nous donne la tragédie à la pensée que la tragédie est une imposture, et que ce qu'elle représente est dépourvu de réalité. Plus elle approche de la réalité et plus elle éloigne de nous toute idée de fiction, plus son pouvoir est parfait[1]. Mais, quel que soit son pouvoir, il n'atteindra jamais celui de la réalité qu'elle représente[2]. Fixez

---

1. *Vide.* Rothstein, *Restoration Tragedy, Form and the Process of Change*, Madison (Wisconsin), Madison University, 1967, et W. P. Albrecht, *The Sublime Pleasures of Tragedy. A Study of Critical Theory from Dennis to Keats*, Lawrence, Manhattan, Wichita, The University Press of Kansas, 1907.

2. Cette idée, au demeurant banale, selon laquelle la réalité aurait, sous ses aspects les plus cruels, un pouvoir émotionnel supérieur à celui de la fiction, venait d'être exprimée énergiquement par Du Bos au début des *Réflexions critiques sur la poésie et la peinture*, I, 2. A l'instar de Du Bos, Burke cherche à expliquer les raisons de l'attrait émotionnel en lui-même, et non par l'intervention de considérations annexes : sans doute est-il nécessaire que nous ne soyons pas en proie à la terreur pour que nous éprouvions du délice, mais la cause du délice est à chercher ailleurs que du côté de la sécurité.

une date pour la représentation de la plus sublime et la plus touchante de nos tragédies, engagez les acteurs les plus renommés, n'épargnez nulle dépense pour les décors, faites conspirer dans la même œuvre poésie, peinture et musique ; et quand le public sera rassemblé, juste au moment où les esprits seront tendus par l'attente, faites annoncer qu'un criminel d'État de haut rang va être exécuté sur la place voisine[1] ; en un clin d'œil le vide du théâtre montrera la faiblesse comparée des arts imitatifs et proclamera le triomphe de la sympathie réelle. L'idée que la réalité excite une simple douleur, alors que sa représentation nous procure du délice provient, je crois, de ce que nous ne distinguons pas assez la chose que nous ne voudrions absolument pas faire de celle que nous serions avides de voir, une fois faite. Nous sommes ravis de voir des événements que, loin de provoquer, nous souhaiterions de tout cœur empêcher. Prenons cette noble capitale, l'orgueil de l'Angleterre et de l'Europe : je crois qu'aucun homme n'aurait la singulière perversité de désirer la voir détruire par un incendie ou par un tremblement de terre, alors même qu'il serait lui-même fort éloigné du danger[2]. Mais supposez ce funeste accident arrivé, quelle foule accourrait de toutes parts pour contempler les ruines ! Et, dans le nombre, combien de spectateurs auraient-ils été contents de n'avoir jamais vu Londres

---

1. Les Minutes du « Club » fondé en 1747 par Burke, W. Dennis, A. Buck et M. Mohun, témoignent de l'émotion que suscita, la même année, l'exécution publique de Lord Lovat, écossais de quatre-vingt ans condamné pour avoir comploté en faveur du retour des Stuart. Les membres du club votèrent pour déclarer le discours de William Dennnis supérieur à celui du Lord High Stewart, Philip Yorke. *Vide*, Samuels, *Early Life*, p. 231.

2. Tout le monde avait en mémoire le grand incendie de 1666 qui ravagea la City. Un tremblement de terre avait, de surcroît, ébranlé Londres en 1750.

en cette splendeur! Non que dans la détresse réelle ou fictive ce soit notre sécurité qui produise du délice; je ne puis, pour ma part, découvrir rien de tel dans mon esprit. Cette méprise me semble due à un sophisme qui nous en impose fréquemment et qui vient de ce que nous ne distinguons pas entre ce qui est, dans la réalité, une condition nécessaire pour que nous fassions ou souffrions une chose en général, et ce qui est la *cause* de quelque acte particulier. Si un homme me tue d'un coup d'épée, c'est une condition nécessaire que nous ayons été tous deux en vie auparavant; et cependant il serait absurde de dire que le fait que nous soyons tous deux des êtres vivants ait été la cause de son crime et de ma mort. Ainsi est-il certain qu'il faut absolument que ma vie soit à l'abri d'un danger imminent pour que je puisse trouver du délice dans les souffrances d'autrui, réelles ou imaginaires, ou à vrai dire dans toute autre chose, de quelque cause qu'elle procède. Mais alors c'est un sophisme d'en conclure que la sécurité est la cause de mon délice dans ces occasions ou dans toute autre. Personne ne peut distinguer, je crois, pareille cause de plaisir en son esprit; bien au contraire, lorsque nous ne ressentons pas de douleur très aiguë et que nous ne sommes pas exposés à un danger, nous pouvons entrer en sympathie avec autrui, bien que nous souffrions nous-mêmes, et souvent d'autant plus profondément que nous sommes attendris par l'affliction; nous voyons avec pitié jusqu'à des malheurs que nous accepterions en échange des nôtres.

XVI. L'IMITATION

La seconde passion relative à la société est l'imitation ou, si l'on veut, le désir d'imiter, et par conséquent le plaisir qu'on y trouve. Cette passion naît presque de la même cause que la sympathie. Car, de même que la sympathie nous intéresse à tout ce que ressentent les hommes, cette affection nous incite à copier tout ce qu'ils font; et par conséquent nous éprouvons du plaisir dans l'imitation et dans tout ce qui relève de l'imitation comme telle, sans aucune intervention de la faculté de raisonner, mais seulement conformément à notre constitution naturelle que la Providence a formée de manière telle que nous trouvions du plaisir ou du délice, selon la nature de l'objet, dans tout ce qui concerne les fins de notre être. C'est par imitation que nous apprenons toutes choses, bien mieux que par préceptes; et nous apprenons alors non seulement mieux, mais avec plus de plaisir. Ainsi se forment nos mœurs, nos opinions, nos vies. C'est l'un des plus forts liens de la société; c'est une espèce d'acquiescement mutuel, extrêmement flatteur pour tous, que chacun donne à autrui, sans contrainte pour lui-même. C'est sur l'imitation que la peinture et bien d'autres arts agréables ont placé l'un des principaux fondements de leur pouvoir. Et puisque, par son influence sur nos mœurs et sur nos passions, elle est d'une si grande importance, je me hasarderai ici à poser une règle qui puisse nous faire savoir avec un degré suffisant de certitude si nous devons attribuer le pouvoir de l'art à l'imitation et au plaisir que nous procure l'habileté de l'imitateur, ou bien à la sympathie et à quelque autre cause qui lui est liée. Quand l'objet que représente la poésie ou la peinture ne nous inspire aucun désir de le voir dans la réalité, on peut être sûr que son pouvoir en poésie et en peinture est dû à celui de l'imitation, et non à une cause agissant dans la chose. C'est ce qui se passe dans la plupart des œuvres que les peintres appellent natures mortes (*still life*): une chaumière, un tas de fumier, les ustensiles de cuisine les plus humbles et les plus communs, y sont capables de nous donner du plaisir. Mais, quand l'objet de la peinture ou du poème nous incite à courir le voir en réalité, si étrange que soit la sensation qu'il nous procure, on peut être assuré que le pouvoir du poème ou du tableau doit plus à la nature de la chose qu'au simple effet de l'imitation ou à la considération de l'habileté de l'imitateur, si excellent soit-il. Aristote a tant parlé, et si solidement, de l'imitation dans sa *Poétique*[1] qu'il est inutile d'en dire davantage sur ce sujet.

XVII. L'AMBITION

Quoique l'imitation soit un des grands instruments de la Providence pour porter notre nature à sa perfection, il est évident que si les hommes s'adonnaient entièrement à l'imitation et se suivaient les uns les autres dans un cercle éternel, ils ne seraient susceptibles d'aucun perfectionnement : à l'instar des bêtes brutes, ils resteraient les mêmes à la fin du monde qu'aujourd'hui ou au commencement du monde. Pour empêcher cela, Dieu a implanté dans l'homme un sentiment d'ambition et cette satisfaction qui naît du projet de l'emporter sur ses semblables par quelque trait qu'ils estiment. Cette

---

1. La *Poétique* d'Aristote différencie les arts selon les moyens de l'imitation, les choses imitées et la manière d'imiter. On remarquera que Burke s'est contenté ici de relativiser l'objection pascalienne, ravalant la peinture au rang de « vanité » sous prétexte qu'elle attirait l'admiration « par des objets dont on n'admire point les originaux ». Premièrement, aux yeux de Burke, on peut admirer les originaux et, deuxièmement, le plaisir que procure l'art en tant qu'art repose sur une passion, dont l'exercice est fondamental dans le développement de l'individu.

passion porte les hommes à se signaler par bien des voies et
tend à leur rendre fort agréable ce qui fait naître l'idée d'une
distinction. Elle est si puissante qu'on a vu des hommes très
misérables trouver du réconfort à avoir atteint l'ultime misère ;
et il est certain que lorsque nous ne parvenons pas à nous
distinguer par une quelconque excellence, nous venons à nous
complaire dans des infirmités singulières, des folies ou des
défauts d'une espèce ou d'une autre. C'est par ce principe que
la flatterie est si prévalente, car elle n'est rien de plus que ce
qui suscite dans l'esprit d'un homme l'idée d'une préférence
qu'il n'a pas. Or, tout ce qui tend, pour de bonnes ou de
mauvaises raisons, à élever un homme dans sa propre opinion,
produit une sorte d'enflure et de triomphe extrêmement grati-
fiante pour l'esprit humain ; cet orgueil ne s'aperçoit jamais
mieux et n'agit jamais avec plus de force que lorsque, sans
courir de danger, nous envisageons des objets terribles : l'esprit
revendique alors toujours pour lui-même une part de la dignité
et de l'importance des choses qu'il contemple[1]. De là vient
cette glorification et ce sentiment de grandeur intérieure qui,
comme le note Longin, emplissent toujours le lecteur dans les
passages des poètes et des orateurs qui paraissent sublimes[2] :
chacun doit avoir éprouvé ces sentiments en pareilles
occasions.

1. On notera l'énergie de l'expression : il ne s'agit pas ici d'une
appropriation plus ou moins consciente qui pourrait ressortir à l'imitation, mais
d'un droit revendiqué sur l'objet.
2. Voir *Du sublime*, VII, 2 : « Grâce à sa nature notre âme, sous l'action du
véritable sublime, s'élève en quelque sorte, exulte et prend l'essor, remplie de
joie et d'orgueil, comme si c'était elle qui avait produit ce qu'elle a entendu ».

XVIII. Récapitulation

Dégageons de l'ensemble de nos propos quelques points précis. Les passions relatives à la conservation de soi tournent autour de la douleur et du danger; elles sont simplement douloureuses quand leurs causes nous affectent immédiatement; elles sont délicieuses quand nous avons une idée de douleur et de danger, sans y être actuellement exposés; ce *délice*, je ne l'ai pas nommé plaisir, parce qu'il dépend de la douleur, et parce qu'il diffère suffisamment de toute idée de plaisir positif. Tout ce qui l'excite, je l'appelle *sublime*. Les passions relatives à la conservation de soi sont les plus fortes de toutes les passions.

Le second objet auquel on rapporte les passions, en relation avec leur cause finale, est la société. Il y a deux sortes de société. La première est la société des sexes; nous appelons amour la passion qui lui est relative, et qui contient un mélange de concupiscence; son objet est la beauté des femmes. La seconde est la société générale (*the great society*) qu'on forme avec les hommes et tous les autres animaux. La passion qui s'y rapporte reçoit également le nom d'amour; mais elle est exempte de concupiscence et son objet est la beauté; j'appliquerai ce nom d'amour à toute qualité capable d'exciter un sentiment d'affection et de tendresse ou toute autre passion très voisine. La passion de l'amour a sa source dans le plaisir positif et, comme tout ce qui se développe à partir du plaisir, il peut s'y mêler une forme d'inquiétude, quand à l'idée de l'objet s'ajoute celle de sa perte irrémédiable. Ce sentiment mixte de plaisir, je ne l'ai pas appelé *douleur*, parce qu'il est un plaisir véritable et parce que sa cause et la plupart de ses effets sont de nature tout à fait différente.

Après la passion générale pour la société, dans laquelle nous sommes déterminés à un choix par le plaisir que nous donne l'objet, vient la passion particulière qu'on appelle sympathie : elle appartient à la même classe et possède la plus grande étendue. Sa nature est de nous mettre à la place d'autrui, dans quelque circonstance qu'il se trouve, et de nous affecter de la même manière, si bien que cette passion peut, selon l'occasion, dépendre de la douleur ou du plaisir, mais avec les modifications propres à certains cas évoqués dans la section XI. Pour ce qui est de l'imitation et de la préférence, il n'est pas besoin d'en dire plus.

XIX. CONCLUSION

J'ai pensé qu'essayer de ranger et d'ordonner quelques-unes de nos passions dominantes préparerait bien à la recherche que nous allons poursuivre dans cet ouvrage. Bien que la diversité des passions soit considérable et que chacune d'entre elles soit digne d'une investigation attentive, il n'est pas vraiment nécessaire de nous attarder davantage à leur étude pour notre dessein présent. Plus nous scrutons l'esprit humain, plus nous y découvrons partout des marques solides de la sagesse de celui qui l'a créé. Si l'on peut considérer tout discours sur l'usage (*use*) de nos organes physiques comme un hymne au Créateur, on ne saurait parler de l'usage de nos passions, qui sont les organes de l'esprit, sans le glorifier et sans éprouver cette rare et noble union de la science et de l'admiration, qu'une contemplation des œuvres de la sagesse infinie peut seule offrir à un esprit doué de raison; tandis que rapportant au Créateur tout ce que nous trouvons de bien, de bon et de beau en nous-mêmes, découvrant sa force et sa sagesse jusque dans notre faiblesse et dans notre imperfection, honorant (ses œuvres) quand nous les découvrons avec clarté et adorant leur profondeur quand nous sommes perdus dans notre quête, nous pouvons être curieux sans impertinence et éminents sans orgueil; nous pouvons, si j'ose le dire, être admis au conseil du Tout-Puissant par la considération de ses œuvres. L'élévation de l'esprit doit être la fin principale de nos études, qui sont d'un bien faible secours, si elles ne contribuent pas à la produire. Mais, indépendamment de ce grand dessein, un examen des raisons de nos passions me semble tout à fait nécessaire à tous ceux qui voudraient influer[1] sur elles selon des principes solides et sûrs. Il ne suffit pas de les connaître en général; pour influer sur elles d'une manière délicate ou pour bien juger d'un ouvrage destiné à les susciter, il faut que nous sachions les limites exactes de leurs multiples juridictions, que nous les poursuivions à travers la diversité de leurs opérations et que nous pénétrions dans notre for intérieur et dans les parties de notre nature qui peuvent paraître inaccessibles.

Ce qui se cache, indicible, dans les fibres secrètes (du cœur)[2].

Sans cela, un homme qui procède de manière confuse peut parfois se convaincre de la vérité de son ouvrage; mais il ne pourra jamais posséder de règle certaine et déterminée qui le guide et ne pourra jamais donner à ses propositions suffisamment de clarté pour autrui. Les poètes, les orateurs, les peintres et ceux qui cultivent d'autres branches des arts libéraux ont bien réussi et réussiront dans leurs genres divers

---

1. Ce ne sont plus ici les passions qui affectent (*affect*) l'esprit : connaître leurs raisons doit nous permettre d'influer sur elles, d'avoir un effet sur elles (*affect them*) et finalement de les susciter.

2. *Quod latet arcana non enarrabile fibra*, Perse, *Satires*, V, 29.

sans cette connaissance critique; tout comme les mécaniciens ont construit et même inventé de nombreuses machines sans connaître exactement les principes qui les gouvernent. J'avoue qu'il n'est pas rare de se tromper en théorie et d'avoir raison dans la pratique; et nous sommes heureux qu'il en soit ainsi. Il arrive souvent que les hommes agissent bien d'après leurs sentiments pour, ensuite, raisonner de travers d'après leurs principes; mais comme il est aussi impossible d'éviter de raisonner que d'empêcher ce raisonnement d'avoir quelque influence sur la pratique, il vaut sûrement la peine de rendre ce raisonnement juste et de le fonder sur la base d'une expérience incontestable. On aurait pu espérer des artistes qu'ils fussent nos guides les plus sûrs; mais les artistes ont été trop occupés de la pratique; les philosophes ont acompli peu de choses, et ce qu'ils ont fait, ils l'ont rapporté le plus souvent à leurs propres plans et systèmes; quant à ceux qu'on appelle critiques, ils se sont généralement trompés en cherchant la règle des arts dans les poèmes, les tableaux, les gravures, les statues, les monuments. Mais l'art ne peut jamais donner les règles qui constituent un art. C'est, je crois, la raison pour laquelle les artistes, en général, et les poètes surtout, ont été confinés dans un cercle si étroit; ils ont été les imitateurs les uns des autres plutôt que de la nature, et cela avec une uniformité si fidèle, et jusqu'à une antiquité si reculée, qu'il est difficile de dire qui donna le premier modèle. Les critiques les suivent et ne peuvent donc pas servir de guides. On ne peut que piètrement juger d'une chose qu'on ne mesure à nul autre étalon (*standard*) qu'à elle-même[1]. Le véritable étalon des arts se trouve à la portée de

---

1. Kant soulignera, lui aussi, que le sublime ne saurait plaire comparativement, qu'il est à lui-même sa propre norme ou son propre étalon, qu'il est

chacun; et l'observation simple des choses de la nature les plus communes, parfois les plus humbles, jettera des lumières les plus vraies, quand la sagacité et l'industrie les plus pénétrantes dédaigneront pareille observation, nous laisseront dans l'obscurité ou, ce qui est pire, nous amuseront et nous égareront par de fausses lumières. Dans une recherche, tout est acquis, ou presque, dès qu'on est sur le bon chemin. Je suis bien convaincu que j'ai fort peu avancé par ces observations considérées en elles-mêmes ; et je ne me serais jamais donné la peine de les mettre en ordre, encore moins aurais-je hasardé de les publier, si je n'avais été persuadé que rien ne tend plus à la corruption de la science que de la laisser en stagnation. Il faut troubler ses eaux pour qu'elles puissent déployer leurs vertus. Un homme qui pénètre au-delà de la surface des choses, peut sans doute s'égarer, mais il fraie la voie aux autres et ses erreurs pourront servir la cause de la vérité.

Dans la suite de mon ouvrage, je chercherai ce qui provoque en nous ces affections du sublime et du beau que j'ai considérées jusqu'ici en elles-mêmes. Je désire seulement une faveur : qu'on ne juge aucune partie de mon discours par elle-même et indépendamment du reste. Car je me rends compte que je n'ai pas disposé les matériaux de mon discours de manière à soutenir l'épreuve d'une controverse captieuse, mais celle d'un examen posé et même indulgent : mon ouvrage n'est pas armé de toutes pièces pour le combat, mais vêtu pour aller chez tous ceux qui désirent donner un accueil paisible à la vérité.

« grand absolument ». Plus généralement, Burke met en question la possibilité d'une esthétique comme discipline autonome et souligne la nécessité pour les philosophes de s'intéresser davantage à l'art qu'ils ne l'ont fait jusqu'à présent.

PARTIE II

I. DE LA PASSION CAUSÉE PAR LE SUBLIME [1]

La passion causée par le grand et le sublime dans la *nature*, lorsque ces causes agissent avec le plus de puissance, est l'étonnement (*astonishment*[2]), c'est-à-dire un état de l'âme dans lequel tous ses mouvements sont suspendus par quelque degré d'horreur*. L'esprit est alors si complètement rempli de son objet qu'il ne peut en concevoir d'autre ni par conséquent

---

* Partie I, sect. 3, 4, 7.

1. La *Recherche* a beau porter sur « l'origine de nos idées du sublime et du beau », Burke commence par considérer le sublime non comme effet, mais comme cause : cause productrice d'étonnement, au sens le plus fort du terme. Un renversement s'opère cependant en 1759, par l'adjonction qui définit la terreur comme « principe qui gouverne le sublime » (II, 2), la distinction de trois sources du sublime – cause mécanique, obscurité, pouvoir – (II, 5) et l'affirmation de l'antécédence de la représentation du pouvoir divin sur le sentiment de peur : c'est Dieu qui suscite la peur, et non la peur qui forge les dieux.

2. Le terme français « étonnement » a pris de nos jours un sens plus faible. Burke ne part pas de l'admiration, comme le fait John Baillie, par exemple, mais d'un sentiment mixte que Johnson définit comme « une confusion de l'esprit qui va de la peur à l'émerveillement (*wonder*) » (*A Dictionary of the English Language*, 1re éd. 1755).

raisonner sur celui qui l'occupe. De là vient le grand pouvoir du sublime qui, loin de résulter de nos raisonnements, les anticipe et nous entraîne avec une force irrésistible[1]. L'étonnement, comme je l'ai dit, est l'effet du sublime à son plus haut degré; les effets inférieurs en sont l'admiration, la vénération et le respect.

II. LA TERREUR

Aucune passion ne dépouille aussi efficacement l'esprit de tous ses pouvoirs d'agir et de raisonner que la peur[*][2]; car, étant l'appréhension de la douleur ou de la mort, elle agit d'une manière qui ressemble à la douleur véritable. C'est pourquoi tout ce qui est terrible pour la vue est également sublime, que la cause de la terreur soit ou non de grandes dimensions; on ne saurait en effet considérer comme insignifiante et méprisable une chose qui peut être dangereuse. Il existe beaucoup d'animaux qui, dépourvus d'une grande taille, sont néanmoins capables d'éveiller les idées du sublime, parce qu'on les considère comme des objets de terreur : tels sont les serpents et autres bêtes venimeuses. Et si aux choses de grandes dimensions nous ajoutons une idée accidentelle de terreur, elles deviennent incomparablement plus grandes. Une plaine très

---

* Partie IV, sect. 3, 4, 5, 6.

1. Burke reprend la définition de Longin : le sublime ne persuade pas, ce qui supposerait un consentement de notre part, mais nous emporte « avec une force irrésistible » qui fait songer à la foudre (*Du sublime*, I, 4).

2. C'est bien de peur, et non de crainte qu'il s'agit ici : l'objet du premier sentiment est présent ou réel, alors que celui du second est seulement éventuel.

unie et d'une vaste étendue n'est assurément pas une médiocre représentation ; la perspective peut s'en étendre aussi loin que celle de l'océan ; mais remplira-t-elle jamais l'esprit d'une idée aussi imposante ? Des nombreuses causes de cette grandeur, la terreur qu'inspire l'océan est la plus importante.

[1]<La terreur est en effet dans tous les cas possibles, d'une façon plus ou moins manifeste ou implicite, le principe qui gouverne le sublime. Plusieurs langues témoignent avec force de l'affinité de ces idées. Elles utilisent souvent le même mot pour signifier indifféremment les modes de l'étonnement ou de l'admiration et ceux de la terreur. En grec, *thambos* veut dire peur ou surprise (*wonder*[2]), *deinos* terrible ou respectable, *aideô* révérer ou redouter. *Vereor* est au latin ce que *aideô* est au grec. Les Romains se servent du verbe *stupeo*, terme qui marque énergiquement l'état d'un esprit étonné, pour exprimer l'effet de la simple crainte ou de l'étonnement. Le terme *attonitus* (foudroyé) exprime bien, également, l'alliance de ces idées ; et *étonnement* en français, *astonishment* et *amazement* en anglais ne montrent-ils pas clairement l'affinité des émotions qui accompagnent la peur et la surprise (*wonder*) ? Je suis sûr que ceux qui ont une connaissance plus générale des langues pourront proposer quantité d'autres exemples également frappants.>

---

1. Burke répond de nouveau à une critique formulée par A. Murphy (*Literary Magazine*, II, p. 185). En fait, Longin a beau déclarer qu'« il n'y a rien de si grand qu'une passion noble, quand elle vient à propos », il souligne que le pathos n'est pas indispensable au sublime et qu'il peut donc y avoir du sublime sans passion (*Du sublime*, VIII, 2-4).

2. La gamme sémantique de *wonder* va de la perplexité à la stupeur et à l'émerveillement. Son fonds commun est, cependant, une surprise diversement colorée.

III. L'OBSCURITÉ

Pour rendre une chose fort terrible, l'obscurité* semble généralement nécessaire. Lorsque nous connaissons toute l'étendue d'un danger, lorsque nous pouvons y habituer nos yeux, une grande part de l'appréhension[1] s'évanouit. On s'en convaincra en songeant combien la nuit augmente notre frayeur dans tous les cas de danger, et combien les images de fantômes et de gobelins, que personne ne peut se représenter clairement, impressionnent ceux qui ajoutent foi aux contes populaires. Les gouvernements despotiques, fondés sur les passions humaines et principalement sur la peur, éloignent le plus possible leur chef du regard public. On a observé la même conduite dans bien des religions. Presque tous les temples païens étaient sombres[2]. Aujourd'hui encore, les temples barbares des Américains tiennent leur idole dans un coin obscur de la hutte consacrée à son culte. Les druides célébraient leurs cérémonies au sein des plus sombres forêts et à l'ombre des chênes les plus vieux et les mieux branchus. Personne, mieux que Milton, ne me semble avoir compris le secret de faire ressortir les choses terribles et de les placer dans leur éclairage le plus vif, si l'expression m'est permise, par la force d'une

---

* Partie IV, sect. 14, 15, 16.

1. *Apprehension* concerne en anglais comme en français à la fois ce qu'on perçoit ou conçoit et ce qu'on redoute. Il s'agit donc ici de lutter par l'identification du danger et par sa détermination dans l'ordre visuel contre une crainte imaginaire ou une peur flottante. Burke avait évoqué dans la section précédente la peur de la souffrance et de la mort, des bêtes venimeuses et de l'océan; il traite à présent des *moyens* de réduire ou d'augmenter cette peur.

2. Hutcheson avait déjà exprimé cette idée (*Recherche sur l'Origine des Idées que nous avons de la beauté et de la vertu*, I, VI § XI).

judicieuse obscurité. Sa description de la Mort, dans le second livre du *Paradis perdu*, est admirablement conçue; quelle pompe lugubre, quelle expressive incertitude de traits et de couleurs dans ce portrait achevé de la reine des terreurs [1]!

> L'autre figure,
> Si l'on peut appeler figure ce qui n'avait point de figure
> Distincte en membres, jointures, articulations,
> Si l'on peut nommer substance ce qui semblait une ombre,
> Car chacune semblait l'une et l'autre, – l'autre figure était noire comme la nuit,
> Féroce comme dix furies, terrible comme l'enfer ;
> Elle brandissait un effroyable dard ; ce qui paraissait sa tête
> Portait l'apparence de la couronne royale [2].

Dans cette description tout n'est-il pas sombre, incertain, confus, terrible et sublime au plus haut point ?

---

1. Burke a beau parler de littérature ; il emprunte ici un vocabulaire pictural et choisit à titre d'exemple *princeps* du sublime non des vers obscurs, mais le « portrait » même de l'obscurité dans les traits, les couleurs et les symboles. Voilà qui le démarque d'emblée de ses prédécesseurs qui n'auraient jamais privilégié à ce point l'ordre du visible. Cela rendra d'autant plus paradoxale la critique de la peinture à laquelle il se livrera.

2. *Paradis perdu*, II, 666-673, trad. fr. P. Messiaen, Paris, Aubier-Montaigne, 1971. La Mort qui porte également le nom de Terreur, est le fruit d'un inceste entre Satan et sa fille, la Faute.

« […] The other shape
If shape it might be called that shape had none
Distinguishable, in member, joint, or limb
Or substance might be called that shadow seemed,
For each seemed either ; black he stood as night ;
Fierce as ten furies ; terrible as hell ;
And shook a deadly dart. What seemed his head
The likeness of a kingly crown had on ».

IV. De la différence entre la clarté et l'obscurité
par rapport aux passions

C'est une chose de rendre une idée claire, et une autre de la rendre propre à *toucher*[1] l'imagination. Si je dessine un palais, un temple ou un paysage, je présente une idée très claire de ces objets ; mais alors, soustraction faite de l'effet de l'imitation – qui a son importance –, mon tableau peut toucher tout au plus comme le palais, le temple ou le paysage l'auraient fait dans la réalité[2]. D'autre part, la description verbale la plus vive et la plus animée donne encore une *idée* très obscure et imparfaite de ces objets ; mais il est en mon pouvoir de susciter par la description une plus forte *émotion* que je ne saurais le faire par la meilleure peinture. L'expérience le prouve constamment. La voie propre à transmettre les *affections* d'un esprit à un autre est celle des mots. Toutes les autres méthodes de communication sont d'une grande insuffisance ; et la clarté des images est si peu nécessaire pour émouvoir les passions qu'on peut considérablement agir sur elles en l'absence totale d'images, grâce à certains sons adaptés à cet effet ; ce que prouvent suffisamment les effets puissants et reconnus de la musique instrumentale. En réalité une grande clarté n'aide que fort peu à émouvoir les passions, étant en quelque sorte ennemie de tout enthousiasme.

---

1. *Affecting to the imagination.* Nous avons traduit *to affect* suivant le contexte par toucher, émouvoir ou affecter.

2. Le tableau reste le signe mnésique de la réalité qu'il reproduit et Burke lui interdit toute réélaboration véritable du réel. À Milton, au contraire, il permet l'invention d'un portrait qui se situe au-delà de la vue.

(IV). Suite du même sujet

Deux vers de l'*Art poétique* d'Horace semblent contredire mes propos; aussi m'attacherai-je davantage à les éclaircir. Voici ces vers:

> L'esprit est moins vivement touché de ce qui lui est transmis par l'oreille que des tableaux offerts au rapport fidèle des yeux et perçus sans intermédiaire par le spectateur [1].

Sur quoi l'abbé Du Bos fonde un système critique dans lequel il donne à la peinture la préférence sur la poésie, lorsqu'il s'agit d'émouvoir les passions; et le principal motif de cette préférence est que la peinture représente les idées avec beaucoup plus de *clarté* que la poésie [2]. Je crois que cet excellent critique a été induit en erreur (si erreur il y a) par son système, auquel il trouvait sa pensée plus conforme qu'il ne l'aurait trouvée, j'imagine, à l'expérience. Je connais

---

1. *Art poétique*, II, 180-181, trad. fr. F. Villeneuve, *op. cit.*

2. Du Bos, *Réflexions critiques sur la poésie et sur la peinture*, I, 4: «Si le pouvoir de la peinture sur les hommes est plus grand que le pouvoir de la poésie». Du Bos s'appuie sur les vers d'Horace que cite Burke pour entamer un éloge des pouvoirs de la vision, notamment dans la peinture. Il faut cependant relativiser cet éloge, en se souvenant qu'aux yeux de du Bos, la peinture ne saurait atteindre à ce qu'il appelle le «*sublime de rapport*», car la naturalité des signes qui lui sont propres a pour contrepartie une carence essentielle dans la représentation du temps de l'action (R.C., part. I, sect. 13). Non seulement du Bos ne prononce qu'un éloge partiel de la peinture, mais il ne fonde aucunement sa précellence sur la clarté des idées qu'elle présente: brutalité et instantanéité d'efficacité ne sont pas clarté et, par ailleurs, le refus de l'arbitraire du signe aboutit à sa dissolution au sein de la nature. La peinture donne des idées vives, plus que des idées claires. En témoigne l'exemple invoqué par du Bos des peintures et des statues divines qui, mieux que les poèmes, concilièrent aux dieux la vénération des peuples.

plusieurs personnes qui admirent et aiment la peinture et qui regardent pourtant les objets de leur admiration avec assez de froideur, si on la compare à la chaleur dont ils sont animés lorsqu'ils sont touchés par des morceaux de poésie ou de rhétorique. Je n'ai jamais vu que la peinture ait une grande influence sur les passions des gens du commun. Il est vrai qu'ils ne comprennent guère les meilleurs tableaux, ni les meilleurs poèmes; mais il est très certain qu'un prédicateur fanatique, les ballades de Chevy-chase[1], les *Enfants dans le bois* ou d'autres petits poèmes et contes en vogue auprès du peuple, ont une grande force pour susciter la passion. Je ne connais aucune peinture, bonne ou mauvaise, qui produise le même effet; de sorte que la poésie, avec toute son obscurité, exerce un empire à la fois plus général et plus puissant sur les passions. Et je pense qu'il y a dans la nature des raisons pour lesquelles une idée obscure, convenablement rendue, doit affecter davantage qu'une idée claire. C'est notre ignorance des choses qui cause toute notre admiration et qui excite principalement nos passions. La connaissance et l'habitude font que les causes les plus frappantes ne nous touchent que légèrement. Il en va ainsi pour le vulgaire, et tout le monde est du vulgaire pour ce qu'il ne connaît pas. L'idée d'éternité et celle d'infini sont de celles qui nous affectent le plus, et pourtant il n'est peut-être rien que nous ne comprenions aussi peu que

---

1. *Chevy-chase* (*Chasse des Cheviots*) est la plus célèbre des *Ballades de la Frontière* (*Border Ballads*), recueil de poèmes épiques anonymes du XIIe au XIVe siècles, ayant pour cadre les luttes de frontière entre Anglais et Écossais. Dès 1711, Addison en entreprenait une analyse longue et passionnée, notant que c'était «la ballade favorite des gens du commun en Angleterre» (*The Spectator*, n° 70. Voir également n° 74).

l'infini et l'éternité. On ne trouve nulle part de plus sublime portrait que celui, justement célèbre, de Satan, que Milton représente avec une dignité si conforme au sujet.

> Celui-ci, au-dessus du reste
> Par sa taille et sa contenance superbement dominatrices,
> Se dressait comme une tour. Sa forme n'avait pas encore perdu
> Tout son éclat originel ; il ne paraissait rien de moins
> Qu'un archange tombé, un excès de splendeur
> Obscurcie. Tel le soleil nouvellement levé,
> Tondu de ses rayons, regarde à travers l'air
> Horizontal et brumeux ; tel, derrière la lune,
> Dans une pâle éclipse, il répand un crépuscule funeste
> Sur la moitié des peuples et par la crainte des révolutions
> Rend les rois perplexes [1].

Voilà un bien noble tableau ; mais en quoi consiste ce portrait poétique ? Dans les images d'une tour, d'un archange, du soleil se levant à travers la brume, ou dans une éclipse, la ruine de monarques et les révolutions d'empires. L'esprit est entraîné hors de lui-même par une foule d'images grandes et

---

1. *Paradis perdu*, I, 589-99, trad. cit.
   « [...] He above the rest
   In shape and gesture proudly eminent
   Stood like a tower ; his form had yet not lost
   All her original brightness, nor appeared
   Less than archangel ruin'd, and th' excess
   Of glory obscured : as when the sun new ris'n
   Looks through the horizontal misty air
   Shorn of his beams ; or from behind the moon
   In dim eclipse disastrous twilight sheds
   One half of the nations ; and with fear of change,
   Perplexes monarchs ».

confuses qui touchent par leur multitude et leur confusion. Séparez-les et vous perdez beaucoup de leur grandeur ; unissez-les et vous perdez infailliblement la clarté. Les images suscitées par la poésie sont toujours du genre obscur, bien qu'en général, les effets de la poésie ne doivent nullement être attribués aux images qu'elle suscite ; point que nous examinerons plus en détail ultérieurement *.

Mais la peinture, si l'on met à part le plaisir donné par l'imitation, ne peut nous toucher simplement que par les images qu'elle présente ; et, même là, une obscurité judicieusement répandue contribue à l'effet, parce que les images de la peinture sont exactement semblables à celles de la nature et que, dans la nature, les images sombres, confuses et incertaines ont plus de pouvoir sur l'imagination pour susciter les passions que n'en ont celles qui sont plus claires et déterminées. Quant à savoir où et quand cette observation peut servir dans la pratique, et jusqu'à quel point elle peut s'étendre, la nature du sujet et les circonstances l'indiqueront mieux que toutes les règles qu'on pourrait établir.

1<Je sais que cette idée a rencontré de l'opposition et que nombreux sont encore ses détracteurs. Mais considérons que la grandeur peut difficilement frapper l'esprit, si elle ne se rapproche pas en quelque sorte de l'infini ; ce qui ne saurait arriver quand on perçoit des bornes. Or, saisir un objet distinctement et en percevoir les bornes est une seule et même chose.

---

* Partie V.

1. Burke répond aux objections d'A. Murphy, *Literary Magazine*, II, p. 185.

Martin Schongauer, *Tentation de saint Antoine*
Archiv für Kunst und Geschichte, Berlin

Une idée claire n'est donc qu'un autre nom pour une petite idée [1]. Le livre de Job comporte un passage étonnamment sublime et qui doit essentiellement sa sublimité à la terrible incertitude de la chose décrite. « Livré aux pensées qui naissent des visions nocturnes, alors qu'un profond sommeil tombait sur les hommes, la peur m'envahit et un frisson qui fit trembler tous mes os. Alors un esprit passa devant ma face. Il hérissa le poil de ma chair. Il s'arrêta, *mais je ne pouvais discerner sa forme*; une image était devant mes yeux; le silence régnait; et j'entendis une voix : Un mortel serait-il plus juste que Dieu ? » [2]. Nous sommes d'abord préparés de la manière la plus solennelle à la vision; nous sommes terrifiés avant même de pouvoir pénétrer la cause obscure de notre émotion; mais, quand cette grande cause de terreur vient à paraître, qu'est-ce ? Enveloppée dans les voiles de son incompréhensible obscurité, n'est-elle pas plus effroyable, plus frappante, plus terrible que ne pourraient la rendre la description la plus vive et la peinture la plus nette ? Quand les peintres ont tenté de nous donner des représentations claires de ces idées entièrement imaginaires et terribles, je crois qu'ils ont presque toujours manqué leur but; à tel point que devant toutes les peintures de l'enfer que j'ai vues, la question

---

1. Cette déclaration peut paraître contradictoire avec la volonté de clarté si expressément affichée par Burke dans la seconde préface de la *Recherche*, écrite en 1759 : « il nous faut plus d'une fois renoncer à être prisés pour l'élégance, en nous contentant seulement d'être clairs ». Si la clarté est l'ambition de cet auteur énergique, comment peut-il déclarer qu'une idée claire est une petite idée ? La réponse se trouve en II, 4 : « C'est une chose de rendre une idée claire, et une autre de la rendre propre à toucher l'imagination ». Le projet du philosophe n'est pas celui de l'artiste. Sur les liens de ce dénigrement de la clarté avec une critique du cartésianisme et, notamment, avec la philosophie de Vico, voir notre introduction.

2. Job, IV, 13-17 : nous traduisons d'après l'anglais.

m'embarrassait de savoir si le peintre n'avait pas une intention comique. Plusieurs peintres ont traité des sujets de ce genre, dans le dessein d'assembler tous les plus horribles fantômes que leur imagination pouvait leur suggérer; mais les dessins de la tentation de saint Antoine qu'il m'a été donné de voir, loin d'éveiller en moi une passion sérieuse, m'ont paru d'un grotesque[1] étrange et sauvage. La poésie réussit bien, en revanche, à remplir cet objet. Ses apparitions, ses chimères, ses harpies, ses figures allégoriques sont grandes et touchantes; la Renommée chez Virgile[2] ou la Discorde chez Homère[3] sont des figures magnifiques, bien qu'obscures. La peinture leur donnerait suffisamment de clarté, mais je crains qu'elle ne les rende ridicules.

<V. LE POUVOIR

En dehors de ce qui suggère *directement* l'idée du danger et de ce qui produit le même effet par une cause mécanique, je

---

1. La *Tentation de saint Antoine* est devenue à la fin du Moyen Âge un des thèmes les plus populaires de l'iconographie religieuse, comme le montre A. Chastel dans « La tentation de saint Antoine ou le songe du mélancolique » (texte de 1936, repris dans *Fables, figures, formes*, I, Paris, Flammarion, 1978). Pensons à Martin Schongauer (vers 1480), Lukas Cranach (1506), Grünewald (panneau droit du rétable d'Issenheim, 1511-1516), à Jérôme Bosch et, plus récemment, à Callot et à Téniers. Anna Brownell Jameson (*Sacred and legendary Art*, 1848, p. 752, n. 1) mentionne la présence d'une gravure de Callot au Malahide Castle, près de Dublin, que Burke aurait donc fort bien pu connaître. Callot a gravé deux versions de la *Tentation*, l'une en 1616, l'autre en 1634.

2. *Énéide*, IV, v. 440-445.

3. Longin citait déjà le vers d'Homère décrivant Eris qui « de son front heurte le ciel et de ses pieds foule la terre » (*Iliade*, IV, 440) pour analyser les liens du sublime au terrible dans la peinture des dieux (*Du sublime*, IX, 4).

ne connais rien de sublime qui ne soit une modification du pouvoir. Cette branche procède aussi naturellement que les deux autres de la terreur, qui constitue le tronc commun de tout ce qui est sublime[1]. À première vue, la représentation du pouvoir semble être de la classe de ces idées indifférentes qui peuvent appartenir à la douleur aussi bien qu'au plaisir. Mais, en réalité, l'affection qui naît de l'idée d'un vaste pouvoir est extrêmement éloignée de ce caractère de neutralité. Car il faut d'abord se souvenir* que l'idée de douleur portée à son plus haut degré est bien plus forte que le plus haut degré de plaisir; et qu'elle garde la même supériorité aux niveaux inférieurs[2]. De là vient que si les possibilités de ressentir des degrés égaux de souffrance ou de jouissance sont en quelque sorte équivalentes, l'idée de la souffrance doit toujours prévaloir. En effet, l'idée de la douleur et surtout celle de la mort nous affectent à tel point qu'il nous est impossible d'être parfaitement libres de terreur en présence de ce que nous supposons capable de les infliger. Encore une fois, nous savons par expérience que pour jouir du plaisir il n'est guère besoin de grands efforts; bien plus, nous savons que ceux-ci diminueraient beaucoup notre satisfaction. Car le plaisir, compagnon de la volonté, veut être dérobé et non imposé par la contrainte; aussi des choses d'une force très inférieure à la nôtre nous donnent-elles généralement du plaisir; au lieu que la douleur

* Partie I, sect. 7.

1. Burke différencie trois sources possibles du sublime : l'effet mécanique, de l'ordre du réflexe; la suggestion directe d'idées, telles que l'infini ou l'éternité; la présence immédiate d'un pouvoir conçu comme capacité de nuire.

2. On remarquera comment Burke, bien avant Fechner, ne cesse de songer à une mesure possible de la douleur et du plaisir.

nous est toujours infligée par un pouvoir à quelques égards supérieur et auquel nous ne nous soumettons jamais volontairement. Ainsi les représentations de la force, de la violence, de la douleur et de la terreur s'unissent-elles pour envahir l'esprit.

Regardez un homme ou tout autre animal d'une force prodigieuse; quel sentiment précède en vous la réflexion? Pensez-vous que cette force vous sera de quelque utilité, de quelque soulagement, de quelque plaisir, ou d'un avantage quelconque? Non, l'émotion que vous ressentez est la crainte que cette force énorme ne soit employée à la rapine et à la destruction*. Que ce pouvoir tire sa sublimité de la terreur dont il est généralement accompagné, cela paraîtra évident si l'on considère l'effet produit dans les cas – très peu nombreux – où l'on peut détacher d'une force considérable sa capacité de nuire : on la dépouille alors de tout ce qu'elle a de sublime et elle devient aussitôt méprisable. Le bœuf est d'une grande vigueur, mais il est innocent, fort utile et pas du tout dangereux; l'image qu'on s'en forme n'a donc rien de grand. Le taureau possède autant de vigueur, mais d'une autre espèce : souvent destructrice et rarement utile, du moins parmi nous; aussi paraît-il grandiose et trouve-t-il fréquemment sa place dans les descriptions sublimes et dans les comparaisons élevées. Envisageons maintenant la vigueur sous les deux aspects qu'on peut lui donner chez le même animal : le cheval, comme animal utile, propre à la charrue, à la main, au trait et sous tous les rapports d'utilité sociale, n'a rien de sublime; mais est-ce ainsi que nous touche celui « dont le col est enveloppé de tonnerre, dont les glorieuses narines terrifient, qui, de

---

* *Vide.* Partie III, sect. 21.

férocité et de rage, avale la terre et n'ajoute jamais foi au signal de la trompette »[1]? Ainsi évoqué, le cheval perd entièrement son caractère d'utilité, cependant que le terrible et le sublime éclatent tout à la fois. Nous sommes sans cesse entourés d'animaux dont la force, quoique considérable, n'est pas pernicieuse. Ce n'est point parmi eux que nous cherchons le sublime : il fond sur nous dans les forêts ténébreuses ou dans les solitudes hurlantes, sous la forme d'un lion, d'un tigre, d'une panthère ou d'un rhinocéros. Chaque fois que la force est seulement utile et employée à notre bénéfice ou à notre plaisir, le sublime fait défaut ; car rien ne saurait nous être agréable s'il n'est conforme à notre volonté, c'est-à-dire s'il ne nous est soumis : toute conception grandiose et imposante est alors exclue. L'âne sauvage s'élève chez Job à la sublimité, parce qu'il est représenté dans sa liberté comme lançant un défi à l'humanité. « Qui a dénoué (dit-il) les liens de l'âne sauvage, auquel j'ai assigné pour maison le désert et pour demeure la terre nue ? Il méprise la multitude des cités et n'écoute pas la voix du guide. La chaîne des monts est sa pâture »[2]. Les magnifiques descriptions de la licorne et du Léviathan qui appartiennent au même livre sont remplies de traits élevés de même genre. « La licorne voudra-t-elle te servir ? L'attacheras-tu pour herser le sillon ? Te fieras-tu à elle parce que sa force est grande ? – Pêcheras-tu Léviathan avec un hameçon ? Conclura-t-il un pacte avec toi ? Le prendras-tu pour serviteur à vie ? Ne tombe-t-on pas d'épouvante à sa vue[3] ? « Bref, en quelque endroit que nous trouvions la force, sous quelque

1. Job, XXXIX, 19, 20, 24.
2. Job, XXXIX, 5-8.
3. Job, XXXIX, 9-11 ; XL, 25, 28, 29.

angle que nous envisagions la puissance, nous verrons toujours le sublime marcher à côté de la terreur, cependant que le mépris sera attaché à la force soumise et hors d'état de nuire. Maintes races de chiens possèdent une grande force, beaucoup de vitesse et d'autres qualités précieuses qu'ils exercent pour notre convenance et notre plaisir. De tous les animaux, les chiens sont en vérité les plus sociaux, les plus affectueux et les plus aimables; mais l'amour approche beaucoup plus du mépris[1]; qu'on ne l'imagine commu-nément[2]; ainsi nous avons beau caresser les chiens, nous leur empruntons une appellation des plus injurieuses, quand nous voulons marquer notre opprobre ; et cette dénomination exprime dans toutes les langues la dernière abjection et le dernier mépris. Les loups n'ont pas plus de force que plusieurs espèces de chiens ; pourtant leur indomptable férocité fait que leur représentation n'excite pas le mépris et qu'ils ne sont guère exclus des

1. *Contempt* peut avoir en anglais un sens moins fort que le français « mépris » et signifier seulement l'indifférence liée à la familiarité.

2. Cette formule provocatrice est cohérente avec le système de Burke, où l'essence même du pouvoir se révèle dans la destruction, non dans l'amour. Son Dieu est celui de la Bible : il « se venge des méchants » et suscite une certaine dose de « peur salutaire ». Burke n'envisage pas le sublime de l'amour chez l'homme, c'est un fait; mais du moins reconnaît-il que l'originalité du christia-nisme par rapport aux autres religions réside dans sa conception d'un Dieu d'amour (fin de la section sur le pouvoir). Il s'agit de se désolidariser d'un auteur agnostique, Stace, pour fonder l'existence de Dieu non sur une passion quelque peu honteuse, mais sur une représentation objective.

Burke maintient un sentiment de peur proprement religieuse, liée directement à l'idée du pouvoir, mais estime qu'en Dieu, l'amour tempère le pouvoir conçu comme pouvoir de nuisance. On retrouve la problématique développée entre Descartes, Malebranche et Leibniz sur l'incompréhensibilité de Dieu et sur les contraintes que subirait sa toute-puissance dans les champs logique et moral.

descriptions et des comparaisons grandioses. C'est ainsi que nous sommes affectés par la force, qui est un pouvoir *naturel*.

Le pouvoir qui procède de l'institution, celui des chefs et des rois, a la même relation avec la terreur. On s'adresse souvent aux souverains en leur donnant le titre de *Redoutable Majesté*. On peut même observer que les jeunes gens, ayant peu l'usage du monde et peu l'habitude d'approcher des hommes de pouvoir, sont ordinairement frappés en leur présence d'une crainte respectueuse qui leur enlève le libre usage de leurs facultés. « Lorsque j'installais mon siège dans la rue (dit Job), les jeunes gens me voyaient et se cachaient » [1]. En vérité, cette timidité à l'égard du pouvoir est si naturelle et si étroitement inhérente à notre constitution que peu de personnes parviennent à la vaincre s'ils ne se mêlent aux affaires du grand monde et s'ils n'exercent violence sur leur nature. Je sais qu'on pense parfois que l'idée de pouvoir n'est accompagnée d'aucune terreur et qu'on avance même que nous sommes capables de contempler l'idée de Dieu sans éprouver cette émotion.

J'ai soigneusement évité jusqu'ici d'introduire cet être imposant et terrible dans un raisonnement aussi futile ; j'y ai pourtant souvent pensé, non comme à ce qui pourrait s'opposer à mes conceptions, mais comme à ce qui pourrait les conforter. J'espère éviter la présomption dans un domaine où il est presque impossible à un mortel de s'exprimer avec une stricte propriété. Et je dis que, lorsque nous considérons la divinité seulement en tant qu'objet de l'entendement, forment une idée complexe de pouvoir, de sagesse, de justice, de bonté, qui s'étendent bien au-delà des bornes de notre compréhen-

---

1. Job, XXIX, 7-8.

sion, lorsque nous considérons la divinité, dis-je, dans cette lumière épurée et abstraite, l'imagination et les passions n'en sont guère ou pas du tout affectées. Mais, comme notre condition naturelle nous oblige à nous appuyer sur des représentations sensibles pour nous élever jusqu'à ces idées pures et intellectuelles, et nous contraint à juger de ces qualités divines dans les actes et les effets où elles se déploient, il devient très difficile de démêler l'idée de la cause d'avec l'effet qui nous la fait connaître. Ainsi quand nous contemplons la Divinité, ses attributs et leur opération forment, en s'unissant dans l'esprit, une sorte d'image sensible capable comme telle d'affecter l'imagination. Or, bien qu'aucun attribut ne prédomine peut-être lorsqu'on a une idée juste de la divinité, sa puissance est de loin ce qui frappe le plus l'imagination. Il nous faut quelques réflexions, quelques comparaisons pour nous convaincre de sa sagesse, de sa justice et de sa bonté ; au lieu qu'il nous suffit d'ouvrir les yeux pour être frappés de sa puissance. Mais, lorsque nous contemplons un objet aussi vaste, placé sous le bras, pour ainsi dire, du Tout-Puissant, investi de tout côté d'omniprésence, nous nous resserrons dans l'exiguïté de notre nature et sommes comme annihilés devant lui. Et bien que nos craintes puissent se réduire par la considération de ses autres attributs, ni la conviction de la justice qui préside à l'exercice de sa puissance, ni la miséricorde qui tempère cette justice ne parviennent à éloigner complètement la terreur que suscite naturellement une force à laquelle rien ne peut résister. Si nous nous réjouissons, nous nous réjouissons en tremblant ; et même en recevant des bienfaits, nous ne pouvons nous empêcher de trembler devant un pouvoir qui confère des bienfaits d'une importance aussi considérable. Quand le prophète David contemple les merveilles de sagesse et de puissance déployées dans l'économie humaine, il semble avoir été frappé d'une sorte de divine horreur et s'écrie : « Suis-je formé d'une manière terrible et merveilleuse ! »[1]. Un poète païen éprouve un sentiment de même nature : Horace regarde comme le dernier effort de la fermeté philosophique de contempler sans terreur et sans étonnement l'immense et glorieuse fabrique de l'univers.

> Ce soleil, ces étoiles, ces saisons qui s'écoulent par des mouvements réguliers, il est des hommes qui les contemplent sans être pénétrés d'aucune frayeur[2].

On ne peut soupçonner Lucrèce de s'être abandonné à un effroi superstitieux ; cependant, quand il imagine le mécanisme entier de la nature dévoilé par le maître de sa philosophie, son transport devant le magnifique spectacle qu'il a coloré d'une poésie si hardie et si vive est obscurci par l'ombre d'une terreur et d'une horreur secrètes.

> Devant ces choses, je me sens saisi d'une sorte de volupté divine et de frisson, à la pensée que la nature, ainsi découverte par ton génie, a levé tous ses voiles pour se montrer à nous[3].

Seule, l'Écriture peut cependant fournir des idées qui répondent à la majesté du sujet. Chaque fois que Dieu s'y montre aux hommes ou leur parle, elle fait appel à tout ce que la nature comporte de terrible pour renforcer la crainte que

---

1. *Psaumes*, CXXXIX, 14.

2. *Épîtres*, VI, v. 3-5, trad. fr. F. Villeneuve, Paris, Les Belles Lettres, 1964. Il s'agit du célèbre passage où Horace adopte pour principe de bonheur le *nil admirari*, attribué à Pythagore.

3. *De rerum natura*, III, 28-30, trad. fr. A. Ernout, Paris, Les Belles Lettres, 1966.

suscitent la présence divine et la solennité de l'événement. Les psaumes et les livres prophétiques abondent en exemples de cette sorte. « La terre trembla (dit le psalmiste) et les cieux s'abaissèrent en la présence du Seigneur » [1]. Et, chose remarquable, la peinture conserve le même caractère à Dieu, qu'elle le suppose descendant se venger des méchants, ou qu'elle le montre répandant sa bonté sur les hommes avec la même plénitude de pouvoir. « Tremble, terre, en présence du Seigneur, en présence du Dieu de Jacob, lui qui change le rocher en nappe d'eau et le caillou en fontaine ! » [2]. On n'en finirait pas d'énumérer tous les passages des écrivains sacrés ou profanes, qui fondent le sentiment d'une union indissoluble entre les idées de la divinité et une terreur sainte et respectueuse. De là cette maxime commune : « C'est la peur qui dans l'univers fit les premiers dieux » [3]; maxime que je crois fausse

---

1. *Psaumes*, LXVIII, 8.

2. *Ibid.*, CXIV, 7-8.

3. Stace, *Thébaïde*, III, 661, *Primos in orbe deos fecit timor*. Hobbes cite cette formule, mais en limite la valeur et la portée aux seules religions polythéistes. L'ignorance des causes plongeait l'humanité dans une anxiété qui la poussait à multiplier les puissances invisibles auxquelles elle attribuait sa bonne ou sa mauvaise fortune. Tel n'est pas le cas dans les religions qui posent l'existence d'un Dieu unique, car « le fait de reconnaître un Dieu éternel infini et tout-puissant peut découler plus facilement du désir qu'ont les hommes de connaître les causes des corps naturels, leurs différentes propriétés et leur action, que de la crainte de ce qui leur arriverait dans l'avenir » (*Léviathan*, *op. cit.*, I, XII, « De la religion »). Giambattista Vico utilise la même citation en lui ôtant le sens anti-religieux que lui donnait Stace, pour tenter d'expliquer la genèse des religions païennes – qu'il appelle « les fausses religions (*false religioni*) » –: elles ne proviennent pas de l'imposture des prêtres, mais reposent sur un sentiment naturel et universel de crédulité liée à la peur (*Scienza nuova*, § 191).

quant à l'origine de la religion. Stace, son auteur, vit comment ces idées étaient inséparables, sans considérer que la représentation d'un grand pouvoir doit toujours précéder la terreur qu'il inspire : celle-ci doit nécessairement suivre l'idée du pouvoir, dès qu'elle apparaît à l'esprit. C'est sur ce principe que la vraie religion doit comporter et comporte une si grande part de peur salutaire[1] et que les fausses religions n'ont, en général, d'autre soutien que la peur. Avant que la religion chrétienne eût, pour ainsi dire, humanisé l'idée de la divinité et l'eût en quelque façon rapprochée de nous, on avait à peine parlé de l'amour de Dieu. Les disciples de Platon l'ont évoqué, mais seulement évoqué[2], et les autres écrivains de l'antiquité païenne, qu'ils soient poètes ou philosophes, n'en disent rien.

---

1. Tout le problème est d'éviter l'anthropomorphisme dans la représentation de Dieu. On ne parle pas cependant ici de l'antécédence de l'être par rapport à sa représentation, mais seulement de l'antécédence de la représentation par rapport au sentiment. Kant se souviendra de ce passage lorsqu'il fondera la peur de Dieu sur une représentation déterminée du pouvoir divin et de notre attitude à son égard. Ainsi distinguera-t-il la peur possible devant Dieu de la peur réelle : « on peut considérer un objet comme *susceptible de faire peur* (*fürchtbar*) sans avoir peur devant lui (*ohne sich vor ihm zu fürchten*)» (*Critique de la faculté de juger*, § 28). Mais, autant chez Burke la peur demeure fonction de l'idée – celle d'un Dieu paradoxalement à la fois tout-puissant et aimant –, autant, chez Kant, la peur se surmonte à proportion du pouvoir de résistance ou de soumission volontaire que l'homme découvre en lui-même.

2. « Tu aimeras le Seigneur, ton Dieu, de tout ton cœur, de toute ton âme, de toute ta pensée. C'est là le premier et le plus grand commandement », dit l'Évangile (*Mathieu*, XXII, 37). On peut rappeler l'opposition, d'esprit luthérien, dressée par Anders Nygren entre l'*eros* païen qui, même sublimé, garde toujours un aspect égocentrique, et l'*agapé* paulinienne dans laquelle le véritable amour vient de Dieu (*Eros et Agapé* (1930), trad. fr. P. Jundt, Paris, Aubier, 1940). Ce point de vue a été relativisé par M.C. d'Arcy, *De la double nature de l'amour*, Paris, Aubier, 1948.

Si l'on considère quelle attention infinie, quel mépris des objets périssables, quelles longues habitudes de piété et de contemplation sont nécessaires pour parvenir à la dévotion et à l'amour parfaits de la Divinité, on conviendra aisément que tel n'est pas l'effet premier, le plus naturel et le plus frappant, qui résulte de l'idée de Dieu.

Nous avons ainsi suivi le pouvoir à travers ses différents degrés jusqu'au plus élevé de tous, là où notre imagination finit par se perdre ; nous avons vu la terreur l'accompagner à travers cette progression et croître en même temps que lui, aussi haut que nous avons pu remonter. Maintenant qu'il a été prouvé que le pouvoir est une source essentielle du sublime, on voit distinctement d'où provient son énergie et à quelle classe d'idées on doit le rapporter.>

VI. LA PRIVATION

Toutes les privations *générales* sont grandes, parce qu'elles sont toutes terribles : la vacuité[1], l'obscurité, la solitude et le silence. Avec quel feu d'imagination, mais avec quelle sévérité de jugement Virgile n'a-t-il pas amassé les détails, sachant que toutes les images d'une dignité effroyables devaient être réunies devant la bouche de l'enfer ! Sur le point de percer les secrets du grand abîme, le voilà comme saisi d'un effroi religieux : il semble reculer, étonné de la hardiesse de son propre dessein.

---

1. La vacuité n'est pas le vide, mais « l'état d'une chose vide » d'après Littré qui cite, à titre d'exemple, la vacuité de l'estomac. C'est un vide qui a des contours, non un vide absolu.

Dieux qui possédez l'empire des âmes, Ombres silencieuses, Chaos, Phlégéton, lieux qui vous étendez dans la *nuit muette*, que vos lois me permettent de redire ce que j'ai entendu, et que votre volonté m'accorde de dévoiler les choses ensevelies dans les profondeurs *sombres* de la terre ![1].

Obscurs, ils allaient sous la nuit seule, à travers l'*ombre*, les vastes demeures des morts et leurs vains empires[2].

VII. Du vaste

De grandes dimensions sont une puissante cause du sublime*. Cette proposition est trop évidente et l'observation trop banale pour avoir besoin d'éclaircissement ; mais il est moins commun de considérer par quelles voies de grandes dimensions, l'immensité d'une étendue ou d'une quantité frappent davantage. Car, assurément, il y a des voies, des modes, par lesquels la même quantité d'extension produira de plus grands effets que ceux qu'on trouve produits dans d'autres cas. Un corps peut s'étendre en longueur, en hauteur ou en profondeur. De ces trois dimensions, la longueur est celle qui frappe le moins ; un terrain plat de cent yards ne produira jamais l'effet d'une tour de cent yards, d'un rocher ou

---

* Voir Partie IV, sect. 12.

1. *Énéide*, VI, 264-267, trad. fr. A. Bellessort, Paris, Les Belles Lettres, 1936.

2. *Énéide*, VI, 268-269 : « *Ibant* obscuri, sola *sub* nocte, *per* umbram, / *Perque domos Ditis* vacuas, *et* inania *regna* ». Notre traduction littérale vise à faire sentir le plus sublime hypallage de toute la poésie latine : l'obscurité qui devrait être attribuée à la nuit se trouve donnée à Énée et à son guide, cependant que la solitude que tous deux ressentent vient à caractériser la nuit.

d'une montagne de la même hauteur. Je suis également porté à croire que la hauteur est moins imposante[1] que la profondeur et que nous sommes davantage frappés lorsque nous abaissons les yeux vers un précipice que lorsque nous les élevons vers un objet d'égale hauteur, mais je n'en suis pas absolument sûr. Un plan vertical engendre plus sûrement le sublime qu'un plan incliné ; et les effets d'une surface rugueuse et irrégulière semblent plus puissants que ceux d'une surface lisse et polie. Ce n'est pas ici le lieu d'examiner ici la cause de ces phénomènes ; ils fournissent sans aucun doute un champ large et fécond à la spéculation.

<Quoi qu'il en soit, il ne serait pas déplacé d'ajouter à ces remarques sur la grandeur (*magnitude*) que si l'infiniment grand est sublime, l'infiniment petit ne l'est pas moins. Prêtons attention à l'infinie divisibilité de la matière, observons la vie animale jusque dans les êtres infimes et pourtant organisés qui échappent à la plus fine investigation des sens, poussons nos découvertes encore plus avant et considérons des créatures plus infimes encore et l'échelle toujours décroissante de l'existence, où se perdent l'imagination aussi bien que les sens, nous demeurons étonnés et confondus des merveilles de l'exiguïté et nous ne distinguons plus les effets de l'immensité et de l'extrême petitesse. Car, de même que l'addition, la division doit être infinie : on n'accède pas plus aisément à l'idée d'une unité parfaite, qu'à celle d'un tout complet auquel rien ne puisse être ajouté.>

---

1. *Grand.* Quand Burke utilise les mots *grand* et *grandeur*, c'est au sens d'imposant ou de ce qui produit un effet de grandeur.

VIII. L'INFINI

Une autre source du sublime est l'*infini*, si du moins il se distingue du vaste. Il a tendance à remplir l'esprit de cette sorte d'horreur délicieuse qui est l'effet le plus authentique et le meilleur critère du sublime. Parmi les objets soumis à nos sens, il s'en trouve peu qui soient réellement infinis par eux-mêmes. Mais, comme il en est beaucoup dont l'œil ne peut pas percevoir les bornes, ils paraissent infinis et produisent les mêmes effets que s'ils l'étaient réellement. Nous sommes trompés de la même manière lorsqu'un objet comporte un nombre indéfini d'éléments, de sorte que l'imagination ne rencontre rien qui l'empêche d'en ajouter à son gré.

Chaque fois que la même idée se répète plusieurs fois, l'esprit, par une sorte de mécanisme, se la présente encore longtemps après la disparition de sa cause[1]. Lorsque nous nous asseyons après avoir tourné sur nous-mêmes, les objets ne semblent-ils pas continuer à tourner? Soit une longue succession de bruits, telle une cascade ou des marteaux de forge; les coups frappent et les eaux grondent dans l'imagination longtemps après que les premiers sons ont cessé de l'émouvoir; et ils s'évanouissent finalement de façon à peine perceptible. Dirigez un bâton bien droit vers le ciel et mettez

---

* Partie IV, sect. 14.

1. Burke s'inspire de la doctrine des vibrations développée par David Hartley, et de sa théorie des sensations qui demeurent dans l'esprit après l'éloignement de leur source sensible (*Observations on Man, his Frame, his Duty and his Expectations*, 1748, I, I, IX). Hartley évoque l'image du charbon incandescent qu'on fait tourner devant les yeux et qu'il emprunte de son propre aveu à l'*Optique* de Newton. Burke se servira plus loin du même exemple (IV, 9).

votre œil à son extrémité, il vous semblera d'une longueur presque incroyable*. Faites sur ce bâton une série de marques uniformes et équidistantes ; vous produirez la même illusion et elles sembleront se multiplier sans fin. Quand les sens sont fortement affectés d'une seule et unique façon, ils sont lents à s'adapter à d'autres objets : ils persévèrent dans la même et ancienne voie jusqu'à ce que la force de l'impression initiale s'évanouisse. C'est la raison d'un phénomène très fréquent chez les fous ; ils restent des jours et des nuits entières, parfois des années, à répéter constamment une remarque, une plainte, ou une chanson, dont leur imagination égarée a été vivement frappée au début de leur démence, et que chaque répétition renforce encore ; et l'excitation où se trouve leur esprit (*spirits*), non retenu par le frein de la raison, se poursuit jusqu'à la fin de leur vie [1].

IX. Succession et uniformité

La succession et l'uniformité des éléments constituent l'infini artificiel. 1. *La succession* est requise pour donner aux éléments une continuité et une direction telles que, par leurs fréquentes impressions sur les sens, elles donnent à l'imagination l'idée d'une progression au-delà de leurs limites effectives. 2. *L'uniformité* est nécessaire parce que l'imagination est mise en échec à chaque changement d'aspect : lors de chaque altération, une idée est à son terme et une autre à son commencement. Aussi devient-il impossible de poursuivre cette progression ininterrompue qui, seule, peut donner à des

---

1. C'est ce qu'on appelle la névrose traumatique.

objets bornés l'estampille de l'infini*. C'est dans cette sorte
d'infini artificiel qu'il faut chercher, à mon sens, les raisons de
l'effet de noblesse produit par les rotondes[1] : qu'il s'agisse
d'un bâtiment ou d'une plantation, on ne sait où fixer la limite
et, dans quelque direction qu'on se tourne, le même objet
semble se poursuivre, sans laisser de répit à l'imagination.
C'est la disposition uniforme et circulaire qui donne à la
rotonde sa plénitude d'énergie, parce que la moindre différence dans l'arrangement, dans la forme, ou même dans la
couleur des parties, porte un grand préjudice à l'idée d'infini,
entravée et interrompue par toute altération génératrice d'une
nouvelle série. En s'appuyant sur ces principes de succession

* M. Addison en attribue la cause au fait que, dans la rotonde, on voit d'un
seul coup d'œil la moitié du bâtiment (*The Spectator*, série consacrée aux
plaisirs de l'imagination).

1. La Rotonde est le nom donné au Panthéon de Rome : un des édifices
les plus admirés de l'antiquité et dont Michel-Ange avait déclaré vouloir
suspendre la réplique dans les airs, lorsqu'il conçut le dôme de Saint-Pierre.
C'est d'ailleurs à lui que se réfère directement Addison : « Réfléchissez
à l'état d'esprit de celui qui entre pour la première fois au Panthéon de
Rome : son imagination est stupéfiée de grandeur. Et, en même temps
songez combien l'intérieur d'une cathédrale gothique – peut-être cinq fois
plus grande – l'affecte peu comparativement ; on ne saurait en attribuer la
cause qu'à la grande manière de la première, et à la médiocre manière de
la seconde » (*The Spectator*, n° 415). Suit une longue citation du *Parallèle
de l'Architecture antique avec la moderne* de Fréart de Chambray (1650),
montrant que la profusion de « menus ornements » conduit à une manière
« petite et chétive ».
Addison invoque l'exemple du Panthéon pour définir ce qu'est la grandeur
(*greatness*) architecturale, lorsqu'elle se rapporte non à la simple masse, mais à
la manière. Burke s'inspire de ses considérations, pour développer sa théorie de
l'uniformité à partir d'une théorie de l'architecture classique.

et d'uniformité, on rendra facilement compte de l'apparence imposante des anciens temples païens, dont la forme généralement oblongue est flanquée de part et d'autre d'une rangée de colonnes uniformes. On attribuera à la même cause l'effet grandiose des nefs de nos vieilles cathédrales.

La forme en croix utilisée dans quelques églises ne vaut pas mieux, à mon sens, que le parallélogramme des Anciens. Du moins, vue de l'extérieur. Supposez les bras de la croix égaux : si vous vous placez le long d'un des murs latéraux, ou de l'une des colonnades, vous n'aurez pas l'illusion d'un édifice plus grand, et votre vision sera au contraire amputée d'une part considérable (les deux tiers) de sa longueur *réelle* ; pour empêcher votre vue de s'étendre, les bras de la croix, prenant une nouvelle direction, font un angle droit avec le rayon visuel et détournent ainsi totalement l'imagination de sa première représentation. Placez-vous de manière à avoir une vue frontale de l'édifice : les côtés du transept seront inévitablement perdus pour le regard ; il est sûr que la forme de l'ensemble paraîtra brisée ; la lumière sera inégalement distribuée, ici intense, là faible ; et il manquera cette noble gradation que la perspective ménage sur les éléments disposés en ligne droite ininterrompue. L'ensemble de ces critiques, ou certaines d'entre elles, prévaudront ainsi contre la forme en croix. La croix grecque, à cet égard, présente ces défauts sous leur aspect le plus saillant ; mais ils apparaissent plus ou moins dans toutes les espèces de croix. Rien, en fait, ne nuit davantage à la grandeur des édifices que l'abondance des angles ; cette faute si fréquente naît d'une soif immodérée de variété qui laisse peu de place au bon goût.

X. DES DIMENSIONS (MAGNITUDE)[1] ARCHITECTURALES

De grandes dimensions semblent nécessaires pour atteindre au sublime dans les édifices; car l'imagination ne peut s'élever à l'idée d'infini à partir d'un faible nombre d'éléments, encore moins si ceux-ci sont petits. La grande manière ne saurait, à coup sûr, compenser des dimensions insuffisantes. Cela ne saurait entraîner de desseins extravagants : la règle porte son correctif avec elle. Car une trop grande longueur abolit toute visée de grandeur; la perspective fera perdre en hauteur à l'édifice ce qu'il gagne en longueur et le réduira finalement à un point, le métamorphosant en une sorte de triangle, figure la plus pauvre d'effets. J'ai toujours remarqué que les colonnades et les allées d'arbres de longueur moyenne sont sans comparaison plus imposantes que celles qui s'étendent à perte de vue. Le véritable artiste doit abuser le spectateur par une généreuse imposture et ne recourir qu'à des moyens aisés pour parvenir aux plus nobles fins. Un plan qui n'est grand que par ses dimensions est toujours le signe d'une imagination basse et commune. Un ouvrage d'art ne peut être grand que s'il trompe; ne pas tromper est la prérogative de la seule nature[2]. Un œil exercé fixera le juste milieu entre un

---

1. *Magnitude* – emprunté au latin *magnitudo* – ne signifie pas seulement, d'après Johnson, la grandeur pure et simple (*greatness* ou « grandeur »), mais la masse ou le volume relatif et mesurable (*comparative bulk*) : arbres, affaires à traiter, espaces entre les parties, etc. En français, « magnitude » n'est guère employé qu'en astronomie.

2. On confondra trop souvent, par la suite, le sublime et le gigantesque, en oubliant la distinction établie par Burke entre grandeur réelle et grandeur d'artifice. En témoigne la critique menée par Burke du projet de James Barry

excès de longueur et un excès de hauteur (la même objection d'excès vaut pour ces deux dimensions) et une quantité courte ou interrompue[1]; et peut-être réussirais-je à le fixer avec assez d'exactitude, si mon projet était de descendre davantage dans les particularités d'un art.

XI. L'INFINI DANS LES OBJETS AGRÉABLES

On doit à l'infini, quoique d'un autre genre, une grande part du plaisir des images agréables, comme du délice des sublimes. Le printemps est notre saison préférée; et les petits des animaux, qui sont loin d'atteindre leur forme achevée, nous procurent des sensations plus agréables que les adultes parvenus au terme de leur croissance, parce que l'imagination, au lieu de se plier à l'actuelle donnée des sens,

pour la grande salle de la société des arts, aux Adelphi. Burke dénonça le « principe erroné » qui, sous l'influence d'une lecture fautive de son œuvre, consistait à confondre « grandeur de taille » et « grandeur de manière » et à « imaginer que l'étendue de la toile ou le poids du marbre puissent rendre un tableau ou une sculpture sublime » : « Le seul sublime auquel les peintres et les sculpteurs puissent prétendre consiste à exprimer par certaines proportions, certaines positions et certains traits, la force et la dignité de l'esprit, la vigueur et l'activité du corps qui permettent de concevoir et d'exécuter de grandes actions. [...] La représentation de figures gigantesques et monstrueuses n'a rien de sublime, et dans la poésie, et dans la peinture, arts qui dépendent entièrement de l'expression » (J. Barry, *The Works, containing his Correspondance from France and Italy with Mr Burke, his lectures on Painting and other Works*, Londes, 1809, I, p. 263-264).

1. Nous traduisons littéralement ce membre de phrase qui nous demeure obscur.

aime à caresser la promesse d'un avenir[1]. J'ai souvent trouvé
plus de plaisir dans une esquisse inachevée que dans le dessin
le mieux fini; ce que j'attribue à la cause dont je viens de
parler.

XII. LA DIFFICULTÉ

Stonehenge vue du Nord-Ouest. Gravure dite de Camden,
dans le style de Lucas de Heere (1575) et de Kip (1695)

---

1. Même idée chez Addison, *The Spectator*, n° 412. Seulement, aux yeux
d'Addison, le rare, le nouveau, l'exceptionnel (*uncommon*) trouvent une place
dans nos jouissances esthétiques à côté du beau et du grand (*great*).

Reconstitution de Stonehenge dans l'ordre toscan,
par Inigo Jones en 1655

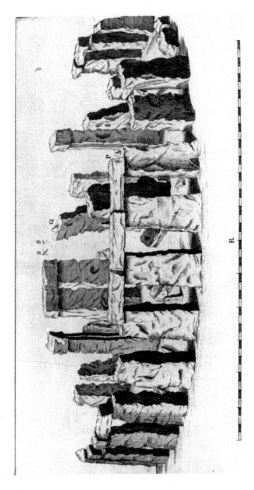

Stonehenge vue par Walter Charleton, *Chorea Gigantum*, 1663

Une autre source de grandeur est la difficulté[1]. Tout ouvrage qui semble avoir exigé une force et un travail immenses nous en impose. Stonehenge[2] n'a rien d'admirable ni par sa disposition, ni par ses ornements ; mais ces masses de pierres énormes et grossières[3], mises debout et entassées l'une sur l'autre, avertissent l'esprit des efforts prodigieux que l'ouvrage a coûtés : la rudesse[4] même du travail augmente cette cause de grandeur, en excluant l'idée d'art et d'invention ; car la dextérité produit un effet d'un autre genre.

1. Voir sur ce thème D. Deleule, « Adam Smith et la difficulté surmontée », dans *Essais esthétiques d'Adam Smith : L'imitation dans les arts et autres textes*, P. Thierry (dir.), Paris, Vrin, 1997, p. 15-33.

2. L'intérêt pour le site préhistorique de Stonehenge et ses deux cercles de mégalithes n'avait cessé de se développer à la fin du XVIIe et au début du XVIIIe siècles. En témoigne la belle gravure à la fois réaliste et fantastique de Kip publiée dans la réédition de 1695 de la *Britannia Descriptio* de William Camden : il s'inspire de Lucas de Heere (1575), mais ajoute l'aspect découpé et dansant qui donne à ses menhirs l'allure de fantômes. Voilà qui contraste avec la reconstitution de Stonehenge en style toscan par Inigo Jones, dans laquelle les principes d'uniformité et de circularité renforcent le principe de difficulté, seul souligné par Burke. Le « Vitruve anglais » avait consacré aux mégalithes un ouvrage entier, qui fut le premier sur la question. Son neveu et disciple, John Webb, le publia après sa mort sous le titre : *The most notable Antiquity of Great Britain, vulgarly called Stonehenge* (1655). Walter Charleton prit position contre Jones dans sa *Chorea gigantum* en 1663 et attribua à Stonehenge une origine danoise. Mais William Stukeley lui rendit enfin ses origines druidiques (*A Temple Restor'd to the British Druids*, 1740). Caylus évoquera ces recherches dans son *Recueil d'antiquités*, t. IV (1761), p. 371 et s'en inspirera dans le t. VI (1764), p. 379 à 388.

3. *Rude.*

4. *Rudeness.* Voir B.M. Stafford, « Rude sublime : the taste for nature's colossi during the late eighteenth and early nineteenth centuries », *Gazette des Beaux-Arts*, avril 1976, p. 113-126.

XIII. La magnificence

La *magnificence* est également source du sublime. La profusion de choses splendides ou précieuses est en soi magnifique. Le ciel étoilé a beau se présenter souvent à la vue, il ne manque jamais de susciter une idée de grandeur qui ne saurait provenir des étoiles prises séparément, mais à coup sûr de leur nombre. Un désordre apparent augmente la grandeur; car rien n'est plus contraire à l'idée de magnificence qu'un excès de soin. De plus, les étoiles sont dans une telle confusion, du moins pour notre vue, qu'il est d'ordinaire impossible de les compter; ainsi ont-elles l'avantage d'une sorte d'infini. Dans les œuvres d'art, on ne doit admettre qu'avec beaucoup de prudence cette espèce de grandeur qui consiste dans la multitude, parce qu'on ne saurait obtenir d'excellentes choses en profusion, ou du moins sans une extrême difficulté, et parce que, en bien des cas, cette splendide confusion détruit tout l'avantage reçu[1] qui doit être l'objet du plus grand soin dans la plupart des œuvres d'art. En outre, si le désordre ne parvient pas à produire l'apparence de l'infini, lui seul subsiste en l'absence de toute magnificence. Les feux d'artifices et d'autres inventions encore réussissent néanmoins dans cette voie et sont vraiment grandioses.

<Maintes descriptions des poètes et des orateurs doivent leur sublimité à la richesse et à la profusion d'images dont l'esprit est tellement ébloui qu'il ne saurait y rechercher cette

---

1. *Use* est difficile à traduire : il ne s'agit pas d'utilité, mais d'une jouissance d'usage, d'usufruit. « Qualities that make a thing proper for any purpose », « Advantage received; power of receiving an advantage », « Convenience », tels sont certains des sens que mentionne Johnson en se référant à Temple, à Dryden et, dans le dernier cas à Locke, Swift, etc.

cohérence et cette exactitude des allusions qu'il exige en toute autre circonstance. Je ne puis me rappeler pour l'instant d'exemple plus frappant que la description de l'armée royale dans *Henri IV* :

> Tous équipés, tous sous les armes, tous la plume d'autruche au vent, battant des ailes comme les aigles qui viennent de se baigner, étincelants comme des images sous leurs cottes d'or, pleins d'ardeur comme le mois de mai et splendides comme le soleil à la mi-été, folâtres comme de jeunes taureaux. J'ai vu le jeune Henry, la visière baissée, les cuissardes aux cuisses, galamment armé, s'élancer de terre comme un Mercure ailé, et sauter en selle avec une telle aisance qu'on eût dit un ange descendu des cieux pour monter un ardent Pégase[1].

La Sagesse du fils de Sirach, cet excellent livre, si remarquable pour la vivacité de ses portraits aussi bien que pour la solidité et la pénétration de ses pensées, contient un panégyrique du grand prêtre Simon, fils d'Onias, qui est un bel exemple à citer ici.

---

1. *Henri IV*, Ire Partie, Acte IV, scène I, v. 97-109, trad. fr. Victor Hugo.
« [...] All furnished, all in arms,
All plumed like ostriches that with the wind
Baited like eagles having lately bathed :
As full of spirit as the month of May,
And gorgeous as the sun in Midsummer,
Wanton as youthful goats, wild as young bulls.
I saw young Harry with his beaver on
Rise from the ground like feathered Mercury ;
And vaulted with such ease into his seat
As if an angel dropped down from the clouds
To turn and wind a fiery Pegasus ».

Qu'il était glorieux au milieu de son peuple, quand il sortait du
sanctuaire ! Tel l'astre du matin à travers un nuage, telle la lune
dans sa plénitude, tel le soleil brillant sur le temple du Très-
Haut, et tel l'arc-en-ciel illuminant les brillants nuages, telle la
fleur des roses dans le printemps de l'année, tels les lys sur le
bord des eaux, tel l'oliban en été, tels le feu et l'encens dans le
brûle-parfum, tel un vase d'or serti de pierres précieuses, tel un
bel olivier chargé de ses fruits, tel un cyprès s'élevant vers les
nues. Quand il revêtait la robe d'honneur et se couvrait de la
perfection de gloire, quand il montait vers le saint autel, il
donnait gloire aux vêtements de la sainteté. Lui-même se tenait
près du foyer de l'autel, entouré de ses frères, comme un jeune
cèdre du Liban entouré de palmiers. Tels étaient tous les fils
d'Aaron dans leur gloire, les offrandes du Seigneur en leurs
mains[1].>

XIV. La lumière

Après avoir considéré l'étendue comme capable d'éveiller
les idées de grandeur, venons-en à la *couleur*. Toutes les
couleurs dépendent de la *lumière*. Aussi doit-on d'abord
examiner celle-ci, avec l'obscurité qui lui est opposée. Pour
que la lumière puisse susciter le sublime, il faut que certaines
conditions soient réunies de manière à ce qu'elle ne se réduise
pas à la faculté de montrer les objets, car elle est trop commune
pour toucher vivement; or sans impression vive, point de
sublime. Pourtant une lumière, comme celle du soleil, qui agit
immédiatement sur l'œil et le subjugue, est une idée imposante. Une lumière d'intensité inférieure a le même pouvoir, à

---

1. *Ecclésiastique*, L, 5-13.

condition de se déplacer avec une grande vitesse, tel l'éclair qui porte celle-ci à son degré extrême. La transition rapide de la lumière à l'obscurité, ou de l'obscurité à la lumière, a cependant un effet encore plus grandiose. Mais l'obscurité engendre davantage d'idées sublimes que la lumière.

<Milton, notre grand poète en était convaincu; il était si pénétré de cette idée, si parfaitement persuadé du pouvoir d'une obscurité bien ménagée, qu'en décrivant l'aspect de la divinité, dans cette profusion d'images magnifiques que la grandeur du sujet l'invitait à répandre partout, il n'avait garde d'oublier l'obscurité qui environne le plus incompréhensible des êtres, mais «entoure son trône de la majesté des *ténèbres*»[1].

Fait remarquable, notre auteur a le secret de maintenir cette position, même quand il semble s'en éloigner le plus, lorsqu'il décrit la lumière et la gloire qui jaillissent de la présence divine; lumière qui, par son excès même, se convertit en obscurité: «les bords de tes vêtements sont *obscurcis* par une excessive *lumière*»[2]. Cette idée n'est pas seulement très poétique, mais rigoureusement et philosophi-quement juste. En éblouissant les organes de la vue, une lumière très intense fait disparaître les objets et a donc un effet analogue à celui de l'obscurité. Après avoir fixé le soleil quelques instants, deux taches noires – seule impression qu'il laisse – semblent danser devant nos yeux. Ainsi deux idées aussi opposées que possible se réconcilient dans leurs extrêmes et, malgré leur nature contraire, concourent à produire le sublime. Mais ce n'est pas

1. *Paradis perdu*, II, 266-267: «[...]With the majesty of darkness round / Circles his throne».

2. *Paradis perdu*, III, 380: «Dark with excessive light thy skirts appear».

le seul cas où l'action de deux extrêmes opposés est favorable au sublime, qui, en toutes choses abhorre la médiocrité[1].>

XV. LA LUMIÈRE EN ARCHITECTURE

La distribution de la lumière étant fort importante en architecture, examinons jusqu'à quel point cette remarque la concerne. Je pense que tout édifice destiné à éveiller une idée de sublime doit être de préférence sombre et ténébreux, et cela pour deux raisons : la première, étayée sur l'expérience, vient de ce que l'obscurité a plus d'effet sur les passions que la lumière ; la seconde, de ce que pour donner à un objet le maximum de sa force, il faut le rendre aussi différent que possible des objets avec lesquels nous venons d'être en relation immédiate. Ainsi, lorsqu'on entre dans un édifice, la lumière ne doit pas être plus vive qu'au-dehors ; n'est-elle qu'un peu moins vive, le changement est insignifiant ; si l'on veut donc que la transition frappe vivement, il faut passer de la lumière la plus intense à une obscurité aussi grande que le permet l'usage architectural. De nuit, on observera la règle contraire, mais pour la même raison : plus le lieu est éclairé, plus grande sera la passion suscitée.

---

1. Comme il l'avait déjà fait à propos des deux infinis de grandeur et de petitesse (II, 17), Burke montre ici son sens de l'opposition dialectique. Ce culte des extrêmes nous éloigne assurément du sublime « familier » de Fénelon ou même du sublime « simple » de Boileau. Rappelons, en effet, qu'aux yeux de ce dernier, il existe un « secret infaillible » pour parvenir au sublime : « dire tout ce qu'il faut et ne dire que ce qu'il faut » (*Réflexion*, X).

XVI. La couleur considérée comme cause du sublime

À l'exception peut-être du rouge vif, les couleurs douces ou gaies ne sauraient contribuer à former des images imposantes. Soit une montagne immense couverte d'un gazon vert et brillant : qu'est-ce, comparé à un mont sombre et lugubre ? Le ciel en impose davantage, couvert de nuages que bleu uni, et la nuit est plus sublime et solennelle que le jour. Une draperie de couleur gaie et éclatante ne saurait donc jamais faire heureux effet dans les tableaux d'histoire[1] ; et si l'on veut atteindre le plus haut degré du sublime en architecture, il faut éviter dans les matériaux et dans l'ornementation le blanc, le vert, le jaune, le bleu, le rouge pâle, le violet ou le tacheté, pour utiliser des couleurs tristes et sombres telles que le noir, le brun, le pourpre foncé, etc. La dorure, la mosaïque, la peinture ou la statuaire ne contribuent que faiblement au sublime. Il ne faut mettre en pratique cette règle que si l'on veut produire uniformément et jusqu'au moindre détail un sublime du plus haut degré ; car il faut observer que ce genre mélancolique de grandeur, quoique certainement le plus élevé, ne doit pas être recherché dans tous les types d'édifice, même dans ceux chez lesquels on doit viser à la grandeur[2]. Dans ces derniers cas, il faut puiser le sublime à d'autres sources, mais toujours en ayant soin d'exclure le clair et le riant ; car rien n'est aussi apte à émousser le goût du sublime dans son ensemble.

---

1. Dans la hiérarchie des genres picturaux, l'histoire occupait, en effet, la première place – celle qui permettait le mieux d'accéder au sublime –, devant les portraits, les paysages et les natures mortes.
2. Burke esquisse ici une typologie, voire une hiérarchie du sublime, dans laquelle le sublime mélancolique occupe la place la plus haute.

XVII. Son et force du son

L'œil n'est pas le seul organe des sens qui puisse engendrer une passion sublime. Les sons exercent une grande influence sur cette passion, comme sur la plupart des autres. Ce n'est point des mots que j'entends parler, car ceux-ci ne nous affectent pas simplement par le son, mais par des moyens entièrement différents. Une sonorité excessive suffit seule pour subjuguer l'âme, suspendre son action et la remplir de terreur. Le bruit de vastes cataractes, d'orages déchaînés, du tonnerre, de l'artillerie, éveille dans l'esprit une sensation grande et terrible, quoique personne n'ait observé d'agrément ou d'habileté dans ces sortes de musique. Les clameurs d'une multitude ont un effet semblable et, par la seule force du son, étonnent et confondent tellement l'imagination que, dans la stupeur et la précipitation, les caractères les plus affermis ont de la peine à ne pas se laisser entraîner, à ne pas se joindre au cri commun et à ne pas adopter les décisions de la foule.

XVIII. La soudaineté

Le début soudain et la cessation subite d'un son d'une force considérable ont le même pouvoir. Ils éveillent l'attention et mettent les facultés pour ainsi dire sur leurs gardes. Tout ce qui, dans l'ordre de la vue ou de l'ouïe, se présente avec des transitions douces, n'excite aucune terreur et ne peut donc être cause de grandeur. Nous sommes portés à tressaillir devant ce qui est soudain et inattendu, parce que nous percevons un danger, contre lequel la nature nous avertit de nous défendre. On peut remarquer qu'un son unique d'une certaine force, quoique d'une courte durée, fait grand effet quand il est répété par intervalles. Peu de choses sont plus effrayantes que la sonnerie d'une horloge, quand le silence de la nuit empêche l'attention de se dissiper. On peut en dire autant d'un coup unique de tambour qui se répète de pause en pause ou des détonations successives d'un canon éloigné. Tous ces effets ont des causes à peu près semblables.

XIX. L'INTERMITTENCE

Bien qu'un son bas, tremblotant et intermittent, soit à certains égards opposé au son intense et inattendu, il peut engendrer le sublime et mérite un court examen. L'expérience et la réflexion doivent établir le fait. J'ai déjà observé que* la nuit augmente notre terreur plus, peut-être, que toute autre chose ; il est dans notre nature de craindre le pire lorsque nous ne savons pas ce qui peut nous arriver : l'incertitude est si terrible que nous cherchons à nous en délivrer, au risque même de quelque dommage. Or des sons sourds, confus et incertains nous jettent dans la même anxiété touchant leurs causes que l'absence de lumière ou une lumière incertaine touchant les objets qui nous environnent :

> La faible apparence d'une lumière incertaine, telle une lampe dont la vie va s'éteindre, telle la lune voilée par des nuages nocturnes, se montre au voyageur saisi de crainte et d'épouvante[1].

* Partie I, sect. 3.

1. *Quale per incertam lunam sub luce maligna / Est iter in silvis* (Virgile, *Enéide*, VI, 270-271). Nous traduisons d'après la traduction de Spenser, *Faerie Queene*, II, VII, 29.

Une lumière qui tantôt apparaît et tantôt s'éclipse, est plus terrible encore que l'obscurité totale; et, pour peu que les conditions s'y prêtent, certains sons incertains sont plus alarmants qu'un silence total.

XX. LES CRIS DES ANIMAUX

Les sons qui imitent la voix naturelle et inarticulée de l'homme comme celle d'un animal qui souffre ou court un danger, peuvent transmettre de grandes idées, sauf s'il s'agit d'une créature qu'on a coutume de regarder avec mépris et dont la voix est familière. Les cris de fureur des bêtes sauvages sont également capables de susciter une grande et terrible impression.

> On entendait, venant de là, les frémissements et la rage des lions qui secouaient leurs chaînes et rugissaient fort avant le soir. Des sangliers et des ours s'agitaient furieusement dans leurs cages; et des formes de grands loups hurlaient [1].

Il pourrait sembler que ces modulations de la voix ont quelque rapport avec la nature des choses qu'elles représentent, et qu'elles ne sont pas purement arbitraires; car les cris naturels de tous les animaux, même inconnus, se font toujours suffisamment comprendre; ce qui ne saurait être le cas du langage articulé. Les modifications du son qui peuvent susciter le sublime sont presque infinies. J'en ai seulement cité un petit nombre pour montrer le principe sur lequel elles se fondent.

1. *Énéide*, VII, 15-18, trad. fr. A. Bellessort, *op. cit.*: Virgile décrit la demeure de la magicienne Circé.

XXI. L'ODORAT ET LE GOÛT, LES AMERTUMES
ET LES PUANTEURS

Les odeurs et les saveurs contribuent, elles aussi, à l'idée de grandeur, mais leur participation est réduite, faible par nature et bornée dans ses effets. J'observerai seulement qu'odeurs et saveurs ne sauraient produire une grande impression, à l'exception de l'amertume extrême et de la puanteur intolérable. Il est vrai que lorsque ces affections de l'odorat et du goût atteignent la plénitude de leur force et s'appliquent directement au sensorium, elles sont simplement douloureuses et ne s'accompagnent d'aucun délice ; mais, quand elles sont modérées, comme dans une description ou un récit, elles constituent des sources de sublime authentique, suivant le même principe de douleur modérée. «Une coupe d'amertume, boire le calice amer du destin, les pommes amères de Sodome», voilà autant d'images qui conviennent à une description sublime. N'est-il pas sublime, ce passage de Virgile, dans lequel les vapeurs pestilentielles de la fontaine d'Albunée s'accordent si heureusement avec les ténèbres de la forêt prophétique et l'horreur sacrée qu'elles inspirent ?

> De son côté, le roi, tourmenté par ses prodiges, va consulter les oracles de Faunus, son père le devin, et interroger le bois sacré, au pied de la haute Albunée, la grande forêt qui retentit de sa source sainte et, dans une ombre épaisse, *exhale de sauvages vapeurs méphitiques* [1].

En un moment particulièrement sublime du livre VI, le poète n'oublie pas les exhalaisons empoisonnées de l'Achéron

---

1. *Ibid.*, VII, 81-84.

qui ne sont nullement en disharmonie avec les images qui précèdent.

> Il y avait une caverne *profonde* qui s'ouvrait monstrueuse dans le rocher comme un *vaste* gouffre, défendue par un *lac noir* et par les *ténèbres* des bois. Aucun oiseau ne pouvait impunément traverser l'air au-dessus de cette sombre gorge, *tant les émanations qui s'en dégageaient montaient vers la voûte du ciel*[1].

J'ai ajouté ces exemples sur la suggestion de quelques amis, dont j'estime beaucoup le jugement : ils ont pensé que mon sentiment, exposé dans sa nudité, risquerait de paraître bizarre et ridicule ; ce qui proviendrait, je crois, de ce qu'on associe l'amertume et la puanteur à des images basses et méprisables, auxquelles il faut avouer qu'elles sont fréquemment unies ; cette alliance dégrade le sublime dans tous les cas, y compris ceux cités. Seulement, pour éprouver la sublimité d'une image, il ne s'agit pas de savoir si elle devient basse, une fois associée à des images basses, mais si, lorsqu'elle est unie à des images d'une grandeur reconnue, elle renforce la dignité de l'ensemble de la composition. Ce qui est terrible est toujours grand ; mais, quand les objets ont des qualités désagréables ou sont en quelque mesure pernicieux – à condition que le danger soit facile à surmonter –, ils sont simplement *odieux*, comme le sont les crapauds et les araignées.

XXII. Le toucher, la douleur

On ne peut guère dire autre chose du *toucher*, sinon que l'idée de la douleur physique sous toutes ses formes – travail,

---

1. *Ibid.*, VI, 237-241.

peine, angoisse, tourment – et à tous ses degrés, y est source de sublime : rien d'autre ne saurait l'être. Inutile de fournir ici de nouveaux exemples, car ceux donnés dans les sections précédentes éclairent abondamment ce qu'un chacun peut observer, s'il prête attention à la nature.

Après avoir parcouru les causes du sublime dans les cinq sens, on trouvera très vraisemblable la thèse que j'ai énoncée dans la section 7 : l'idée du sublime est relative à la conservation de soi, aussi est-ce une des représentations qui nous affecte le plus, l'émotion la plus forte qu'elle procure est la détresse et aucun plaisir* provenant d'une cause positive n'en relève. On pourrait invoquer d'innombrables exemples, outre ceux mentionnés, pour étayer ces vérités et en tirer peut-être maintes conséquences utiles.

> Mais il fuit cependant, le temps irrévocable, tandis que sur chaque chose singulière nous nous attardons, épris d'amour [1].

---

* *Vide*, partie I, Sect. 6.

1. *Sed fugit interea, fugit irrevocabile tempus, / Singula dum capti circumvectamur amore* (Virgile, *Géorgiques*, III, 284-285).

PARTIE III

I. De la beauté

Je me propose de considérer la beauté comme distincte du sublime et d'examiner, au cours de cette recherche, jusqu'à quel point elle est compatible avec lui. Mais il faut d'abord recenser brièvement les opinions qu'on a sur elle et qu'il serait difficile, je pense, de ramener à des principes fixes, parce qu'on a coutume d'en parler au figuré, c'est-à-dire d'une manière fort incertaine et indéterminée. Par beauté, j'entends cette qualité ou ces qualités des corps, qui leur permettent d'exciter l'amour ou une passion voisine [1].

<Je borne cette définition aux qualités purement sensibles des choses, dans le souci d'aller toujours vers le plus simple, en ne me laissant pas, comme c'est l'habitude, égarer par les considérations secondaires qui motivent notre sympathie pour les personnes et pour les choses, mais en considérant l'influence directe qu'ils exercent par leur simple aspect.

1. Cette détermination du beau comme ce qui excite l'amour n'a rien en soi de nouveau; c'est même d'une certaine manière le fondement de toute théorie intellectualiste de la beauté, conçue comme éclat du bon et du vrai dans le monde sensible. Voir Platon, *Phèdre*, 250d.

L'amour, entendu comme satisfaction qui naît de la contemplation du beau, doit être distingué du désir ou de la luxure, c'est-à-dire d'une énergie propre à l'esprit, l'entraînant à posséder des objets qui ne l'affectent point par leur beauté, mais par des causes entièrement différentes. Il arrive que nous désirions violemment une femme de faible beauté; et, inversement, une très grande beauté chez l'homme ou chez l'animal n'excite pas le moindre désir, bien qu'elle provoque l'amour : ce qui montre que la passion inspirée par la beauté et que j'appelle amour, est différente du désir, auquel il arrive, cependant, d'agir de concert avec elle. C'est à ce dernier, et non aux effets de la beauté par elle-même, qu'on doit attribuer les passions violentes et orageuses et les fortes émotions physiques qui accompagnent ce qu'on appelle parfois vulgairement amour.>

II. LA PROPORTION N'EST PAS LA CAUSE DE LA BEAUTÉ CHEZ LES VÉGÉTAUX

On dit communément que la beauté réside dans la proportion des parties. Mais, à y bien regarder, j'ai de fortes raisons de douter qu'elle en dépende à quelconques égards. La proportion se rapporte presque entièrement à la convenance, de même, apparemment, que toute idée d'ordre; il faut donc la considérer comme une production de l'entendement, plutôt que comme une cause primaire agissant sur les sens et sur l'imagination. Ce n'est pas grâce à une recherche et à une attention soutenues que nous déclarons un objet beau; la beauté ne requiert pas le secours du raisonnement et la volonté même lui est étrangère; la présence de la beauté inspire l'amour aussi naturellement que l'application de la glace ou du feu produit les idées du froid ou du chaud.

Pour traiter cette question de façon plus décisive, il serait bon d'examiner[1] <ce qu'est la proportion, puisque d'aucuns font usage de ce mot, sans toujours paraître en comprendre très clairement la valeur ni avoir une idée bien distincte de la chose. La proportion est la mesure de la quantité relative. Puisque toute quantité est divisible, il est évident que toute partie distincte d'une quantité divisée doit avoir une relation avec les autres parties ou avec le tout. C'est de ces relations que vient l'idée de proportion. On les découvre par la mesure, et elles sont l'objet de recherches mathématiques. Mais, qu'une partie d'une quantité déterminée constitue le quart, le cinquième, le sixième ou la moitié du tout, ou bien qu'elle soit de la même longueur qu'une autre partie, d'une longueur double ou de la moitié de sa longueur, voilà une question qui nous laisse parfaitement indifférents; c'est du manque d'intérêt et de la tranquillité absolue des esprits que les spéculations mathématiques tirent quelques-uns de leurs plus grands avantages : il n'y a là rien qui intéresse l'imagination, et le jugement est libre et impartial dans son examen. Toutes les proportions, tous les arrangements de quantité sont semblables devant l'entendement, parce que les mêmes vérités résultent pour lui de tous les rapports, du plus grand et du plus petit, de l'égalité ou de l'inégalité. L'idée de la beauté, en revanche, ne relève assurément pas de la mesure et n'a que faire du calcul et

---

1. Burke s'efforce de répondre aux objections de la *Critical Review* : « La proportion ne se borne pas à une relation entre les parties ni à un ensemble de dimensions. La proportion est la symétrie, et la symétrie peut être maintenue à travers une grande diversité de figures » (*Critical Review*, III, p. 366-367).

de la géométrie [1]. Si tel n'était pas le cas, on pourrait démontrer que certaines mesures déterminées sont belles, simplement par elles-mêmes ou en relation avec d'autres; on pourrait ordonner les objets naturels, dont la beauté n'a d'autre garant que les sens, à cet heureux module (*standard*), et confirmer ainsi la voix de nos passions par les décisions de notre raison. Mais, puisque ce secours nous fait défaut, voyons en quel sens on pourrait considérer la proportion comme cause de la beauté, ainsi qu'on le fait généralement, et parfois avec tant d'assurance. Si la proportion est une des composantes de la beauté, elle doit tirer ce pouvoir, ou de quelques propriétés naturelles inhérentes à certaines mesures qui opèrent mécaniquement, ou de l'effet de l'habitude, ou encore de l'aptitude qu'ont certaines mesures de répondre à quelques fins particulières de convenance. Notre propos est donc de rechercher si les végétaux et les animaux qu'on déclare beaux sont invariablement si conformes à certaines mesures qu'ils puissent servir à nous convaincre que leur beauté résulte de ces mesures par l'effet de causes naturelles et mécaniques, de l'accoutumance, ou, enfin, d'une aptitude à des fins déterminées. Je me propose d'examiner cette question successivement sous chacun de ces trois titres. Mais j'espère qu'on ne trouvera pas hors de propos qu'avant d'aller plus loin, j'expose les règles qui m'ont dirigé

---

1. Burke est le premier à mettre aussi énergiquement en cause le principe de l'esthétique mathématique, issue du pythagorisme, qui avait atteint son apogée dans les *Vier Bücher von menschlichen Proportion* de Dürer (1529). L'abandon des études anthropométriques va de pair avec le triomphe du «principe subjectif». Voir E. Panofsky, «L'évolution d'un schème structural. L'histoire de la théorie des proportions humaines, conçues comme miroir de l'histoire des styles», dans *L'œuvre d'art et ses significations* (1955), trad. fr. M. et B. Teyssèdre, Paris, Gallimard, 1969.

dans cette recherche, et qui m'ont égaré, si j'ai fait fausse route.

1) Si deux corps produisent le même effet ou un effet voisin sur l'esprit, et qu'à l'examen, on trouve qu'ils ont quelques propriétés communes et d'autres différentes : attribuer l'effet commun aux propriétés qui leur sont communes, et non à celles qui sont différentes.

2) Ne pas expliquer l'effet d'un objet naturel à partir de l'effet d'un objet artificiel.

3) Ne pas justifier l'effet d'un objet naturel à partir d'une utilité qu'on lui attribue par raisonnement, si on peut lui trouver une cause naturelle.

4) N'admettre aucune quantité déterminée ni aucune relation de quantité comme cause d'un certain effet, si l'effet vient de mesures et de relations différentes ou opposées, ou si ces mesures et ces relations peuvent exister, sans que pour autant, l'effet se produise.

Voilà les principales règles que j'ai suivies, en examinant le pouvoir de la proportion considérée comme cause naturelle ; si le lecteur les croit justes, je le prie d'en tenir compte durant tout le reste de notre enquête.>

Cherchons d'abord dans quels objets se trouve la beauté, pour voir, ensuite, s'ils possèdent des proportions assez déterminées pour nous convaincre que notre idée de la beauté en découle. Considérons ce pouvoir de plaire[1], tel qu'il apparaît dans les végétaux, chez les animaux inférieurs et chez l'homme. Tournant nos yeux vers le monde végétal, nous n'y

---

1. *Pleasing power* : on remarquera que Burke ne fait pas du « pouvoir » la caractéristique du seul sublime, mais établit une hiérarchie au sein du pouvoir, le pouvoir d'agréer étant en quelque sorte aux antipodes du pouvoir de nuire.

rencontrons rien d'aussi beau que les fleurs; or celles-ci offrent à peu près toutes les possibilités de formes et de dispositions; aussi les botanistes leur ont-ils donné des noms d'une diversité presque égale. Quelle proportion découvrons-nous entre tiges et feuilles, entre feuilles et pistils? Comment la tendre tige d'une rose s'accorde-t-elle avec la tête volumineuse sous laquelle elle plie? Qui oserait dire qu'elle ne doit pas une grande partie de sa beauté à cette disproportion même? C'est une grande fleur qui se développe sur un petit arbuste; la fleur du pommier, elle, est très petite et croît sur un grand arbre; toutes deux n'en sont pas moins belles, et l'arbre ou l'arbuste qui s'en parent très attirant malgré cette disproportion. Est-il, de l'aveu général, chose plus belle que l'oranger, dans l'éclat de ses feuilles, de ses fleurs et de ses fruits? Nous rechercherions pourtant vainement une proportion déterminée entre sa hauteur et sa largeur, les dimensions de l'ensemble et la relation des parties au tout. J'accorderai qu'on peut observer chez maintes fleurs une forme assez régulière et une disposition plutôt méthodique des feuilles. C'est le cas de la rose ainsi que de ses pétales; qu'on la regarde obliquement, sa forme et la disposition de ses feuilles perdent de leur netteté, mais la rose n'en conserve pas moins sa beauté; le bouton de rose a même davantage de beauté que la fleur épanouie, dotée de sa forme exacte; et ce n'est pas le seul exemple attestant que la méthode et l'exactitude, âme de la proportion, nuisent davantage à la cause de la beauté qu'elles ne la servent [1].

---

1. Burke franchit un pas supplémentaire dans sa critique: la proportion n'est pas seulement indifférente à la beauté, elle peut empêcher son surgissement.

III. LA PROPORTION N'EST PAS LA CAUSE DE LA BEAUTÉ
CHEZ LES ANIMAUX

Les animaux montrent également avec évidence que la proportion contribue peu à la formation de la beauté, comme en témoigne la très grande diversité qu'on trouve dans leurs formes et dans la disposition de leurs membres. Le cygne dont on reconnaît la beauté possède un cou plus long que le reste du corps, et une queue très courte. Est-ce là une belle proportion ? Nous devons l'accorder. Mais alors, que dirons-nous du paon, dont le cou est comparativement court, alors que sa queue est plus longue que son corps et son cou pris ensemble ? Combien y a-t-il d'oiseaux qui s'écartent infiniment de chacun de ces modèles, et de tout autre pour lequel on pourrait donner des proportions différentes et souvent opposées ! Maints de ces oiseaux sont d'une extrême beauté ; pourtant, à les considérer, nous ne trouvons rien dans aucune de leurs parties qui puisse nous déterminer *a priori* à dire ce que les autres parties devraient être, ni même à faire de conjectures à leur propos que l'expérience ne puisse venir à démentir. Si l'on en vient au coloris des oiseaux et des fleurs – qui se ressemblent en effet –, il est impossible d'y trouver une proportion, qu'on l'envisage sous le rapport de l'extension ou de l'intensité. Certains oiseaux et certaines fleurs sont monochromes, d'autres réunissent toutes les nuances de l'arc-en-ciel ; quelques-uns sont de couleurs primaires [1], d'autres de couleurs composées ; bref, un observateur attentif est en droit de conclure qu'il y a chez les oiseaux et chez les fleurs aussi peu de proportion dans les

---

1. Les couleurs primaires des physiciens – appelées aussi « principales » par les peintres – sont le blanc, le jaune, le bleu, le rouge et le noir.

couleurs que dans les formes. Tournez-vous vers les quadrupèdes et examinez la tête d'un beau cheval; quel rapport a-t-elle avec le corps et les jambes, et quel rapport chacune de ces parties a-t-elle avec les autres? Après avoir établi ces proportions comme canon de la beauté, prenez un chien, un chat ou tout autre animal, et voyez si vous trouvez les mêmes proportions entre leur tête et leur cou, entre chacune de ces parties et l'ensemble du corps, et ainsi de suite. On peut affirmer non seulement qu'elles diffèrent selon les espèces, mais qu'il existe, au sein de maintes espèces, des individus anomiques qui n'en ont pas moins une beauté très frappante.

<Or si l'on accorde que la beauté est compatible avec des formes et des arrangements très différents et même contraires, on doit en conclure qu'aucune mesure déterminée, agissant d'après un principe naturel, n'est nécessaire pour l'engendrer, du moins dans l'espèce animale.>

IV. LA PROPORTION N'EST PAS LA CAUSE DE LA BEAUTÉ CHEZ L'ESPÈCE HUMAINE

On a remarqué qu'il existait des proportions déterminées entre certaines parties du corps humain; mais, avant de pouvoir prouver que la cause efficiente de la beauté réside dans ces proportions, il faut montrer que toute personne qui s'en trouve exactement dotée est belle, cette beauté qui charme la vue résidant soit dans un membre considéré isolément, soit dans le corps entier. Il faut montrer également qu'étant donné les relations de ces parties entre elles, il est possible de les comparer facilement, de manière à ce qu'une affection de l'esprit puisse en résulter naturellement. J'ai quant à moi examiné plusieurs fois et avec soin beaucoup de proportions, et je les ai trouvées fort voisines ou identiques chez de nombreuses personnes non seulement très différentes, mais les unes très belles, les autres fort éloignées de la beauté. Certaines parties entre lesquelles on trouve une proportion sont souvent si éloignées les unes des autres par leur situation, leur nature et leur fonction, que je ne vois pas comment elles souffriraient la comparaison, ni, par conséquent, comment il pourrait en résulter un quelconque effet concernant la proportion. Le cou d'une belle personne devrait, dit-on, se mesurer à son mollet et avoir deux fois la circonférence du poignet. Combien d'observations de cette sorte nourrissent les écrits et les conversations [1] ! <Mais, dites-moi, quelle relation a donc le mollet avec le cou, ou l'un et l'autre avec le poignet ?> Ces proportions se rencontrent dans les beaux corps, mais aussi dans ceux qui sont laids, comme chacun peut le vérifier. Mieux, je soupçonne que de moins parfaites se trouvent chez les plus beaux [2].

<Assignez les proportions qu'il vous plaira aux différentes parties du corps humain; et je réponds qu'en les observant religieusement, un peintre produira, s'il le veut, une figure parfaitement affreuse. Inversement, il pourra s'écarter considérablement de ces proportions et produire une très belle figure. Quelles différences ne remarquons-nous pas dans les proportions des chefs-d'œuvre de la statuaire antique et

---

1. Burke possédait le *Traité de peinture* de Léonard de Vinci, comme le montre le catalogue établi à la vente de sa bibliothèque.

2. La *Critical Review* proteste contre cette affirmation : «La proportion seule ne saurait constituer la beauté dans chaque objet; mais certains objets l'exigent toujours pour être beaux, particulièrement ceux de la statuaire, de la peinture, de l'architecture et de la musique » (III, p. 367).

moderne, et cela dans les parties les plus visibles et les plus importantes! Elles ne se ressemblent pas, non plus qu'elles ne ressemblent aux êtres vivants qui nous frappent et nous séduisent le plus. Et, après tout,> comment les partisans d'un canon de la beauté s'accordent-ils sur les proportions du corps humain? Certains lui donnent sept longueurs de têtes, d'autres huit, d'autres encore vont jusqu'à dix[1] : différences importantes pour un si faible nombre de divisions! Il en est qui évaluent les proportions par d'autres méthodes, et avec un égal succès. Mais ces proportions sont-elles exactement les mêmes chez tous les hommes bien faits? Et ressemblent-elles en quoi que ce soit à celles qu'on trouve chez les belles femmes? Personne ne l'affirmera; pourtant les deux sexes sont évidemment susceptibles de beauté, et les femmes de la plus haute; avantage qu'on ne saurait attribuer à une plus grande exactitude de proportion chez le beau sexe.

<Attardons-nous sur ce point pour considérer combien les mesures les plus fréquentes des mêmes parties du corps sont différentes, et cela chez les deux sexes de notre espèce. Assignez des proportions déterminées aux membres d'un homme et limitez à ce canon la beauté humaine. Soit alors une femme qui en diffère dans la forme et les mesures de presque chaque partie, vous devrez en conclure qu'elle n'est pas belle, en dépit de votre imagination; ou bien, pour suivre votre imagination, il vous faudra renoncer à vos règles, jeter échelle et compas et chercher ailleurs la cause de la beauté. Car si la

---

1. La hauteur idéale est de neuf longueurs de têtes chez Vitruve (*De architectura*, III, 2). Une tradition qu'on fait remonter au Romain Varron fait état d'un module de dix têtes. Burke se réclame sans doute de Lomazzo qui, reprenant les différents canons proposés à la Renaissance, les fait varier de sept à dix longueurs de têtes (*Trattato dell'arte della pittura*, 1584, chap. VIII-XI).

beauté était attachée à certaines mesures opérant d'après un *principe naturel*, pourquoi la verrions-nous unie à des parties semblables, mais de proportions différentes, jusque dans la même espèce ? Or, pour étendre un peu nos vues, il faut observer que presque tous les animaux ont des membres de même nature et destinés à peu près au même usage : une tête, un cou, un corps, des pieds, des yeux, des oreilles, un nez et une bouche ; cependant, la Providence, afin de pourvoir au mieux à leurs divers besoins et pour déployer dans sa création les trésors de sa sagesse et de sa bonté, a forgé à partir de ce petit nombre d'organes et de membres analogues, une diversité de disposition, de mesure et de relation qui approche de l'infini. Mais, comme nous l'avons observé précédemment, une particularité est commune à maintes espèces : plusieurs individus y sont capables de nous toucher par leur charme (*loveliness*) ; mais ils diffèrent extrêmement dans les mesures relatives des parties qui l'induisent. Ces considérations suffiraient à me faire rejeter personnellement l'idée d'un canon particulier destiné à plaire par nature ; mais ceux qui tombent d'accord avec moi pour le rejeter, demeurent fortement prévenus en faveur d'une proportion moins déterminée. Ils s'imaginent que si la beauté ne dépend pas en général de certaines mesures communes à plusieurs espèces de plantes et d'animaux agréables, il existe cependant dans chaque espèce une certaine proportion absolument essentielle à sa beauté. Or, quand nous considérons le monde animal en général, nous ne trouvons nulle part la beauté limitée à certaines mesures ; mais, comme chaque classe particulière d'animaux se distingue par quelque mesure particulière et quelque rapport entre les parties, il faut nécessairement que le beau de chaque espèce se trouve dans les mesures et dans les proportions de cette espèce, sans quoi il

sortirait de son espèce et deviendrait en quelque sorte mons-
trueux : cependant, aucune espèce n'est si étroitement limitée
à certaines proportions qu'elle ne supporte une grande diversité parmi les individus qui la composent; et ce qu'on a
démontré pour l'espèce humaine peut également l'être dans
l'ordre animal : la beauté se trouve indifféremment dans toutes
les proportions que chaque espèce est susceptible d'adopter,
sans quitter la forme commune; c'est l'idée de cette forme qui
nous incite à considérer les proportions, non une quelconque
cause naturelle; un peu de réflexion suffira en effet pour se
convaincre que la manière, et non la mesure, crée toute la
beauté qui appartient à la figure [1].

Quelles lumières tirons-nous de ces proportions si vantées,
lorsque nous étudions le dessin ornemental? Une chose me
surprend : si les artistes croyaient autant qu'ils le prétendent à
la proportion comme cause de la beauté, pourquoi n'auraient-
ils pas toujours dans leurs portefeuilles d'exactes mesures de
toutes sortes de beaux animaux qui les aideraient à trouver les
justes proportions, lorsqu'ils conçoivent d'élégantes figures?
Ne leur arrive-t-il pas souvent, en effet, d'affirmer qu'ils
puisent dans l'observation de la nature les règles de leur pratique? Je sais qu'on a dit depuis longtemps, et que les écrivains
ont mille fois répété les uns après les autres, que les proportions de l'architecture ont été établies d'après celles du corps
humain [2]. Pour aller jusqu'au bout de cette analogie forcée, on

1. *Shape* renvoie moins à la configuration (*form*) qu'à la mise en forme ou à
la figure.

2. *Cf.* Vitruve, *De architectura*, livre III, I, 1 : «Jamais un bâtiment ne
pourra être bien ordonné […] si toutes les parties ne sont, les unes par
rapport aux autres, comme le sont celles du corps d'un homme bien formé».

représente un homme, les bras levés et tendus à l'horizontale,
et on décrit une sorte de carré, en faisant passer des droites le
long des extrémités de cette étrange figure[1]. Mais il m'apparaît très clairement que l'architecte ne tire jamais ses idées de
la figure humaine. Car, premièrement, on voit rarement des
hommes dans cette posture contrainte; elle ne leur est pas
naturelle et n'a rien de convenable. Deuxièmement, l'aspect
du corps humain, ainsi disposé, ne suggère pas naturellement
l'idée d'un carré, mais plutôt celle d'une croix, étant donné
que ce large espace entre les bras et le sol doit être rempli,
avant qu'on puisse s'imaginer voir un carré. Troisièmement,
bien des édifices, et des édifices conçus par les meilleurs architectes, n'ont nullement la forme de ce carré particulier, et font
un aussi bel effet, voire un plus bel effet encore. Certainement
rien au monde ne serait plus extravagant pour un architecte que
de prendre pour modèle de son édifice la figure humaine,
puisque deux choses peuvent difficilement avoir moins de
ressemblance ou d'analogie qu'un homme et une maison ou un
temple : est-il besoin d'ajouter que leurs finalités sont entière-

---

S'appuyant sur la tradition hellénique, Vitruve attribue au « genre » dorique les
proportions du corps masculin, et au genre ionique celles du corps féminin. Ces
distinctions jouirent d'une grande fortune à la Renaissance, notamment sous
l'impulsion de Daniele Barbaro (*La pratica della prospettiva*, Venise 1569),
mais aussi au XVIIIe siècle, dans le développement de la théorie des «caractères» architecturaux, telle qu'elle apparaît chez Jacques-François Blondel
(*Cours d'architecture*, 1771-1776, chap. IV).

1. Vitruve fait du nombril le centre d'un cercle ou le point d'intersection
des deux diagonales d'un carré, dont le périmètre passe par les pieds et le
sommet de la tête (*De architectura*, III, I, 3). Cesare Cesariano développa ces
suggestions dans son *Vitruvio Pollione, De Architettura Libri Decem*, Côme,
1521. Mais c'est à Dürer qu'on songe d'abord pour la représentation de
l'homme, les bras levés et tendus à l'horizontale.

ment différentes? J'imagine que ces analogies furent imaginées pour donner de l'importance aux ouvrages de l'art, dont on montrait la conformité avec les plus nobles ouvrages de la nature, et non parce que ces derniers auraient mis sur la voie des premiers[1].

Et je suis totalement convaincu que les partisans de la proportion ont transporté leurs idées artificielles dans la nature, au lieu de lui emprunter les proportions dont ils font usage dans les œuvres d'art; car dans toute discussion sur ce sujet, ils quittent toujours le plus vite possible le champ libre des beautés naturelles, les règnes animal et végétal, pour se réfugier dans la forteresse des lignes et des angles artificiels de l'architecture. Les hommes ont, de fait, une malheureuse propension à se faire eux, leurs conceptions, et leurs ouvrages, la mesure de l'excellence en toutes choses. Ayant donc observé que leurs habitations étaient plus commodes et plus solides, quand elles étaient d'une forme régulière et quand leurs parties se correspondaient les unes aux autres, ils transportèrent ces idées dans leurs jardins; ils transformèrent leurs arbres en colonnes, en pyramides et en obélisques; ils firent de leurs haies autant de murs de verdure et disposèrent leurs allées avec exactitude et symétrie en carrés, en triangles ou en d'autres figures géométriques[2]; dans la pensée que, s'ils

1. Burke dévoile ici les fondements d'une certaine théorie de l'imitation qui exclut à la fois l'imagination du modèle idéal et la conception du génie comme créateur *ex nihilo*. Les artistes, loin de se livrer à des fantaisies inutiles et suspectes, nous garderaient la mémoire des plus grandes beautés naturelles.

2. La critique du jardin formel connut un grand succès dans la deuxième partie du XVIIIe siècle. En France, Marivaux avait déjà dénoncé l'aspect insipide des jardins tirés au cordeau (*Le cabinet du philosophe*, 1734) et l'abbé

n'imitaient pas la nature, ils la perfectionnaient et lui ensei-
gnaient ce qu'elle avait à faire. Mais la nature s'est enfin
échappée des entraves auxquelles ils l'assujettissaient; et nos
jardins, à tout le moins, font voir que nous commençons à
sentir que les idées mathématiques ne sont pas les véritables
mesures de la beauté[1].

Et, certainement, elles le sont aussi peu dans le règne
animal que dans le règne végétal. N'est-il pas, en effet, extraordinaire que dans ces belles descriptions, dans ces odes et ces
élégies sans nombre, que toutes les bouches répètent et qui ont
diverti bien des siècles, que dans ces ouvrages qui décrivent
l'amour avec une énergie passionnée et qui représentent leur

Leblanc se gaussait des ifs aux formes humaines qu'affectionnaient encore les
Anglais (*Lettres d'un Français*, 1745). En Angleterre, il faut cependant distinguer le jardin formel à la française qui connut son apogée sous le règne de
Charles II et le jardin anecdotique à la hollandaise, avec son compartimentage
régulier. Deux facteurs jouèrent un rôle décisif dans la recherche de nouveaux
modèles : la perte d'influence de la Cour, après l'avènement des Hanovre, et le
remembrement des terres avec la généralisation du système des *enclosures*
à partir de 1700 : de vastes domaines se constituèrent, analogues au *latifundia*
des anciens Romains. Maints jardins réguliers furent alors systématiquement
détruits. Rares sont ceux qui subsistent encore, tel Studley Royal, dans le
Yorkshire, dont on admire les magnifiques miroirs d'eaux de formes
géométriques conçus par John Aislabie.

1. « Au dix-huitième siècle en Angleterre, (l')amour de l'art paysager a
frisé la passion », rappellent Hunt et Willis, commentant les formules du
Common sense, publié en 1739 : « Tout le monde aujourd'hui, quelle que soit sa
fortune, fait quelque chose à sa résidence – puisque tel est le mot à la mode ; et
l'on ne rencontre personne qui, après les premiers compliments, ne vous
informe qu'il est en plein mortier et charroyage de terre : modeste manière de
dire qu'il bâtit et jardine » (« "Les rapides progrès de ce bel enthousiasme" :
genèse du jardin paysager anglais », dans *Jardins et paysages : le style anglais*,
Lille, Publications de l'Université de Lille III, 1977).

objet sous une grande diversité d'aspects, on ne dise pas un
seul mot de la proportion, s'il est vrai que, comme d'aucuns
l'affirment, c'est le facteur principal de la beauté ? N'est-ce
pas extraordinaire qu'au même moment, on y mentionne
souvent et avec beaucoup de chaleur plusieurs autres qualités ?
Mais, si la proportion n'a pas ce pouvoir, il peut paraître singulier que les hommes aient été, dès l'origine, si prévenus en sa
faveur. Cela vient, je pense, de cette remarquable prédilection
dont j'ai parlé qu'ont les hommes pour les œuvres et les idées
qui leur sont propres ; cela vient des faux raisonnements sur les
effets de la forme habituelle des animaux ; cela vient de la
théorie platonicienne de la convenance et de l'aptitude[1]. Pour
cette raison, j'examinerai dans la section suivante les effets
de l'accoutumance en ce qui concerne la forme animale et,
ensuite, l'idée de la convenance, puisque, si la proportion
n'agit pas en vertu d'un pouvoir naturel attaché à certaines
mesures, ce doit être en vertu de l'habitude ou de l'idée
d'utilité ; il n'est point d'autre voie.

V. CONSIDÉRATIONS ULTÉRIEURES SUR LA PROPORTION

Si je ne me trompe, bien des préjugés en faveur de la
proportion sont venus moins de l'observation de certaines
mesures faites sur les beaux corps, que d'une idée fausse sur la
relation de la difformité à la beauté, qu'on a pensé être d'opposition ; on a déduit de ce principe que la beauté apparaissait

---

1. Dès *Le grand Hippias* (290e), Platon posait le problème du rapport du
beau à la convenance : la mouvette d'or n'est-elle pas moins belle que la
mouvette en bois de figuier qui, elle, donne un goût subtil au mets qu'elle tourne
et retourne ?

naturellement et nécessairement, quand toutes les causes de difformité étaient écartées.> Je crois que c'est une erreur, car la *difformité* s'oppose non à la beauté, mais à la *forme commune complète*. Un homme est difforme si une de ses jambes se trouve plus courte que l'autre, parce que lui fait défaut une partie de l'idée globale que nous nous en formons; et l'effet est identique, qu'il s'agisse de défauts naturels ou de défauts accidentels, dus à toutes sortes de mutilations. Ainsi un bossu est difforme, parce que son dos, étant d'une forme inhabituelle, suggère l'idée d'une maladie ou d'un accident; ainsi un homme dont le cou se trouve considérablement plus long ou plus court qu'il n'est coutume, est difforme, parce que les hommes ne sont pas communément faits de cette façon. Mais l'expérience quotidienne est là pour nous convaincre qu'un homme peut avoir les jambes d'égale longueur et semblables à tous égards, le cou de taille convenable et le dos parfaitement droit, sans présenter, pour cela, la moindre beauté.

<À vrai dire, la beauté est si loin de dépendre de la coutume qu'il est fort rare et exceptionnel, en réalité, que quelque chose nous touche de cette manière [1]. Le beau nous frappe autant par sa nouveauté que le difforme. C'est ce qui se produit pour les espèces animales qui nous sont familières; supposons qu'un animal d'une espèce nouvelle nous soit présenté, nous n'atten- drions assurément pas que la coutume ait établi une idée de proportion pour décider de sa beauté ou de sa laideur; ce qui montre que l'idée générale de la beauté ne doit pas davantage à la proportion établie par l'accoutumance qu'à la proportion naturelle.> La difformité naît du défaut des proportions

1. *Uncommon.*

communes; mais la beauté n'est pas le résultat nécessaire de leur présence en quelque objet. Si nous supposons que la proportion est relative à la coutume et à l'usage dans les choses naturelles, la nature de l'usage et de la coutume nous montrera que la beauté, qui est une qualité *positive* et puissante, ne peut en résulter. Nous sommes si étrangement faits qu'au temps où la nouveauté est l'objet de nos vœux les plus ardents, nous restons néanmoins très attachés à l'habitude et à la coutume. Mais il est dans la nature des choses auxquelles nous tenons ainsi, de nous toucher fort peu par la possession et vivement par la privation. Je me souviens être allé tous les jours et pendant longtemps dans un lieu déterminé; et je peux vraiment dire que, loin d'y trouver du plaisir, j'y éprouvais une sorte de fatigue et de dégoût; j'y allais, j'en sortais, j'y retournais sans le moindre plaisir; cependant si, pour quelque motif, il m'arrivait de passer l'heure accoutumée de ma visite, j'étais singulièrement mal à l'aise et ne recouvrais ma tranquillité qu'après avoir repris le chemin de ma vieille habitude[1]. Ceux qui font usage du tabac en prennent presque sans s'en apercevoir, et le sens délicat de l'odorat s'émousse en eux jusqu'à devenir à peine sensible à un stimulus aussi vif; mais ôtez au priseur sa tabatière, il sera le mortel le plus mal à l'aise du monde.

<L'usage et l'habitude sont si loin d'être uniquement par eux-mêmes des causes de plaisir, que l'effet d'un usage continuel est de rendre toutes choses, quelle que soit leur nature, entièrement indifférentes. Car, de même que l'usage supprime finalement l'aspect douloureux de bien des choses, il réduit

---

1. Peut-être s'agit-il du Café Grec, lieu de réunion des artistes, près de Temple Bar.

également l'aspect agréable de beaucoup d'autres et les porte toutes à un niveau de médiocrité et d'indifférence. L'habitude est très justement appelée une seconde nature; notre état naturel et ordinaire est un état d'absolue indifférence, qui prépare également à la douleur et au plaisir. Mais il est impossible de ne pas nous sentir blessés quand nous sommes jetés hors de cet état ou privés d'un élément nécessaire pour nous y maintenir, par une circonstance qui ne résulte pas de quelque cause mécanique. Il en va de même pour notre seconde nature, l'habitude, et pour tout ce qui la concerne.>

Ainsi l'absence des proportions ordinaires chez les hommes et chez les animaux doit-elle inévitablement inspirer du dégoût, quoique leur présence ne donne aucun plaisir réel. Il est vrai que les proportions qu'on a définies comme causes de la beauté dans le corps humain se trouvent fréquemment chez les belles personnes, parce qu'elles appartiennent généralement à toute l'espèce; mais, si l'on peut montrer qu'elles existent en l'absence de beauté, que la beauté existe fréquemment en leur absence, et que cette beauté, là où elle existe, peut toujours être attribuée à d'autres causes moins équivoques, nous serons alors naturellement portés à conclure que les idées de beauté et de proportion ne sont pas de même nature.

Le véritable contraire de la beauté n'est pas la disproportion ou la difformité, mais la *laideur*; et comme elle procède de causes opposées à celles de la beauté positive, nous ne pouvons en parler qu'à l'endroit où nous traiterons de celle-ci. Entre la beauté et la laideur existe une sorte de médiocrité qui caractérise le plus communément les proportions dont il est question, mais celle-ci n'a aucune influence sur les passions.

VI. LA CONVENANCE[1] N'EST PAS LA CAUSE DE LA BEAUTÉ

On dit que l'idée d'utilité, ou de la parfaite adaptation d'un élément à sa fin, est la cause de la beauté, ou, par le fait, la beauté même. <N'était cette opinion, il eût été impossible que la doctrine de la proportion se fût si longtemps soutenue; on se serait bientôt lassé d'entendre parler de mesures qui ne se rapportaient à rien, ni à des principes naturels, ni à une convenance à certaine fin; l'idée que nous nous faisons ordinairement de la proportion est celle d'une appropriation des moyens à des fins déterminées, et quand il ne s'agit pas de cela, nous nous inquiétons fort peu de l'effet produit par les différentes mesures des choses. Il était donc nécessaire de fonder cette théorie sur ce principe que la beauté non seulement des objets artificiels, mais des objets naturels, a sa source dans la convenance des parties à des fins différentes; mais je doute qu'en l'établissant, on ait suffisamment consulté l'expérience. Car, sur ce principe,> le groin du porc, de forme conique, et armé à son extrémité d'un dur cartilage, ses petits yeux enfoncés, bref, toute la forme de son museau, si propre aux offices de fouir et déraciner, serait fort beau. La grande poche pendant au bec du pélican, très utile à cet animal, aurait tout autant de beauté à nos yeux. Le hérisson, que sa cuirasse d'épines garantit si bien de toute attaque, et le porc-épic qui utilise ses dards comme projectiles, ne manqueraient guère

---

1. *Fitness.* Alors que l'anglais dispose de deux termes, *fitness* et *convenience*, le premier ayant une résonance plus physique et le second une résonance plus morale, nous n'en disposons que d'un seul en français pour exprimer la convenance. On ne saurait traduire *fitness* ni par adaptation qui a un sens trop large, ni par aptitude ou ajustement qui restent trop ambigus, lorsqu'on ne précise pas à quelles fins.

d'élégance. Peu d'animaux sont plus heureusement conformés que le singe : il a les mains d'un homme unies aux membres élastiques d'une bête ; son corps est admirablement conçu pour courir, sauter, accrocher, grimper : cependant est-il beaucoup d'animaux qui passent pour avoir moins de beauté [1] ? <Je ne dirai rien de la trompe de l'éléphant, d'une utilité si variée, et qui est si éloignée de contribuer à sa beauté. Que le loup est bien disposé pour courir et bondir ! De quelles armes admirables le lion ne dispose-t-il pas au combat ! Mais déclarera-t-on beaux pour autant ces animaux ? Je ne crois pas qu'on puisse penser que les jambes d'un homme soient aussi propres à la course que celles d'un cheval, d'un chien, d'un cerf et de plusieurs autres créatures ; du moins, elles n'en ont pas l'apparence ; on conviendra cependant qu'une jambe humaine bien tournée passe de beaucoup toutes les autres en beauté. Si la convenance des parties constituait leur charme (*loveliness*), celui-ci augmenterait très certainement lors de leur emploi effectif ; mais il s'en faut qu'il en aille toujours ainsi, bien que ce puisse être le cas, selon un autre principe. Un oiseau n'est pas aussi beau en plein vol que lorsqu'il est perché ; il existe même plusieurs oiseaux domestiques qui prennent rarement

---

1. Archibald Alison qui publia en 1790 des *Essais sur la nature et les principes du goût*, cite intégralement les lignes qui concernent le porc, le pélican, le hérisson, le porc-épic et le singe, pour contester la validité de la théorie de Burke : « La convenance n'est pas l'unique source de beauté dans les formes, c'est assez évident. Mais je crains que l'élégant et ingénieux auteur de *L'Essai sur le sublime et le beau* (*sic*) n'ait trop cédé à l'amour du système quand il lui refuse de constituer une source de beauté. [...] Si l'on commence par dire que la tête d'un porc a une belle forme, on s'exposera peut-être au ridicule ; mais si l'on explique de quelle manière admirable sa structure convient aux besoins de l'animal, il n'est personne qui n'éprouvera à sa vue une impression de beauté » (« Des formes », sect. II, partie II).

l'essor, et qui n'en sont pas moins beaux; mais la forme des oiseaux est si différente de celle des hommes et des autres animaux qu'on ne peut rien leur trouver d'agréable sur le principe de la convenance, à moins de considérer leurs membres comme destinés à de tout autres fins. De ma vie, je n'ai vu de paon voler; et pourtant, longtemps, bien longtemps avant que je n'aie perçu son aptitude pour la vie aérienne, j'avais été frappé de l'extrême beauté qui élève cet oiseau au-dessus de bien des plus beaux du monde; pourtant, à ce que je voyais, son genre de vie ne se distinguait en rien de celui du porc, nourri dans la même basse-cour. On peut en dire autant des coqs, des poules et des autres oiseaux domestiques : ils sont en apparence de l'espèce volatile, mais, par leur manière de se déplacer, ils ne diffèrent guère des hommes et des quadrupèdes.>

Laissons ces exemples étrangers; si la beauté était, dans notre propre espèce, attachée à l'utilité, les hommes seraient beaucoup plus beaux que les femmes, et l'on regarderait la force et l'agilité comme les seules beautés. Mais qualifier la force de beauté et adopter une même dénomination pour les qualités de Vénus et d'Hercule, qui diffèrent sous presque tous les rapports, voilà, assurément, ou une étrange confusion d'idées ou un abus de mots! La cause en vient, je crois, de ce que nous sommes frappés à la fois par la grande beauté des corps humains et animaux et par l'extrême adaptation dont ils font preuve à leurs fins; et nous sommes trompés par un sophisme qui nous fait prendre pour une cause ce qui n'est qu'une circonstance concomitante; c'est le sophisme de la mouche qui s'imaginait soulever une grande poussière, parce qu'elle se tenait sur le coche qui la faisait voler[1]. L'estomac, les poumons, le foie, etc. sont parfaitement propres à leur fonction, mais loin d'avoir une quelconque beauté. Encore une fois, maintes choses sont fort belles, alors même qu'on ne saurait leur attribuer aucune utilité. J'en appelle aux premiers et aux plus naturels sentiments humains : en apercevant un bel œil, une bouche bien faite, une jambe bien tournée, qui jamais eut l'idée que ces organes étaient particulièrement bien conçus pour voir, manger ou courir ? Quelle idée d'utilité font naître les fleurs, beautés principales du monde végétal ? Il est vrai que le Créateur, dans sa sagesse et sa bonté infinies, a, par générosité, fréquemment associé la beauté à l'utilité ; mais cela ne prouve ni que les idées d'utile et de beau soient semblables, ni qu'elles dépendent l'une de l'autre.

VII. DES EFFETS RÉELS DE LA CONVENANCE

En déniant à la proportion et à la convenance toute influence sur la beauté, je ne prétends aucunement affirmer qu'elles soient dénuées de valeur, ou qu'il faille les négliger dans les œuvres d'art. Celles-ci constituent, au contraire, la sphère propre de leur pouvoir, et c'est alors qu'elles ont leur plein effet. Quand le Créateur voulut, dans sa sagesse, que des objets nous touchent, il ne confia pas l'exécution de ce dessein à l'action lente et précaire de notre raison ; mais il doua les objets de pouvoirs et de propriétés qui préviennent l'enten-

---

1. Le sophisme de la mouche du coche apparaît déjà chez Ésope et chez Laurentius Abstemius ; il fut repris par Bacon (*Essai* LIV, « De la vaine gloire ») et par La Fontaine (« Le coche et la mouche », *Fables*, livre VII, 9).

dement et la volonté même, et qui, saisissant les sens et l'imagination, captivent l'âme avant que l'entendement ne soit prêt à s'unir ou à s'opposer à eux. Il faut beaucoup d'application et un long raisonnement pour découvrir l'adorable sagesse de Dieu dans ses œuvres; et quand nous l'apercevons, son effet est fort différent, non seulement par la manière de l'acquérir, mais par sa propre nature, de l'émotion que nous causent, sans aucune préparation, le sublime et le beau. Quelle satisfaction n'éprouve pas l'anatomiste qui découvre l'usage des muscles et de la peau, la parfaite adaptation des premiers aux divers mouvements du corps et la merveilleuse texture de la seconde, revêtement général en même temps que surface perméable dans les deux sens! Mais combien ce plaisir est différent de l'affection qu'éprouve un homme ordinaire à la vue d'une peau lisse et délicate, et de toutes les autres parties de la beauté qui, pour être aperçues, n'exigent aucune recherche. Dans le premier cas, tandis que notre admiration et notre louange s'élèvent vers le Créateur, l'objet qui les suscite peut être odieux et dégoûtant; dans le second, notre imagination est tellement subjuguée que nous n'examinons guère les ressorts de son artifice; et nous avons besoin d'un grand effort de notre raison pour dégager notre esprit des séductions de l'objet et nous élever à la considération de la sagesse qui inventa une si puissante machine. L'effet de la proportion et de la convenance, pour autant, du moins, qu'elles procèdent du pur examen de l'œuvre elle-même, produit l'approbation et l'assentiment de l'entendement, non l'amour ou une passion voisine. Examinons la structure d'une montre et venons-en à en connaître entièrement le fonctionnement : nous aurons beau être convaincus de la convenance de l'ensemble, il s'en faut que nous trouvions de la beauté dans son mécanisme; mais que nous voyions sur la boîte le travail d'un habile graveur, qui n'a guère d'utilité, celui-ci nous inspirera une idée plus vive de la beauté que ne le ferait toute montre elle-même, fût-elle le chef-d'œuvre de Graham[1].

Dans la beauté, je l'ai dit, l'effet précède la connaissance de l'usage; or, pour juger de la proportion, il faut savoir à quelle fin l'ouvrage est destiné. La proportion varie suivant la fin. Ainsi est-il une proportion pour une tour et une autre pour une maison, une proportion pour une galerie, une autre pour une salle, une autre pour une chambre. Et l'on ne peut décider des proportions des objets, avant de connaître les fins auxquelles ils sont destinés. Le bon sens et l'expérience, réunis, découvrent ce qu'il convient de faire dans chaque ouvrage de l'art. Comme créatures raisonnables, nous devons dans tous nos travaux tenir compte de leur fin et de leur utilité; et la satisfaction d'une passion, si innocente soit-elle, doit être de considération secondaire. Le véritable pouvoir de la convenance et de la proportion est dans leur influence sur l'entendement qui *approuve* une œuvre sur ces critères et en demeure content. Les passions et l'imagination, qui est leur principal moteur, sont fort peu concernées. Soit une pièce dans sa nudité originaire, avec ses murs dégarnis et son simple plafond : si parfaites que soient ses proportions, elle est d'un faible agrément et ne peut récolter qu'une froide approbation. Soit maintenant une chambre bien plus mal proportionnée, mais dotée de moulures élégantes et de beaux festons, de miroirs, bref, d'un mobilier purement ornemental : elle soulèvera l'imagination contre la raison et plaira bien davantage que la

---

1. George Graham (1673-1751), célèbre horloger et mécanicien anglais, inventa l'échappement à cylindre et le balancier compensé à mercure.

proportion toute nue de la première, si appréciée de l'entendement comme étant admirablement adaptée à ses fins.

Par cette critique de la proportion, je ne prétends nullement qu'il ne faille pas tenir compte de l'utilité dans les œuvres d'art, ce qui serait absurde. Je veux seulement montrer que la beauté et la proportion, toutes deux choses excellentes, ne sont pas identiques et qu'aucune d'entre elles ne doit être méconnue.

VIII. Récapitulation

Résumons-nous : si on jugeait toujours belles les parties du corps humain qu'on trouve bien proportionnées, ce qui n'est certainement pas le cas; si elles étaient situées de manière qu'un plaisir puisse naître de la comparaison, ce qui arrive rarement; si on trouvait des proportions déterminées chez les plantes ou chez les animaux auxquelles la beauté fût toujours attachée, ce qu'on n'a jamais vu; si, enfin, lorsque les parties conviennent parfaitement à leur fin, elles étaient invariablement belles, et s'il n'y avait point de beauté en l'absence d'utilité, ce qui est contraire à toute expérience, alors nous pourrions conclure que la beauté consiste dans la proportion ou dans l'utilité. Mais, puisqu'à tous égards il en va autrement, nous devons être convaincus qu'elle n'en dépend nullement, quelque puisse être par ailleurs son origine.

IX. La perfection n'est pas la cause de la beauté

Il est une autre idée reçue, assez proche parente de la première, qui fait de la perfection la cause constituante de la beauté[1]. On se porte, en jugeant ainsi, bien au-delà du sensible. Or, dans ce champ, la perfection comme telle est si loin d'engendrer la beauté que cette qualité qui se trouve au plus haut degré chez les femmes, emporte presque toujours avec elle une idée de faiblesse et d'imperfection. Les femmes le savent bien; c'est pourquoi elles apprennent à bégayer, à chanceler en marchant, à feindre la faiblesse et même la maladie[2]. C'est la nature qui les guide alors. La beauté souffrante (*in distress*) est la plus touchante des beautés. La rougeur a presque autant de pouvoir[3]; et la modestie en général, qui est un aveu

---

1. Burke dénonce ici à la fois les théories néoplatoniciennes de la beauté, dont Shaftesbury s'était fait le porte-parole, et la théorie élaborée par Baumgarten de l'esthétique comme « science de la connaissance sensible » ou « gnoséologie inférieure ». Jamais, avant Burke, un auteur n'avait aussi radicalement dissocié la beauté de la perfection. Kant s'inspire de ces lignes dans le § 15 de la *Critique de la faculté de juger*, intitulé « Le jugement de goût est entièrement indépendant du concept de perfection ».

2. À l'époque où écrit Burke, le corps souffrant ne connaît pas encore cette vogue que lui assureront la fin du XVIIIe siècle et surtout l'âge romantique, auquel règne la beauté évanescente et phtisique. « Longtemps la santé de la femme du roman est restée excellente », montre Pierre Fauchery dans *La destinée féminine dans le roman du XVIIIe siècle*, Paris, Armand Colin, 1972, p. 198 *sq*. Étant donné que Burke s'efforce de trouver un principe naturel de la beauté suscitant non le désir, mais une sorte d'attendrissement amoureux, on ne s'étonnera pas qu'il propose comme modèle de beauté la femme faible, dénuée de toute arrogance, et qui fait appel à la généreuse assistance de l'homme.

3. Nombreux sont les poètes et les romanciers qui font de la rougeur une arme de séduction; l'on peut penser, par exemple, à la lettre d'amour du jeune Rousseau à Mademoiselle La Bussière, qu'il avait surprise au bain : « c'est moins [...] le détail et l'ensemble de tant de charmes qui m'ont séduit, que cette rougeur aimable, fille de la pudeur et de l'ingénuité, dont j'aperçus votre front se couvrir, dès que je m'offris à votre vue [...] » (*Correspondance générale*, Th. Dufour (éd.), Paris, Armand Colin, 1929, I, p. 40, n. 13). L'interprétation de la rougeur est rendue délicate par l'inévitable superposition de critères moraux

tacite d'imperfection, est considérée comme une aimable qualité par elle-même, en même temps qu'elle rehausse certainement toutes les autres. Chacun a sur les lèvres qu'on doit aimer la perfection, je le sais. C'est à mon sens une preuve suffisante qu'elle n'est pas l'objet propre de l'amour : qui jamais s'avisa de dire que nous *devons* aimer une belle femme, ou même un quelconque de ces beaux animaux qui nous plaisent ? Pour être alors touché, point n'est besoin du concours de la volonté [1].

X. JUSQU'À QUEL POINT L'IDÉE DE BEAUTÉ PEUT ÊTRE APPLIQUÉE AUX QUALITÉS DE L'ESPRIT

Ces remarques concernent tout autant les qualités de l'esprit. Les vertus qui engendrent l'admiration et appartiennent au sublime inspirent la terreur plutôt que l'amour. Telles sont la force morale, la justice, la sagesse, etc. Ces qualités n'ont jamais fait aimer personne. Des vertus plus douces engagent nos cœurs et impriment le sentiment de leur charme : la

(souci de la bienséance, délicatesse, appréhension) à des critères simplement physiques (beauté d'un teint qui rougit, emplacement de la rougeur, émotivité dont elle témoigne).

1. On s'amusera à voir combien les caractères de la beauté sont ceux que Burke donne à la femme idéale dans le portrait qu'il trace de Jane Nugent, cette Irlandaise catholique, fille de son médecin traitant, et qu'il devait épouser l'année même de parution de la *Recherche* : « Ses traits ne sont pas parfaitement réguliers ; cette sorte d'exactitude entraîne la louange plus que l'amour et n'a rien à voir avec l'enjouement. Elle n'est pas de grande taille, elle ne force pas l'admiration d'un chacun, mais fait le bonheur d'un homme. Elle a toute la délicatesse qui n'exclut pas la fermeté. Elle a tout le mœlleux (*softness*) qui n'implique pas la faiblesse » (cité par D. Wecter, art. cit.).

douceur du caractère, la compassion, la gentillesse et la
libéralité; leur intérêt pour la société est assurément moins
immédiat et moins essentiel que celui des premières, et leur
dignité inférieure. Mais c'est pourquoi elles sont si aimables.
Les grandes vertus se montrent principalement en cas de
péril, lors des châtiments et des troubles, elles sont déployées
pour prévenir de grands maux plutôt que pour dispenser des
faveurs; aussi n'ont-elles rien de séduisant, alors qu'elles
méritent le plus grand respect. Les vertus subordonnées se
manifestent par des secours, des récompenses, de l'indulgence; aussi sont-elles plus charmantes, quoique inférieures
en dignité. Les personnes qui s'insinuent dans nos cœurs, que
nous choisissons pour compagnes de nos heures les plus
douces et que nous appelons pour dissiper soucis et anxiété,
n'ont jamais de brillantes qualités ou de solides vertus. C'est la
douce verdure de l'âme sur laquelle nos yeux se reposent,
fatigués de contempler des objets plus éclatants. Observons
l'impression que produit sur nous la lecture des portraits de
César et de Caton, si finement mis en contraste par Salluste.
L'un porté à l'indulgence et aux largesses, l'autre à l'inflexibi-
lité; l'un refuge des malheureux, l'autre fléau des méchants[1].
Le dernier nous inspire beaucoup d'admiration, une grande
vénération et peut-être un peu de crainte; nous le respectons,

---

1. *Bellum Catilinae*, LIV. Burke reprend ici des développements de
Hume : « Les caractères de César et de Caton, tels que les trace Salluste, sont
tous deux vertueux, au sens strict du mot, mais d'une manière différente ; et les
sentiments qu'ils font naître ne sont pas entièrement les mêmes. L'un produit
l'amour, l'autre l'estime [...] » (*Traité de la nature humaine*, 1739, III, III, 4,
« Les aptitudes naturelles », *op. cit.*). L'admiration de Burke pour Salluste éclate
déjà dans une lettre à Shackleton du 21 mars 1747 (Samuels, *Early Life*, p. 129).

mais à distance. Le premier nous fait entrer dans sa familiarité ; nous l'aimons et il nous mène partout où il le désire.

Pour rendre compte de nos premiers sentiments, les plus naturels, j'ajouterai une remarque que me fit un ingénieux ami à la lecture de cette section de mon ouvrage. L'autorité d'un père, si utile à notre bien-être, et si vénérable à tous égards, nous empêche d'éprouver pour lui cet amour entier que nous avons pour nos mères, chez lesquelles l'autorité propre aux parents se fond presque dans la tendresse et l'indulgence maternelle. Or nous aimons généralement beaucoup nos grands-pères, parce que leur autorité se fait sentir de façon moins directe et que la faiblesse de l'âge lui donne un mœlleux qui l'apparente à la partialité féminine [1].

XI. JUSQU'À QUEL POINT L'IDÉE DE BEAUTÉ PEUT ÊTRE APPLIQUÉE À LA VERTU

Étant donné le contenu de la section précédente, on voit facilement s'il convient d'attribuer la beauté à la vertu. Le faisant, on manifeste une vive tendance à confondre les idées que nous avons des choses ; ce qui a donné naissance à un nombre infini de théories bizarres ; de même, en donnant le nom de beauté à la proportion, à la convenance et à la perfection et à des qualités encore plus distantes à la fois de nos idées

---

1. Le traducteur de Burke, Lagentie, consacre une curieuse et touchante note d'une vingtaine de lignes à expliquer qu'il peut en aller autrement, car « la plus subtile métaphysique » ne pourra jamais expliquer les mouvements les plus intimes du cœur. En ce qui concerne l'histoire personnelle de Burke, on sait qu'il eut à souffrir de l'autorité de son père. On a, en revanche, plusieurs témoignages de l'affection profonde qu'il portait à sa mère.

naturelles de la beauté et les unes des autres, on a tendance à jeter la confusion dans nos idées de la beauté; on ne nous a laissé pour en juger nuls modules et nulles règles qui ne soient plus incertains et plus fallacieux que nos propres imaginations. <Cette manière lâche et incorrecte de parler nous a égarés et dans la théorie du goût et dans celle de la morale; elle nous a conduits à déplacer la science de nos devoirs loin de son propre socle (notre raison, nos relations et nos besoins) pour l'établir sur des fondements imaginaires et dépourvus de substance.>

XII. La cause réelle de la beauté

Après avoir tâché de montrer ce que la beauté n'est pas, il nous reste à examiner, au moins avec autant d'attention, en quoi elle consiste. Car elle fait une impression bien trop vive pour ne pas dépendre de quelques qualités positives. Et puisqu'elle n'est pas issue de notre raison, puisqu'elle nous frappe sans aucun rapport à l'utilité et même là où l'on ne peut discerner aucune utilité, puisque l'ordre et la méthode de la nature diffèrent beaucoup, en général, de nos mesures et de nos proportions, il faut conclure que la beauté est, pour l'essentiel, une qualité des corps qui agit mécaniquement sur l'esprit humain par l'intervention des sens. Nous devons donc consi-dérer attentivement de quelle manière sont disposées ces qualités sensibles dans ce que l'expérience nous fait trouver beau et dans ce qui suscite la passion d'amour ou quelque affection analogue.

XIII. LES BEAUX OBJETS SONT PETITS

La première chose qui se présente à l'examen d'un objet est son étendue ou sa quantité. Et pour savoir quelle est en général l'étendue des corps qu'on estime beaux, il suffit de recueillir et d'examiner les manières habituelles d'en parler. J'ai entendu dire que, dans la plupart des langues, on utilise des épithètes diminutives pour désigner l'objet de son amour, et il en va de même dans toutes les langues que je connais. En grec le *ion* et d'autres diminutifs sont presque toujours des termes d'affection et de tendresse. Les Grecs ajoutaient ordinairement ces diminutifs aux noms des personnes avec lesquelles ils s'entretenaient amicalement et familièrement. Bien que les Romains eussent des sentiments moins vifs et moins délicats, il leur arrivait pourtant de glisser naturellement aux mêmes occasions dans des suffixes diminutifs. Anciennement, dans la langue anglaise, on ajoutait le diminutif *ling* aux noms des personnes et des choses qui inspiraient un sentiment d'amour. Nous en conservons encore quelques-uns, comme *darling* (*little dear*, cher petit). Mais aujourd'hui, dans la conversation, il est d'usage d'ajouter le nom caressant de *petit* à tout ce qu'on aime; les Français et les Italiens se servent encore plus fréquemment que nous de ces diminutifs affectueux. Hors de notre propre espèce, c'est vers le petit que notre penchant se déclare dans le règne animal : nous aimons les petits oiseaux et certains des plus petits quadrupèdes. On parle rarement d'une « grande belle chose » (*a great beautiful thing*), alors qu'on dit souvent « une grande chose laide » (*a great ugly thing*). La différence est considérable entre l'admiration et l'amour. Le sublime qui cause le premier de ces sentiments, s'attache toujours aux objets grands et terribles; le second aux petits et aux agréables; nous nous soumettons à ce que nous admirons, mais nous aimons ce qui se soumet à nous; dans le premier cas nous sommes forcés à la complaisance, dans le second, la flatterie nous y incline. En bref, les idées du sublime et du beau reposent sur des fondements si différents qu'il est difficile, pour ainsi dire impossible, de les concilier dans un même sujet, sans diminuer considérablement leurs effets sur les passions. Ainsi, par rapport à leur quantité, les beaux objets sont relativement petits.

XIV. DU LISSE (*SMOOTHNESS*) [1]

Une autre propriété qu'on voit constamment jointe au beau est celle du lisse. Cette qualité est si essentielle que je ne me rappelle pour l'instant rien de beau qui ne soit lisse : feuilles lisses des arbres et des fleurs, pentes douces des jardins, surfaces unies des eaux ornant le paysage, pelage uni des oiseaux et des animaux, peau lisse des femmes, surfaces lisses et polies de divers meubles décoratifs. C'est à cette qualité que la beauté doit une part considérable de son pouvoir, disons même la part essentielle. Soit, en effet, un bel objet; donnez-lui une surface inégale et rugueuse, et aussitôt il cessera de plaire, si

1. La *smoothness* est aux yeux de Burke une valeur si fondamentale que nous avons préféré le plus souvent en rendre le sens littéral dans des tournures qui utilisent l'adjectif «lisse». Il faut cependant noter qu'en anglais cette qualité n'appartient pas qu'à l'ordre visuel. Johnson relève les quatre sens suivants : égalité d'une surface ou absence d'aspérité, douceur du goût, grâce des manières, suavité du style. La traduction par «douceur» était exclue par l'emploi ultérieur de *sweetness*. D'autres traductions s'imposent parfois : «le poli», «l'uni», «l'absence d'aspérité» ou même, plus loin, «l'onctuosité». Burke reviendra longuement sur les affinités du lisse et du beau dans la Partie IV de la *Recherche*, sect. XX *sq*.

parfait puisse-t-il être à d'autres égards. Dépouillez-le, en revanche, de ses autres qualités, sauf de son aspect lisse, il plaira presque davantage que celles-ci ne le feraient en son absence. Cela me paraît si évident que je suis fort surpris qu'aucun des écrivains qui ont traité de ce sujet n'ait fait mention du lisse dans la série des qualités constitutives de la beauté. Car toute rugosité, toute saillie brutale, tout angle aigu est contraire à la beauté.

XV. DE LA VARIATION PROGRESSIVE

Mais, si les corps parfaitement beaux sont dénués de parties anguleuses, ils ne dessinent jamais longtemps la même ligne droite*. Ils changent de direction à tout moment et ils changent sous les yeux par une déviation continuelle, dont il serait difficile de déterminer le commencement ou la fin. Soit, pour illustrer cette observation, l'aspect d'un bel oiseau : sa tête augmente insensiblement de volume, puis diminue progressivement jusqu'à se fondre avec la nuque ; celle-ci se perd elle-même dans un renflement qui se prolonge jusqu'au milieu du corps et s'atténue de nouveau jusqu'à la queue ; la queue adopte une nouvelle direction, mais en change bientôt pour se fondre aux autres parties ; ainsi la ligne ne cesse de changer, vers le haut, vers le bas, dans toutes les directions. Je pensais à une colombe en poursuivant cette description, car cet oiseau remplit la plupart des conditions de la beauté : il est lisse et duveteux, ses membres sont pour ainsi dire fondus les uns

---

* Partie IV, sect. 23.

dans les autres; on n'y remarque aucune protubérance et cependant le tout change sans cesse. Observons ce qu'on peut tenir pour la plus grande beauté d'une belle femme, je veux dire la gorge et le sein : cette surface lisse et mœlleuse, ce renflement aisé et insensible, cette variété qui exclut l'identité même dans l'espace le plus infime, ce dédale trompeur où l'œil s'égare, incertain, pris de vertige, ne sachant où se fixer et jusqu'où il est entraîné. N'est-ce pas là une manifestation de ce changement de surface continuel, et qu'on ne saurait percevoir en aucun point, qui est un des premiers éléments de la beauté ?

<J'éprouve un grand plaisir à pouvoir appuyer ma théorie sur les remarques du très ingénieux M. Hogarth[1] : je crois, en effet, fort juste sa conception de la ligne de beauté[2]. Seulement l'idée de la variation, dont il était plus occupé que de la *manière* de varier l'a conduit à considérer les formes angulaires comme belles[3]; ces formes, il est vrai, varient beaucoup,

---

1. Burke n'a-t-il connu les théories de Hogarth qu'après 1757 ? *L'Analyse de la beauté*, publiée en 1753, amorce largement la critique du beau fondé sur la proportion, ainsi que celle du beau idéal et du beau moral. Le point de vue de Hogarth est celui d'un artiste analysant la jouissance d'un regard qui épouse la fuite des lignes et la croissance des formes : le trait distinctif de la nature est à ses yeux l'*intricacy*, enchevêtrement aussi bien qu'emboîtement des lignes les unes dans les autres.

2. Hogarth distingue cinq types de lignes : ligne droite, ligne courbe, ligne droite et courbe réunie, ligne onduleuse ou « ligne de beauté" et ligne serpentine ou « ligne de grâce ». La ligne de beauté se compose de courbes inversées, la ligne de grâce, elle, n'est pas seulement sinueuse : le diamètre de ses spires varie suivant un principe constant, comme si elles s'enroulaient autour d'un cône.

3. Le principe constitutif de la beauté est, selon Hogarth, la variété composée, car l'art de bien varier et l'art de bien composer sont une seule et même chose. Il préconise l'usage des nombres impairs ou de formes analogues à l'ananas choisi par Ch. Wren pour couronner les deux côtés de la façade de la

mais de manière accidentée et soudaine ; et je ne vois pas d'objet naturel qui soit à la fois angulaire et beau. À vrai dire il est peu d'objets naturels entièrement angulaires ; mais je pense que ceux qui approchent le plus de cet état sont les plus laids. Je dois ajouter une dernière remarque : bien que la ligne variée soit la seule dans laquelle se trouve une beauté complète, le beau le plus parfait n'exige aucune ligne déterminée et il n'est donc pas de ligne qui puisse être dite plus belle que les autres. Du moins, je n'ai pu l'y découvrir, pour autant que j'ai pu conduire mes observations dans la nature.

XVI. La délicatesse

Un air de vigueur et de force est très préjudiciable à la beauté. Une apparence de *délicatesse* et même de fragilité lui est presque essentielle. Il suffit d'examiner les règnes animal et végétal pour trouver cette observation fondée dans la nature. Nous n'accordons la beauté ni au chêne, ni au frêne, ni à l'orme, ni à aucun des arbres vigoureux de la forêt : ils sont imposants et majestueux, et inspirent une sorte de vénération[1]. Le myrte délicat, l'oranger, l'amandier, le jasmin, la vigne,

---

cathédrale Saint Paul. Voir Sir Uvedale Price, *An Essay on the Picturesque as compared with the Sublime*, Londres, 1796, p. 204 *sq.*

1. Voir l'ouvrage de Gilpin dédié aux arbres, immédiatement traduit en allemand et plusieurs fois réédité : *Remarks on Forest Scenery, and Other Woodland Views, Relating Chiefly to Picturesque Beauty* (1791). « Ce n'est pas une louange excessive que d'invoquer l'arbre comme la plus imposante et la plus belle production de la nature », ainsi commence le livre. Ces merveilles du monde végétal l'emportent, en effet, sur toutes les autres par les ressources que procurent dans la composition pittoresque la variété de leurs assemblages et des jeux de lumière qu'ils entraînent.

telles sont les beautés que nous reconnaissons dans le règne végétal. Les fleurs, si remarquables pour leur fragilité et leur existence éphémère, nous donnent l'idée la plus vive de l'élégance et de la beauté. Parmi les animaux, le lévrier est plus beau que le dogue ; et la finesse d'un cheval genêt, barbe ou arabe, séduit bien davantage que la force et la solidité des chevaux de guerre ou de trait.

Je n'ai pas besoin de parler longuement du beau sexe, car on m'accordera facilement ce point. La beauté des femmes doit considérablement à leur faiblesse ou à leur délicatesse ; elle est même rehaussée par leur timidité, qualité analogue à la délicatesse dans la sphère de l'esprit. Qu'on ne se méprenne pas sur ma pensée : je ne prétends pas dire que la faiblesse contribue à la beauté, lorsqu'elle est l'expression d'une fort mauvaise santé ; la faiblesse n'est pas alors en cause, mais bien le mauvais état de la santé qui, produisant pareille faiblesse, altère les autres conditions de la beauté : prostration, perte de l'éclat des couleurs – « l'éclat lumineux de la jeunesse »[1] –, disparition de la belle variation à travers les rides, les cassures soudaines et la rectitude des lignes.

XVII. La beauté dans la couleur

Il est sans doute assez difficile de savoir quelles couleurs présentent habituellement les beaux corps, vu qu'elles sont d'une diversité infinie dans les différentes parties de la nature. On peut cependant découvrir ce sur quoi s'établir au sein de cette diversité même. Premièrement, les couleurs des beaux

---

1. *Lumen purpureum juventae* (Virgile, *Énéide*, I, v. 591).

corps ne doivent pas être sombres et terreuses, mais nettes et pures. Deuxièmement, elles ne doivent pas être du genre fort ; les couleurs qui semblent convenir le mieux à la beauté sont les plus douces : vert léger, bleu tendre, blanc rompu, rouge rosé, violet. Troisièmement, si les couleurs sont vives et tranchantes, elles doivent toujours se diversifier, de sorte que l'objet ne soit jamais d'une seule et forte couleur ; et elles doivent être en si grand nombre, à l'instar des fleurs bigarrées, que chacune d'elles perde beaucoup de sa force et de son éclat. Soit un beau teint : on n'y remarque pas seulement la diversité du coloris, mais un rouge et un blanc qui ne sont jamais éclatants ni tranchants. Ils se mêlent, en outre, de telle manière, ils s'allient par des dégradations si insensibles qu'on ne saurait en fixer les bornes. C'est sur le même principe que nous plaît la couleur difficile à déterminer du plumage des paons et de la tête des canards. Dans la réalité, la beauté de la forme et celle du coloris sont dans une liaison aussi intime que possible, pour des choses de nature aussi différente.

XVIII. Récapitulation

Pour nous résumer, les qualités de la beauté, comme qualités purement sensibles, sont les suivantes : 1. une petitesse relative ; 2. un aspect lisse ; 3. de la variété dans la direction des lignes ; 4. l'absence d'angles et la fusion des différentes parties ; 5. une constitution délicate, sans apparence notoire de force ; 6. des couleurs claires et brillantes, mais ni très fortes ni éclatantes; 7. une grande diversité de couleurs, si celles-ci ont quelque éclat. Voilà, je crois, les propriétés essentielles de la beauté qui opèrent naturellement et sont peu sujettes à se voir altérées par le caprice ou démenties par la diversité des goûts.

XIX. DE LA PHYSIONOMIE

La physionomie contribue beaucoup à la beauté, surtout dans l'espèce humaine. Les mœurs déterminent d'une certaine manière l'apparence; lorsque la correspondance est assez exacte, certaines qualités agréables de l'esprit se joignent aux qualités physiques. Ainsi, la beauté humaine n'est parfaite et n'exerce son plein pouvoir que si le visage exprime les qualités douces et aimables qui correspondent à la douceur, à l'absence d'aspérités et à la délicatesse de la forme extérieure.

XX. DE L'ŒIL

C'est à dessein que j'ai omis jusqu'ici de parler de l'œil, qui contribue si puissamment à la beauté dans le règne animal : il n'entre pas facilement, en effet, dans les rubriques précédentes, bien qu'il relève, en fait, des principes qui y sont énoncés. Je pense donc que sa beauté réside d'abord dans sa *clarté*; pour la *couleur*, chacun décide à sa fantaisie de la plus agréable; mais l'œil ne saurait plaire si son eau (pour m'exprimer ainsi) est terne et trouble* : le principe de sa séduction

_____
* Partie IV, sect. 25.

est identique à celui du diamant, de l'eau claire, du miroir
ou de toute autre substance transparente. Deuxièmement, le
mouvement de l'œil ajoute encore à sa beauté en changeant
continuellement de direction; mais un mouvement faible et
langoureux est plus beau qu'un mouvement vif: celui-ci
stimule, celui-là charme. Troisièmement, la même règle
s'applique à tout ce qui concerne l'union de l'œil avec les
parties voisines : la déviation ne doit pas être trop forte par
rapport aux lignes contiguës ni tendre vers une forme exactement géométrique. L'œil nous touche de surcroît, en ce qu'il
exprime certaines qualités de l'esprit. C'est de là qu'il tire son
principal pouvoir, de sorte que ce que nous avons dit de la
physionomie peut s'appliquer à lui.

XXI. LA LAIDEUR

Nous paraîtrons peut-être nous répéter en insistant sur la
nature de la *laideur*. Je pense, en effet, qu'elle constitue à tous
égards l'opposé des qualités que nous avons déterminées
comme celles de la beauté. Mais, bien que la laideur s'oppose à
la beauté, elle ne s'oppose ni à la proportion ni à la convenance. Car une chose peut être fort laide, quoique bien proportionnée et parfaitement adapté à sa fin. Je pense également que
la laideur est assez compatible avec l'idée du sublime. Mais je
ne voudrais en aucune façon insinuer qu'elle soit par elle-
même une idée sublime, à moins qu'elle ne se trouve unie à des
qualités capables de susciter une forte terreur.

Vénus Médicis, copie romaine d'un original hellénistique Florence,
Galerie des Offices, photo Alinari Giraudon

XXII. LA GRÂCE

La *grâce* diffère peu de la beauté et en comporte bien des éléments. Elle concerne la posture et le mouvement et tient à l'absence totale d'embarras, à une légère inflexion du corps, et à une disposition générale des parties qui exclue toute gêne réciproque comme tout angle aigu et saillant. C'est dans cette aisance, cette rondeur et cette délicatesse d'attitude et de mouvement que consiste toute la magie de la grâce, et ce qu'on appelle le *je ne sais quoi*[1] ; chacun pourra s'en convaincre en examinant attentivement la Vénus Médicis[2], l'Antinoüs[3], ou toute autre statue dont on vante la grâce.

1. Le Père Bouhours, jésuite fort lié à Racine et à Boileau, a donné au *je ne sais quoi* ses lettres de noblesse dans la critique littéraire dans les *Entretiens d'Ariste et d'Eugène*, 1671, Paris, Bossard, 1920, p. 199).

2. Réplique romaine d'un original hellénistique, aujourd'hui à la Galerie des Offices de Florence, la Vénus Médicis fut longtemps considérée comme une copie de l'Aphrodite Cnidienne de Praxitèle. La tête tournée de côté, la position des bras pleine de pudeur, mais aussi de coquetterie dans leur geste de voilement et de désignation, l'ampleur du mouvement presque dansant, tout respire une grâce qui ne verse pas encore dans l'affèterie. Elle constitue en même temps un des canons les plus réputés de la beauté au XVIIIe siècle. Reproduite au centre d'une des deux planches placées par Hogarth en tête de son *Analyse de la beauté*, elle inspire de nombreux développements sur l'idéal esthétique chez Watelet, Diderot, Winkelmann, etc. Pensons seulement au célèbre portrait de Greuze qui représente Watelet étudiant la Vénus Médicis, un compas à la main. Une fois de plus, l'on se demande avec A. Murphy (*Literary Magazine*, II, p. 187) si Burke peut se passer de l'idée de proportion. Avouant sa très sensuelle admiration pour le galbe d'un beau sein (*Recherche*, III, 15) et fondant sa jouissance esthétique sur le principe de « variation progressive », il ne retrouve pas seulement le puissant courant émotionnel qui fait converger la beauté avec l'agrément, mais poursuit la tentative d'en donner des raisons mathématiques dans une perspective qui n'est pas sans évoquer un recours possible au calcul infinitésimal.

3. L'Antinoüs du Belvédère, aujourd'hui au Musée Pio-Clementino du Vatican, est une copie romaine réalisée à l'époque d'Hadrien d'un original de

XXIII. De l'élégant et du spécieux[1]

Quand un corps est composé de parties lisses et polies, qui n'exercent pas de pression les unes sur les autres, qui ne présentent ni rugosité ni confusion, et qui affectent en même temps une *forme régulière*, je le dis *élégant*. L'élégant est très proche du beau et n'en diffère que par la *régularité* qui, néanmoins, suscite une affection fort différente et peut donc très bien constituer une catégorie séparée. J'y place les ouvrages d'art délicats et réguliers qui n'imitent aucun objet déterminé de la nature : édifices élégants, meubles, etc. Quand à l'élégance ou à la beauté s'ajoutent de grandes dimensions, la pure beauté disparaît dans ce que j'appelle le *splendide (fine)*[2] ou le *spécieux*.

XXIV. Du beau dans le tact

Nos propos sur la beauté de l'œil peuvent acquérir plus de force par l'examen des objets qui produisent un effet

---

Praxitèle, représentant Hermès psychopompe. Hogarth en avait reproduit le dessin dans la planche inaugurale de son livre sur la beauté et l'avait évoqué dans un passage dont Diderot fit, ensuite, usage dans les *Essais sur la peinture*, pour stigmatiser toutes les formes d'académisme.

1. *Speciousness*. Le substantif ne se trouve pas dans le *Dictionnaire* de Johnson.

2. Johnson attribue pour étymologie éventuelle à *fine* le latin *finitus*, achevé, et il lui donne pour premier sens « ce qui n'est pas grossier ». Il ajoute qu'appliqué aux personnes, *fine* désigne la beauté compatible avec la dignité. C'est bien ce sens que retient Burke. *Cf.* Partie IV, sect. 24, « De la petitesse ». Cette catégorie recouvre à la fois ce que Kant appellera le noble (*das Edle*) et le splendide (*das Prächtige*), *Observations sur le sentiment du beau et du sublime* (1764), trad. fr. R. Kempf, Paris, Vrin, rééd. 2008, section I, p. 20.

semblable sur le toucher. Je nomme cet effet qui ressemble de façon étonnante à celui de la vue, le beau d'*attouchement* (*feeling*)[1]. Toutes nos sensations forment une chaîne; elles ne sont toutes que des manières différentes de sentir (*feeling*), calculées pour être produites par diverses sortes d'objets, mais toutes de la même façon. Les corps agréables au toucher le sont par la faible résistance qu'ils opposent, lorsqu'on glisse le long d'une surface ou lorsqu'on presse l'ensemble; si la résistance est faible dans le premier cas, nous disons le corps lisse, et si elle l'est dans le second, mœlleux. Le plaisir que nous procure le tact vient de l'une ou l'autre de ces qualités et s'accroît beaucoup à leur conjugaison. Point n'est besoin d'exemple pour illustrer un fait aussi évident : il servirait plutôt lui-même d'illustration! Une seconde source du plaisir propre au tact, comme aux autres sens, tient à la nouveauté que lui présentent sans cesse ses objets; les corps dont la surface varie continuellement sont les plus agréables ou les plus beaux au toucher, comme chacun peut en faire l'expérience. Ces objets, enfin, ont pour troisième propriété de varier souvent de direction, mais jamais d'une façon soudaine. L'apparition brusque d'un élément est désagréable, même si l'impression n'est guère ou pas du tout violente en elle-même. Nous tressaillons si l'on nous touche de façon inattendue avec des mains plus chaudes ou plus froides que de coutume; une légère tape imprévue sur l'épaule a le même effet. De là vient que les corps anguleux

1. Le *feeling* est sans doute la clé de la conception burkienne du beau. Le sentiment garde toujours quelque chose du tact : tout se passe comme s'il continue à palper son objet, à en apprécier la faible résistance et à se réjouir de la variété de ses aspects.

dont le contour change soudain de direction, donnent si peu de plaisir au toucher. Chacun de ces changements est une sorte d'ascension ou de chute en miniature, de sorte que les carrés, les triangles et les autres figures angulaires ne sont belles ni à la vue, ni au toucher.

Comparons l'état que procure le toucher des corps mœlleux, lisses, variés et non anguleux avec celui que donne la vue d'un bel objet : l'analogie paraîtra très frappante dans les effets, ce qui permettra d'avancer dans la découverte de leur cause commune[1]. Le toucher et la vue diffèrent peu à cet égard. Le tact comprend le plaisir du mœlleux qui n'est pas primitivement un objet de la vue ; par ailleurs, la vue appréhende la couleur qui peut difficilement être rendue sensible au tact ; de plus, le tact a l'avantage dans un nouveau plaisir qui résulte d'un degré modéré de chaleur ; mais l'œil triomphe dans l'étendue et la multiplicité infinies de ses objets. Les plaisirs des deux sens se ressemblent tant que, s'il était possible de discerner les couleurs par le tact, comme c'est le cas, dit-on, de certains aveugles, on jugerait que les couleurs qu'on estime belles par elles-mêmes ou en composition, sont aussi les plus agréables au toucher. Du moins, je suis porté à le croire. Mais, laissant de côté les conjectures, passons au sens de l'ouïe.

---

1. On notera l'influence possible de Condillac, notamment dans l'assimilation des mouvements oculaires à des mouvements tactiles, l'œil étant conçu par Condillac comme un « organe qui a en quelque sorte une infinité de mains » (*Traité des sensations*, 1754). Et on sera frappé de trouver chez Burke une anticipation de ce que Berenson appelle les « valeurs tactiles » (*The Italian Painters of the Renaissance*, Oxford, Phaidon, 1952, p. 43).

XXV. Du beau dans les sons

On trouve dans le sens de l'ouïe une égale aptitude à être affecté d'une manière douce et délicate ; et c'est à l'expérience de chacun de décider dans quelle mesure les sons doux ou beaux correspondent aux définitions que nous avons données de la beauté dans le domaine des autres sens. Milton a décrit ce type de musique dans un poème de jeunesse*. Est-il besoin de rappeler à quel point il maîtrisait son art ? Personne ne joignit une oreille plus délicate à une manière si heureuse d'exprimer les affections d'un sens par des métaphores tirées d'un autre. Voici ce passage :

> Chasse enfin loin de moi les soucis dévorants ;
> enivre-moi de doux airs de Lydie,
> unis à des vers immortels,
> qui puissent pénétrer l'âme sensible à leur appel
> par leurs accords aux replis *sinueux*,
> et par de *longs déroulements de vers suaves*
> d'une négligence attentive et d'un caprice si savant ;
> cependant que la voix, qui court par le dédale des mesures,
> *dénoue* tous les liens qui enchaînent
> l'âme de l'harmonie en sa prison secrète [1].

---

* « Jamais je ne suis gaie / Lorsque j'entends une douce musique » (*I am never merry when I hear sweet music*), *Le marchand de Venise*, V, I, 69.

1. *L'Allegro*, V, 135-142, trad. fr. Fl. Delattre, Paris, Aubier, 1937 :
« And ever against eating cares,
Lap me in soft Lydian airs ;
In notes with many a winding bout
Of linked sweetness long drawn out ;
With wanton heed, and giddy cunning,

Comparons ce qu'il dit avec la douceur, la surface ondoyante, la continuité sans rupture, la gradation facile du beau dans les autres objets; et les différents sens, avec les diverses affections dont ils sont susceptibles, loin de produire l'obscurité par leur diversité et leur complexité, se prêteront les uns aux autres des lumières propres à donner une idée claire, finie et cohérente du tout.

J'ajouterai une ou deux remarques aux vers que je viens de citer. Premièrement, le beau musical ne comporte pas cet éclat et cette force des sons dont on peut faire usage pour éveiller d'autres passions; il fuit les sons aigres, perçants ou sourds et se trouve davantage dans les sons clairs, réguliers, unis et faibles. Deuxièmement, une grande diversité et des transitions rapides d'une mesure ou d'un ton à d'autres sont contraires au génie du beau musical. Ces transitions excitent souvent la joie ou d'autres passions soudaines et tumultueuses, non cette langueur, cet attendrissement, cet abandon, qui est l'effet caractéristique du beau par rapport à tous les sens. La passion que suscite la beauté est en fait plus proche d'une forme de mélancolie [1] que de la gaieté et de l'allégresse. Ce n'est pas que je veuille borner la musique à un seul type de notes ou de tons, et j'avoue ne pas avoir de grande compétence en cet art. Le seul dessein auquel vise cette remarque est d'établir une idée cohérente de la beauté. La diversité infinie des affections de l'âme inspirera toujours à un talent et à une ouïe exercés une

The melting voice through mazes running;
Untwisting all the chains that tye
The hidden soul of harmony ».

1. La mélancolie ne se trouve donc pas du seul côté du sublime. Kant, au contraire, la rangera sous la catégorie du sublime et alliera le beau à la gaieté (*Observations sur le sentiment du sublime et du beau* de 1764, sect. II).

diversité de sons propre à les susciter. Ce n'est causer aucun préjudice que de démêler et de distinguer quelques particularités, qui appartiennent à la même classe d'idées et sont compatibles entre elles, de l'immense foule des idées différentes et parfois contradictoires, que le vulgaire range sous l'étiquette du beau. Mon intention est de ne souligner parmi celles-ci que les éléments principaux qui permettent d'établir une analogie entre l'ouïe et tous les autres sens dans le registre du plaisir.

XXVI. Le goût et l'odorat

Cet accord général des sens paraît avec plus d'évidence encore lorsqu'on examine avec précision le goût et l'odorat. Nous utilisons métaphoriquement le concept de douceur dans les domaines de la vue et de l'ouïe; mais comme, alors, les qualités des corps qui suscitent plaisir et douleur ne sont pas aussi frappantes qu'elles le sont pour les autres sens, nous n'expliquerons leur étroite ressemblance que dans la partie où nous étudierons la cause efficiente du beau, commune à tous les sens. Rien n'est, à mon sens, plus propre à établir une idée claire et nette de la beauté visuelle que cette manière d'examiner les plaisirs analogues des autres sens; car il arrive parfois qu'un point évident pour l'un de nos sens, soit plus obscur pour un autre; et étant donné l'accord évident de tous les sens, nous pouvons parler de chacun d'eux avec plus de certitude. Ils témoignent, par là, les uns pour les autres; la nature est pour ainsi dire soumise à l'investigation et nous n'en rapportons rien qu'elle ne nous ait appris.

XXVII. Le sublime et le beau comparés

En terminant cet examen général du beau, on le comparerera naturellement au sublime : un remarquable contraste ressort de cette confrontation. Les objets sublimes sont de grande dimension, les beaux objets relativement petits, le beau doit être uni et poli, le grand rude et négligé, l'un fuit la rectitude, mais s'en éloigne insensiblement, l'autre préfère la ligne droite et s'en écarte, quand il le fait, par une déviation souvent très marquée, l'un ne saurait être obscur, l'autre doit être sombre et ténébreux, l'un est léger et délicat, l'autre solide et même massif. Ils éveillent en fait des idées fort différentes, l'une fondée sur la douleur, l'autre sur le plaisir, et, quoiqu'elles puissent varier de contenu en s'écartant par la suite de leurs sources originelles, leur distinction éternelle n'en subsiste pas moins, ce que ne doivent jamais oublier les hommes qui veulent influer sur les passions.

<Dans la diversité infinie des combinaisons naturelles, il faut s'attendre à trouver réunies en un même objet des qualités qu'on pourrait imaginer les plus distantes les unes des autres. On doit présumer le même type des combinaisons dans les œuvres d'art. Mais, en considérant l'influence d'un objet sur les passions, n'oublions pas que sa propriété dominante produira une affection d'autant plus uniforme et complète que les autres propriétés et qualités de l'objet seront de même nature et tendront à la même fin que la propriété dominante.

De ce que le noir et le blanc s'unissent, se confondent et s'adoucissent de mille manières différentes, s'ensuit-il qu'il n'y ait ni blanc, ni noir?[1].

Si les qualités du sublime et du beau sont parfois unies, cela prouve-t-il leur identité? Cela prouve-t-il leur parenté? Cela prouve-t-il même leur absence d'opposition et de contradiction? Le noir et le blanc peuvent se mêler et s'adoucir mutuellement; ils ne sont pas pour autant identiques. Mêlés et adoucis, ou unis à d'autres couleurs, ils n'ont pas en tant que noir et en tant que blanc autant de pouvoir qu'ils n'en ont, lorsque chacun se trouve seul et uniforme.>

1. Pope, *Essai sur l'homme*, 1734, II, 213-214 : « La même ambition produit ou la perte ou le salut, elle fait un patriote et elle fait un traître. Qui peut séparer ces lumières et ces ombres réunies dans notre chaos? Le Dieu qui est en nous. [...] Quelle folie de vouloir en tirer pour conséquence qu'il n'y a ici-bas ni vices ni vertus! ».

PARTIE IV

I. DE LA CAUSE EFFICIENTE DU SUBLIME ET DU BEAU

Quand je dis vouloir rechercher la cause efficiente du sublime et du beau, je ne voudrais pas qu'on croie que je dise pouvoir remonter à leur cause ultime. Je ne prétends pas que je serai jamais capable d'expliquer pourquoi certaines affections du corps produisent dans l'esprit telle émotion et non telle autre, ni pourquoi le corps est affecté par l'esprit et l'esprit par le corps. Un peu de réflexion fera voir que c'est impossible. Mais, si nous pouvons découvrir quelles sont les affections de l'esprit qui produisent certaines émotions du corps et quelles sont les sensations et qualités du corps qui produisent certaines passions, et non d'autres, j'imagine que nous aurons accompli un pas qui ne sera pas inutile pour connaître distinctement nos passions, sous l'angle, du moins, où nous les considérons à présent. C'est, je crois, tout ce que nous pouvons faire. Nous fût-il possible d'aller plus avant, il resterait encore des difficultés, puisque nous serions toujours aussi éloignés de la cause première. Au moment où Newton découvrit les propriétés de l'attraction et où il en détermina les lois, il pensa qu'elle permettait fort bien d'expliquer plusieurs phénomènes remarquables de la nature; il n'y vit, cependant, qu'un effet du système général des choses et ne tenta pas alors d'en élucider la cause. Mais, quand il se mit par la suite à l'attribuer à un éther subtil et élastique, ce grand homme (s'il n'est pas impie de trouver à redire chez un si grand homme) parut avoir abandonné sa prudence de pensée ordinaire. Car, à supposer que tout ce qui a été avancé sur le sujet soit suffisamment prouvé, son explication me semble nous laisser autant de difficultés à résoudre qu'auparavant. Comment notre industrie, quelles qu'en soient les ressources, pourrait-elle jamais débrouiller la grande chaîne de causes dont les maillons remontent jusqu'au trône de Dieu lui-même ? Quand nous outrepassons même faiblement les qualités immédiatement sensibles des choses, nous perdons pied[1]. Tous les efforts que nous faisons ensuite sont vains et témoignent de ce que nous nous trouvons dans un élément qui n'est pas nôtre. Ainsi, lorsque je parle de cause et de cause efficiente, j'entends seulement certaines affections de l'esprit qui causent certains changements du corps, ou bien certains pouvoirs et certaines propriétés des corps qui produisent un changement dans l'esprit. De la même manière, si j'avais à expliquer le mouvement d'un corps qui tombe, je dirais qu'il est causé par la gravité, et j'entreprendrais de montrer ensuite comment agit cette force, sans essayer de montrer pourquoi elle agit ainsi ; ou encore, si je voulais expliquer les effets du choc des corps l'un contre l'autre par les lois générales de la percussion, je n'entreprendrais pas d'expliquer comment le mouvement se communique lui-même.

---

1. Burke ne réitère pas seulement sa volonté d'expliquer les phénomènes par leur cause efficiente et non par leur cause finale, il insiste sur ce fait que l'objet de notre réflexion reste et doit toujours rester immergé dans le sensible. Ainsi l'accord ne pourra naître sur le sublime que parce que celui-ci se présente aux sens et « existe », pourrait-on dire.

II. L'ASSOCIATION

En recherchant les causes des passions, on tombe sur un obstacle important qui vient de ce que, bien souvent, leurs motifs, ainsi que les mouvements auxquels elles obéissent, apparaissent à un âge auquel nous ne sommes pas capables de réfléchir, et dont toute espèce de mémoire s'est effacée de notre esprit. Car, à côté de ce qui nous touche suivant des pouvoirs naturels, il est des associations qui se sont produites au début de la vie, et que nous avons ensuite beaucoup de peine à distinguer des effets naturels. Ne parlons pas des antipathies inexplicables et si fréquentes : qui pourrait se rappeler quand les montagnes escarpées lui ont paru plus terribles que les plaines, ou encore quand l'eau et le feu lui ont paru plus effrayants qu'une motte de terre? Et, pourtant, ces idées viennent très probablement de l'expérience ou bien sont inspirées par autrui, et, selon toute vraisemblance, nous en avons conçues certaines assez tardivement. Mais, de même qu'il faut admettre que bien des choses nous affectent non par leurs pouvoirs naturels, mais par association, il serait absurde d'affirmer qu'elles nous affectent toutes seulement par asso-ciation, puisque certaines d'entre elles doivent avoir été dès l'origine naturellement agréables ou désagréables[1] et que d'autres tirent leurs pouvoirs de l'association. Nous n'abou-

---

1. Burke conçoit comme un «obstacle» à l'analyse le fait que, dans l'expérience passionnelle, des réminiscences inaccessibles à la conscience claire jouent un rôle important ; mais il refuse de tout expliquer par l'association et maintient l'existence de qualités originelles des choses, reconnaissables par un chacun. On pourra voir dans pareilles remarques l'anticipation des recherches de Freud sur l'étiologie de l'hystérie et sur la distinction qu'il opère entre la qualité déterminante du souvenir et sa force traumatique (*Zur Aetiologie des Hysterie, Gesammelte Werke*, I, p. 428).

tirions pas à grand-chose, me semble-t-il, en recherchant la cause de nos passions dans l'association; attendons pour ce faire d'avoir échoué dans la recherche des propriétés naturelles des choses.

III. CAUSE DE LA DOULEUR ET DE LA CRAINTE

J'ai observé plus haut* que tout ce qui est propre à inspirer la terreur peut servir de fondement au sublime; j'ajouterai que bien d'autres choses dont nul danger n'est sans doute à redouter, ont un effet semblable, parce qu'elles agissent de manière semblable. J'ai également observé** que tout ce qui produit du plaisir, un plaisir positif et original, peut être doté de beauté. Pour se faire une idée claire de la nature de ces qualités, il faut donc expliquer la nature de la douleur et du plaisir dont elles dépendent. Observons un homme qui souffre d'une violente douleur physique (supposons-la extrêmement violente, ses effets étant plus évidents) : ses dents se serrent, ses sourcils se froncent, son front se plisse, ses yeux sont tournés vers l'intérieur et roulent avec véhémence, ses cheveux se dressent sur sa tête, sa voix s'échappe en gémissements et en cris, tout son corps n'est que tremblement[1]. La peur, ou la terreur qui est

* Partie I, sect. 8.
** Partie I, sect. 10.

1. Burke semble ici s'inspirer de Lucrèce, *De rerum Natura*, III : « Mais lorsqu'une crainte plus violente vient bouleverser l'esprit, nous voyons l'âme entière s'émouvoir de concert dans nos membres; et sous l'effet de cette sensation les suées et la pâleur se répandre sur tout le corps, la langue bégayer, la voix s'éteindre, la vue s'obscurcir, les oreilles tinter, les membres défaillir; enfin à cette terreur de l'esprit nous voyons souvent des hommes succomber [...] » (trad. fr. A. Ernout, Paris, Les Belles Lettres, 1978).

une appréhension de la douleur ou de la mort, s'exprime exactement par les mêmes effets; ils approchent en violence de ceux que nous venons de mentionner et sont d'autant plus violents que la cause est plus proche et le sujet plus faible.

« La Frayeur », dans *Caractères des passions*, gravés par
Bernard Picart sur les dessins de M. Lebrun,
2e édition augmentée de plusieurs têtes, Amsterdam, 1711

Sa vignette, qui témoigne d'un vif sens de l'observation fait songer à la description de la frayeur que donne Lebrun dans sa conférence sur *L'expression des passions* (1668) : « La frayeur, quand elle est excessive, fait que celui qui l'a reçue, a le sourcil fort élevé par le milieu, et les muscles qui servent au mouvement de ces parties, fort marqués et enflés et pressés l'un contre l'autre, s'abaissant sur le nez qui doit paraître retiré en haut et les narines de même; les yeux doivent paraître entièrement ouverts, la paupière de dessus cachée sous le sourcil […] » (éd. 1711, p. 15).

Le phénomène ne se produit pas seulement dans l'espèce humaine : j'ai plus d'une fois observé des chiens, qui, dans la crainte d'une punition, se contorsionnaient, glapissaient et hurlaient, comme s'ils eussent effectivement senti des coups. J'en conclus que la douleur et la crainte agissent sur les mêmes parties du corps et de la même façon, bien qu'avec une différence de degré ; que la douleur et la peur consistent en une tension anormale des nerfs, qui s'accompagne parfois d'une force anormale, à laquelle il arrive de se transformer brusquement en une faiblesse extraordinaire ; que, souvent, ces effets se produisent alternativement, et quelquefois simultanément. Telle est la nature des agitations convulsives, particulièrement chez les sujets les plus faibles qui sont les plus susceptibles d'être gravement impressionnés par la douleur et par la peur. La seule différence entre ces deux émotions est que ce qui cause la douleur agit sur l'esprit par l'intervention du corps, alors que ce qui cause la terreur affecte généralement les organes du corps par l'opération de l'esprit qui suggère le danger. Mais, comme toutes deux se ressemblent, primitivement ou secondairement, en ce qu'elles produisent une tension, une contraction ou une émotion violente des nerfs*, elles se ressemblent de même en toute autre chose. Cet exemple, parmi d'autres, fait voir que, lorsque le corps est disposé par un moyen quelconque à des émotions qu'il pourrait acquérir grâce à une passion, il excite de lui-même dans l'esprit un effet très semblable à cette passion.

---

* Je n'entre pas ici dans la question débattue par les physiologistes, savoir si la douleur est l'effet d'une contraction ou d'une tension des nerfs. Les deux théories servent mon propos, car par tension, je n'entends rien de plus qu'une traction violente des fibres qui composent les muscles et les membranes, de quelque manière qu'elle opère.

IV. Suite

À ce sujet, M. Spon rapporte, dans ses *Recherches d'antiquité*[1], l'histoire curieuse du célèbre physionomiste Campanella[2]; il paraît que ce savant ne s'était pas borné à faire des observations très précises sur les visages humains, mais qu'il réussissait parfaitement à contrefaire ce qu'ils avaient de remarquable. Lorsqu'il voulait pénétrer les inclinations de ceux auxquels il avait à faire, il composait son visage, ses gestes et tout son maintien le plus exactement possible sur la personne qu'il voulait examiner; et il observait alors soigneusement quelle tournure d'esprit il obtenait par ces modifications. De cette manière, dit mon auteur, il était capable d'entrer dans les dispositions et les pensées d'un homme aussi parfaitement que s'il s'était transformé en lui. J'ai souvent observé pour ma part qu'en contrefaisant l'allure et les gestes d'un homme courroucé ou placide, peureux ou audacieux, je me trouvais involontairement porté à la passion dont je m'efforçais d'imiter l'apparence; je suis de plus convaincu

1. Il s'agit des *Recherches curieuses d'Antiquité*, parues à Lyon en 1683. Médecin et « antiquaire » comme on disait à l'époque, Spon se rendit célèbre par le *Voyage*, publié en 1678, qui raconte une expédition en Italie, en Grèce et au Levant, qu'il accomplit de 1675 à 1676 en compagnie du botaniste et archéologue, Sir George Wheler.

2. Tommaso Campanella disait de lui-même : « Je suis la clochette (*campanella*) qui annonce la vraie aurore ». Il écrivit l'essentiel de son œuvre en prison où il passa vingt-sept ans pour avoir voulu délivrer la Calabre du joug espagnol. Le *De sensu rerum et magia*, écrit en 1604 et publié en 1620, se donne en sous-titre comme « une partie admirable de la philosophie occulte où il est démontré que le monde est la statue de Dieu vivante et connaissante, que toutes ses parties et les parties de ses parties sont douées de sens, plus ou moins clair ou obscur, mais autant qu'il suffit pour sa conservation et celle du tout ».

qu'il est difficile d'éviter cette conséquence, même lorsqu'on s'efforce de séparer la passion des gestes qui lui correspondent. Notre esprit et notre corps sont trop intimement unis pour que l'un soit capable de douleur ou de plaisir, indépendamment de l'autre. Campanella, dont nous avons parlé, savait si bien détourner son attention de la douleur, qu'il fut capable d'endurer la torture sans trop souffrir[1]; si, lors d'épreuves moins graves, l'on parvient à porter son attention ailleurs, la douleur est un temps suspendue, comme chacun peut l'avoir observé; d'autre part, si le corps se trouve peu disposé pour une raison ou une autre à exécuter les mimiques ou à se laisser stimuler par les émotions qu'une passion éveille habituellement en lui, celle-ci ne pourra jamais naître, sa cause opérât-elle avec plus d'énergie que jamais : elle demeurera purement mentale et n'affectera directement aucun des sens. C'est ainsi que, malgré tous nos efforts, l'opiat et les liqueurs spiritueuses peuvent suspendre l'action du chagrin, de la peur, ou de la colère, en plaçant le corps dans une disposition contraire à celle qu'il reçoit de ces passions.

V. COMMENT NAÎT LE SUBLIME

Après avoir considéré que la terreur excite une tension anormale et de violentes émotions nerveuses, on voit aisément que tout ce qui est propre à produire une telle tension doit engendrer une passion semblable à la terreur* et, par conséquent, être source de sublime, alors même qu'aucune idée de

---

* Partie II, sect. 2.

1. Campanella fut plusieurs fois torturé durant son long emprisonnement.

danger ne lui serait attachée. Ainsi, pour faire connaître la cause du sublime, ne reste-t-il qu'à montrer que les exemples donnés dans notre deuxième partie se rapportent à des choses que la nature a rendues aptes à produire cette sorte de tension, par l'opération première de l'esprit ou par celle du corps. En ce qui concerne les choses qui nous affectent par une idée associée de danger, il ne fait aucun doute qu'elles suscitent la terreur et agissent par quelque modification de cette passion ; il ne fait aucun doute non plus que lorsque cette terreur est suffisamment violente, elle fait naître les émotions physiques que nous venons de mentionner. Mais, si le sublime se fonde sur la terreur ou sur une passion voisine qui a la douleur pour objet, il convient d'examiner d'abord comment une sorte de délice peut naître d'une cause qui lui est en apparence si contraire. Je parle de *délice* parce que, comme je l'ai remarqué à maintes reprises, celui-ci diffère très évidemment dans sa cause et dans sa nature propre du plaisir réel et positif.

VI. COMMENT LA DOULEUR PEUT ÊTRE CAUSE DE DÉLICE

La Providence a établi qu'un état de repos et d'inaction, si flatteur qu'il puisse être pour notre indolence, serait accompagné de maints inconvénients et qu'il engendrerait de tels désordres que nous serions forcés de recourir au travail comme au seul moyen de passer nos jours dans une certaine satisfaction ; car il est dans la nature du repos de souffrir que toutes les parties de notre corps tombent dans un relâchement qui non seulement prive les membres de la faculté de remplir leurs fonctions, mais ôte aux fibres la tonicité requise pour le maintien des sécrétions naturelles. En même temps, cet état de langueur et d'inaction rend les nerfs davantage sujets à d'horribles convulsions que lorsqu'ils sont suffisamment tonifiés. La mélancolie, l'abattement, le désespoir, et souvent le suicide sont la conséquence des idées noires qui se présentent dans cet état de relâchement du corps. Le meilleur remède à tous ces maux est l'exercice ou le *travail*[1]. Le travail brave les *difficultés*, met en œuvre la faculté de contracter les muscles et ressemble ainsi en tout point, sauf en degré, à la douleur qui consiste en tension et en contraction. Le travail n'est pas seulement indispensable aux organes les plus grossiers qu'il maintient en état de fonctionnement, il l'est aussi aux organes plus fins et plus délicats, sur lesquels et par lesquels agit l'imagination et, peut-être, les autres forces mentales. Il est probable, en effet, que non seulement les parties inférieures de l'âme, comme on appelle les passions, mais l'entendement lui-même, font usage dans leur opération de certains organes très fins – bien qu'il soit assez difficile de découvrir en quoi ils consistent et où ils se trouvent –; en témoignent le fait qu'un long exercice des forces mentales provoque une remarquable lassitude physique et, inversement, le fait qu'un intense travail ou qu'une grande douleur physique affaiblit et parfois même anéantit réellement les facultés mentales. Or, comme un exercice convenable est absolument nécessaire aux muscles les plus grossiers qui, sans cette excitation, risqueraient langueur et maladie, la même règle s'applique aux parties délicates dont

---

1. Cette valorisation du travail s'inspire de Locke. «Le travail (*labour*) de son corps et l'œuvre (*work*) de ses mains» sont les propriétés naturelles de l'homme (*Traité du gouvernement civil*, 1690, II, V). Elle remonte, en fait, au *Traité des taxes et des contributions* de William Petty, publié en 1662 : «Le travail est le père et le principe actif de la richesse, de même que les terres en sont la mère». Voir D. Deleule, *Analyse et raison. Hume et la naissance du libéralisme économique*, Paris, Aubier, 1979, p. 283.

nous avons parlé : pour les conserver en bon état, il faut les mettre en mouvement et les exercer de façon convenable.

VII. L'EXERCICE EST NÉCESSAIRE
AUX ORGANES PLUS DÉLICATS

De même que le travail ordinaire qui est un mode de douleur, s'effectue par l'exercice des organes les plus grossiers de notre système, une forme de terreur est liée à l'exercice de ses organes les plus fins ; et si un certain type de douleur est de nature à agir sur l'œil ou sur l'oreille, qui sont nos organes les plus délicats, l'affection se rapprochera davantage de celle qui a une cause mentale. Dans tous ces cas, si la douleur et la terreur sont modifiées de manière à n'être pas réellement nocives, si la douleur n'est pas portée jusqu'à la violence, et si la terreur ne va pas jusqu'à la destruction actuelle de la vie, ces émotions qui délivrent les organes – fins ou grossiers – d'un embarras dangereux et pénible sont capables de donner du délice : non pas du plaisir, mais une sorte d'horreur délicieuse, une sorte de tranquillité teintée de terreur, qui, comme elle se rapporte à la conservation de soi, est une des passions les plus fortes. Son objet est le sublime*. Porté au plus haut degré, je l'appelle *étonnement* ; les degrés inférieurs sont la crainte, la vénération et le respect ; ces termes montrent par leur étymologie même de quelle source elles sont issues et de quelle manière elles se distinguent du plaisir positif.

---

* Partie II, sect. 2.

VIII. Pourquoi des choses inoffensives
engendrent parfois la terreur

Une forme de terreur ou de douleur est toujours cause du sublime. Je crois avoir suffisamment expliqué ce qui concerne la terreur ou le danger associé. Mais il ne sera pas aisé de montrer que les exemples du sublime que j'ai donnés dans ma deuxième partie peuvent susciter une forme de douleur et sont ainsi apparentés à la terreur, des principes identiques en rendant compte. Je commencerai par les objets de grande dimension et par les objets de la vue.

IX. Pourquoi les objets de grande dimension
sont sublimes

Il y a vision quand une image formée par les rayons lumineux qui sont réfléchis par l'objet se peint d'un seul tenant, instantanément, sur la rétine ou la partie nerveuse la plus reculée de l'œil. Selon une autre opinion, seul un point de l'objet se peint sur l'œil et est immédiatement perçu; mais, en déplaçant l'œil, nous rassemblons avec une grande rapidité les diverses parties de l'objet, de manière à en former un tout uniforme. Si l'on adopte la première opinion, on considèrera que, bien que toute la lumière réfléchie par un corps vaste frappe l'œil au même moment, l'on doit pourtant supposer que ce corps est formé d'un grand nombre de points distincts, et que chacun de ces points, ou bien le rayon issu de chacun d'entre eux, impressionne la rétine. Par là, bien que l'image d'un seul point ne cause qu'une faible tension sur cette membrane, plusieurs impressions répétées doivent, dans leur addition, causer une grande tension, qui finit par atteindre le niveau maximal; cette capacité qu'a l'œil de vibrer dans sa totalité doit le rapprocher de ce qui cause la douleur et, par conséquent, éveiller l'idée du sublime. Si l'on suppose, d'autre part, qu'on ne peut distinguer qu'un seul point de l'objet à la fois, notre conclusion sera la même; mieux, cela éclaircira encore l'origine du sublime qui tient à de grandes dimensions. Car si l'on n'observe qu'un seul point à la fois, l'œil doit parcourir très rapidement la vaste étendue d'un corps donné; les nerfs et les muscles délicats destinés au mouvement de cet organe doivent donc être fort tendus, et leur grande sensibilité doit les faire beaucoup souffrir. L'effet produitest, de surcroît, identique, soit qu'un corps dont toutes les parties sont liées fasse une impression globale, soit que, n'impressionnant qu'un seul point à la fois, il donne une succession de points semblables ou différents, assez rapide pour faire croire qu'ils sont unis; c'est ce que démontre le cercle de feu qu'on paraît décrire en tournant rapidement une torche ou un tison ardent [1].

X. Pourquoi l'unité est requise dans le vaste

On peut objecter à cette théorie que l'œil reçoit généralement un nombre égal de rayons à chaque instant, et qu'ainsi un grand objet ne peut guère l'affecter davantage par le nombre de ses rayons que la multiplicité des objets qu'il lui faut discerner, tant qu'il reste ouvert. Mais je réponds à cela que, dans l'hypothèse d'un nombre égal de rayons, ou de particules lumineuses frappant l'œil à chaque instant, il faut

1. Cet exemple est emprunté à Newton (*Optique*, B. I, Expérience 10) et avait été déjà utilisé par Hartley dans sa théorie des vibrations.

admettre que si ces rayons changent fréquemment de nature –
passant du bleu au rouge ou à d'autres couleurs – ou de forme –
minuscules carrés, triangles ou autres figures –, l'œil se détend
et se repose à chaque changement de couleur ou de forme;
[1]<mais ce travail si fréquemment interrompu par la détente est
loin de produire de l'aise et n'a pas non plus l'avantage d'un
travail vigoureux et uniforme. Quiconque a remarqué la différence d'effets entre un exercice violent et une activité mince et
futile, comprendra pourquoi toute occupation agaçante qui
fatigue et affaiblit d'un seul coup le corps, n'a rien de grandiose; changeant brusquement de teneur et de direction, ces
sortes d'impulsions qui sont plus énervantes que doulou-
reuses> empêchent cette tension pleine et entière, cette espèce
de travail uniforme qui s'allie à une douleur énergique et qui
produit le sublime. La somme de choses d'espèces différentes,
égalât-elle le nombre des éléments uniformes qui composent
un objet dans son entier, ne les égale point dans son effet sur les
organes physiques. Il est une autre raison de cette différence
que celle que nous avons déjà donnée : l'esprit peut difficilement prêter attention à plus d'une chose à la fois. Un petit
objet n'attire qu'une faible attention et un grand nombre de
petits objets n'est pas même capable de la captiver; l'esprit
s'enferme dans les bornes de l'objet; l'effet de ce dont on ne
s'occupe pas est à peu près le même que celui de ce qui n'existe

---

1. *Critical Review*, III, p. 369 : « Une succession rapide et brusque de
couleurs et de formes contrastées exigerait une succession rapide de changements dans la conformation de l'œil qui, au lieu de le détendre et de le reposer,
fatiguerait l'organe, en l'obligeant aux efforts les plus pénibles. Loin d'exiger
une pause dans l'exploration des objets vastes, tel un homme qui goûte plaisir et
repos à s'asseoir à la fin d'une longue excursion, l'œil trouverait très déplaisant
et même fatigant de devoir s'asseoir et se reposer tous les six mètres ».

pas; mais l'œil, ou l'esprit (car il n'y a guère de différence dans ce cas), n'atteint pas facilement les bornes des objets grands et uniformes; il n'a point de repos, tant qu'il les contemple; l'image est presque la même partout. Ainsi toute chose grande par sa quantité doit-elle être nécessairement une, simple et entière.

XI. L'INFINI ARTIFICIEL

Nous avons observé qu'une espèce de grandeur naît de l'infini artificiel, lequel consiste en une succession uniforme d'éléments de grandes dimensions, et nous avons également noté son pouvoir dans l'ordre des sons. Mais, comme beaucoup d'objets ont des effets plus nets sur un sens que sur l'autre, et que tous les sens ont entre eux quelque analogie et s'éclairent les uns par les autres, je commencerai par étudier ce pouvoir dans l'ordre des sons, vu que la cause du sublime qui naît de la succession est plus évidente pour le sens de l'ouïe. La curiosité du sujet n'est pas seule en cause : observons ici, une fois pour toutes, que la découverte des causes naturelles et mécaniques de nos passions donnerait deux fois plus de force et de lustre aux règles que nous formulons dans ce domaine. Lorsque l'oreille reçoit un son simple, il est causé par une seule vibration de l'air qui se transmet, conformément à sa nature et à son espèce, au tympan et aux membranes adjacentes. Si le choc est fort, l'organe éprouve un degré considérable de tension; s'il se reproduit, il fait anticiper un nouveau choc. Et on remarquera que l'attente induit par elle-même une tension, comme on l'observe chez de nombreux animaux qui, s'apprê-tant à l'écoute d'un son, se redressent et lèvent l'oreille. Ainsi l'effet des sons est-il alors considérablement augmenté par cet auxiliaire nouveau qu'est l'attente. Mais, bien qu'après un certain nombre de chocs, nous en anticipions d'autres encore, nous ne sommes pas sûrs du moment exact de leur venue ; aussi créent-ils, quand ils surviennent, une sorte de surprise qui augmente encore la tension. De fait, chaque fois que j'ai sérieusement attendu le retour de sons qui se répétaient par intervalles successifs, comme, par exemple, des décharges de canon, j'avais beau m'y préparer, je ne pouvais me défendre d'un léger tressaillement en les entendant ; mon tympan subissait une convulsion qui se communiquait à tout mon corps. Augmentant ainsi à chaque vibration par les forces conjuguées du choc, de l'attente et de la surprise, la tension de l'organe s'élève à un degré où elle peut devenir sublime ; elle est portée à la limite de la douleur. Ayant subi plusieurs chocs identiques, l'organe de l'ouïe continue à vibrer de la même manière longtemps après que la cause a cessé d'agir ; ce qui contribue encore à la grandeur de l'effet.

XII. LES VIBRATIONS DOIVENT ÊTRE SEMBLABLES

Mais, si à chaque impression la vibration n'est pas semblable, celle-ci ne pourra jamais s'étendre au-delà du nombre des impressions actuelles. Poussez, en effet, un corps quelconque, un pendule par exemple, il continuera à osciller dans un arc du même cercle, jusqu'à ce qu'il s'arrête suivant une loi connue ; mais, si après lui avoir imprimé un premier mouvement dans une direction, vous le poussez dans une autre, il ne pourra jamais reprendre la première, parce qu'il lui est impossible de se mouvoir de lui-même et qu'il n'enregistre jamais que le résultat de la dernière impulsion ; au lieu que si vous lui donnez plusieurs impulsions dans le même sens, il décrira un plus grand arc et oscillera plus longtemps.

XIII. Explication des effets de succession
dans les objets de la vue

Si nous parvenons à comprendre clairement comment les objets agissent sur l'un de nos sens, il n'y aura guère de difficulté à concevoir de quelle manière ils affectent les autres. Ce serait donc une fatigue inutile que de s'étendre sur les affections qui correspondent à chaque sens, et cette manière ample et diffuse de traiter la question ne nous donnerait aucune lumière nouvelle; mais, puisque nous nous attachons principalement au sublime qui concerne la vue, examinons particulièrement pourquoi la disposition rectiligne d'éléments uniformes est nécessairement sublime* et sur quel principe elle permet à une quantité de matière relativement faible de produire un plus grand effet qu'une quantité bien plus importante disposée autrement. Pour éviter de nous perdre dans des idées générales, représentons-nous une rangée de colonnes uniformes disposées en ligne droite, installons-nous de telle manière que nous puissions parcourir cette colonnade d'un seul coup d'œil, car c'est ainsi qu'elle produit le plus d'effet. Du point où nous sommes, il est clair que les rayons issus de la première colonne causeront dans l'œil une vibration qui produira l'image de la colonne. La seconde colonne augmentera l'impression, la troisième la renouvellera et la renforcera, ainsi que chaque colonne, à son tour, impulsion après impulsion,

---

* Partie II, sect. 10.

choc après choc, jusqu'à ce que l'œil, longtemps exercé dans une direction particulière, ne puisse plus lâcher de si tôt son objet et que, violemment excité par ce mouvement continuel, il présente à l'esprit une idée imposante et sublime. Maintenant, au lieu de regarder une rangée de colonnes uniformes, supposons que se succèdent alternativement un pilier rond et un pilier carré. Dans ce cas, la vibration provoquée par le premier pilier rond cessera aussitôt qu'elle a commencé, et une vibration d'une tout autre sorte (celle du pilier carré) prendra directement sa place, qu'elle abandonnera cependant rapidement pour celle d'un pilier rond ; l'œil avancera ainsi, recevant une image et en abandonnant une autre, jusqu'au bout de l'édifice. L'on voit ainsi clairement qu'au dernier pilier, l'impression pourra aussi peu se prolonger qu'elle le pouvait au début, parce qu'en fait, le sensorium ne saurait recevoir d'impression distincte que du dernier pilier et ne saurait se donner à lui-même une impression différente. Toute variation de l'objet constitue, de surcroît, un repos et une détente pour les organes de la vue, ce qui empêche cette puissante émotion si nécessaire à la naissance du sublime. Pour faire apparaître cette grandeur parfaite sur des œuvres pareilles à celles que nous venons de mentionner, il faudra une simplicité parfaite, une uniformité absolue de disposition, de forme et de coloris[1]. À propos de ce principe de succession et d'uniformité, on pourrait se demander pourquoi un long mur nu ne serait pas plus sublime qu'une colonnade, puisque la succession n'y est nulle part interrompue, puisque l'œil n'y rencontre aucun

---

1. Burke rejoint la tradition inaugurée par Longin et renouvelée par Boileau, qui fait de la simplicité un des véhicules privilégié du sublime, par opposition à la grandiloquence et au maniérisme.

obstacle, puisqu'en un mot, on ne peut rien concevoir de plus uniforme[1]. Un long mur nu n'a certainement pas autant de grandeur qu'une colonnade de même longueur et de même hauteur; et il n'est pas bien difficile d'en trouver la raison. Quand on regarde un mur nu, l'œil glisse sur cette surface rase et atteint le terme en un instant; rien ne l'arrête dans sa progression, mais aussi rien ne le fixe assez longtemps pour produire un effet grand et durable. Une longue et haute muraille a indubitablement de la grandeur; mais elle excite *une seule* idée, non la *répétition* d'idées *semblables*; elle est donc grande non pas tant d'après le principe d'*infini* que d'après celui de la *grande dimension*. À moins d'être d'une force vraiment prodigieuse, une seule impulsion ne nous affecte pas autant qu'une succession d'impulsions identiques, parce que les nerfs du sensorium ne contractent point l'habitude – qu'on me passe l'expression – de répéter la même sensation pour la prolonger quand sa cause cesse d'agir; de surcroît, tous les effets que j'ai attribués à l'attente et à la surprise dans la onzième section de cette partie, ne sauraient se produire à partir d'un mur nu.

---

1. Laugier avait prononcé en 1753 une sévère condamnation du mur: la beauté essentielle consiste dans la charpenterie, et le «massif» du mur n'est qu'une «licence» introduite par le besoin, pour remplir les entrecolonnements. «C'est le nu du mur qui fait toutes les charges surabondantes; c'est aussi le nu du mur qui ôte à l'architecture toute sa grâce. Moins il en paraîtra, plus l'ouvrage sera beau; et s'il n'en paraît rien du tout, l'ouvrage sera parfait» (*Essai sur l'architecture*, chap. I, rééd. Wavre (Belgique), Mardaga, 1979, p. 58). L'aspect sublime du mur nu frappera au contraire, à la fin du XVIIIe siècle, un Boullée ou un Ledoux, et Quatremère de Quincy accentuera l'aspect massif du Panthéon en fermant les fenêtres prévues par Soufflot.

XIV. EXAMEN DE L'OPINION DE LOCKE
CONCERNANT L'OBSCURITÉ

M. Locke pense que l'obscurité n'excite pas naturellement l'idée de terreur et que, bien qu'une lumière excessive soit douloureuse pour les sens, l'obscurité la plus absolue n'a rien qui les inquiète[1]. Il remarque aussi, à vrai dire, qu'il suffit qu'une nourrice ou une vieille femme ait associé les idées de revenants et de gobelins avec celle de l'obscurité, pour que l'imagination trouve ensuite la nuit douloureuse et horrible[2]. L'autorité de ce grand homme est sans doute du plus grand poids et semble aller à l'encontre de notre principe général[*]. Nous avons considéré que l'obscurité était une des causes du sublime et que le sublime dépendait d'une modification de la douleur ou de la terreur; de sorte que si l'obscurité n'a rien de douloureux et de terrible pour les esprits affranchis de la superstition, elle ne saurait non plus rien avoir de sublime. Mais, avec toute la déférence due à pareille autorité, on dira que la terreur de l'obscurité peut être due à une association de nature plus générale, et qui concerne toute l'humanité; car, dans l'obscurité la plus profonde, il est impossible de savoir quel est notre degré de sécurité et quels objets nous entourent; nous pouvons à tout moment heurter un dangereux obstacle et

---

[*] Partie II, sect. 3.

1. Remarquant que « la douleur est souvent produite par les mêmes objets et par les mêmes idées, qui nous causent du plaisir », Locke assigne cependant à la douleur une fonction établie par la Providence : elle nous prévient du danger encouru par nos organes dans une situation déterminée (*Essai philosophique concernant l'entendement humain*, *op. cit.*, II, 7, 4).

2. *Ibid.*, II, XXXIII, 10.

tomber au premier pas dans un précipice ; de quel côté, enfin, nous défendrions-nous, si un ennemi surgissait[1] ? La force n'est plus alors une protection sûre, la sagesse ne peut agir que par conjecture, les plus hardis sont saisis d'étonnement, et celui qui ne voudrait rien implorer pour sa défense est forcé d'implorer la lumière.

> Zeus, père, délivre de ce brouillard les fils des Achéens ;
> Donne-nous un ciel clair, permets à nos yeux de voir ;
> Et à la lumière au moins fais-nous périr[2].

Quant à l'association avec les revenants et les gobelins, il est sûrement plus naturel de penser qu'on a pris l'obscurité pour cadre de ces terribles apparitions, parce que c'était l'objet premier de notre terreur, plutôt que de s'imaginer que ces apparitions ont rendu l'obscurité terrible. L'esprit humain glisse aisément dans cette dernière méprise ; mais il serait difficile de croire que l'obscurité, qui inspire si universellement la terreur en tout temps et en tout lieu, puisse devoir son effet à des contes de bonnes femmes et avoir une cause de nature aussi triviale et d'action aussi précaire.

XV. L'OBSCURITÉ EST TERRIBLE PAR SA PROPRE NATURE

L'enquête pourrait peut-être montrer que le noir et l'obscurité sont, au moins dans une certaine mesure,

---

1. On lira sur ce point les analyses de P. Kaufmann qui, s'appuyant sur l'*Œdipe* de Sophocle et sur l'*Œdipe* de Sénèque le Tragique, suggère que la peur de l'obscurité tiendrait à «l'arrachement subi par le sujet de sa puissance de vision », bref à la peur d'une mutilation imminente (*L'expérience émotionnelle de l'espace*, Paris, Vrin, 1967).

2. Homère, *Iliade*, XVII, 645-647, cité dans Longin, *op. cit.*, IX, 10.

douloureux de par leur opération naturelle, indépendamment de toute association possible. Remarquons que ces deux notions sont presque identiques, mais que le noir est une idée plus limitée. M. Cheselden[1] nous a rapporté l'histoire très curieuse d'un jeune garçon aveugle de naissance et jusqu'à l'âge de treize ou quatorze ans : on lui abaissa alors la cataracte, et il recouvra la vue. Parmi plusieurs détails remarquables concernant ses premières perceptions et ses premiers jugements sur les objets sensibles, Cheselden nous rapporte le malaise que le jeune garçon ressentit la première fois qu'il vit un objet noir, puis l'horreur dont il fut frappé, quelques temps plus tard, à la vue d'une négresse qu'il lui arriva de rencontrer[2]. Il est difficile de supposer que l'horreur naisse, ici, d'une quelconque association. Du rapport de Cheselden, il ressort que l'enfant était très observateur et montrait beaucoup de raison pour son âge : il est donc probable que si la grande inquiétude qu'il ressentit la première fois qu'il vit du noir était née de sa liaison avec une autre idée désagréable, il l'aurait remarquée et mentionnée. Car quand une idée n'est désagréable que par association, la cause de cet effet est assez évidente lors de la première impression ; il est vrai qu'on l'oublie ordinairement, parce que l'association originaire s'est

1. C'est à William Cheselden (1688-1752), chirurgien de l'hôpital de Chelsea, à Londres, qu'on doit la première opération de la cataracte sur les aveugles-nés. Il analysa lui-même les résultats de son expérience dans les *Philosophical Transactions*. On en trouve les échos chez Berkeley dans la *Défense et explicitation de la théorie de la vision* (1733), chez Voltaire dans les *Eléments de la philosophie de Newton* (1738), II, VII et chez Diderot dans sa *Lettres sur les aveugles* (1749).

2. A. Murphy pense que l'impression d'horreur provient seulement de la nouveauté et trouve la thèse de Locke parfaitement fondée (*The literary Magazine*, II, p. 188).

établie fort tôt et que l'impression résultante s'est souvent répétée. Dans le cas présent, cette habitude n'avait pas eu le temps de s'installer, et il n'y a pas plus de raison d'attribuer les effets pernicieux du noir sur l'imagination de notre jeune garçon à une connexion avec des idées désagréables, qu'il n'y en a de rapporter les heureux effets des couleurs gaies à une liaison avec des idées plaisantes : toutes deux tirent probablement leurs effets d'une cause naturelle.

XVI. Pourquoi l'obscurité est terrible

Comment l'obscurité peut-elle agir de manière à causer la douleur ? Cela mérite d'être examiné. On peut observer qu'au moment même où nous nous éloignons de la lumière, la pupille s'élargit du fait du rétrécissement de l'iris, à proportion de notre éloignement : c'est ainsi que la nature l'a voulu. Or, supposons qu'au lieu de nous écarter légèrement de la lumière, nous nous en éloignions tout à fait ; il est raisonnable de penser que la contraction des fibres radiales de l'iris s'accroîtra proportionnellement et que, dans une obscurité profonde, la tension nerveuse dépassera son niveau ordinaire et provoquera ainsi une sensation douloureuse. Une tension de ce genre existe certainement quand nous sommes enveloppés d'obscurité ; car, dans cette situation, l'œil, aussi longtemps qu'il reste ouvert, fait des efforts constants pour recevoir la lumière ; c'est ce que montrent les éclairs et les taches lumineuses qui semblent souvent apparaître devant l'œil : ce ne peut être que l'effet de spasmes produits par les efforts de l'œil à la poursuite de son objet ; outre la substance de la lumière, il est plusieurs autres impulsions fortes qui peuvent produire l'idée de lumière, comme le prouve l'expérience.

<Certains tenants de l'obscurité comme cause du sublime déduisent de la dilatation de la pupille que le sublime peut naître aussi bien d'une détente que d'une convulsion; mais c'est apparemment faute de faire attention que, quoique l'anneau circulaire de l'iris soit une espèce de sphincter qui peut se dilater par simple relâchement, il diffère cependant de la plupart des autres sphincters, en ce qu'il est doté de muscles antagonistes qui sont les fibres radiales de l'iris; le muscle circulaire ne commence pas plus tôt à se dilater que ces fibres, privées de leur contrepoids, sont tirées en arrière, et ouvrent considérablement la pupille. Mais, quand bien même on n'en serait pas instruit, je crois que quiconque écarquille les yeux pour s'efforcer de voir dans un lieu obscur éprouve une douleur bien sensible. Et j'ai entendu des dames remarquer qu'après avoir travaillé longtemps sur un fond noir, elles avaient les yeux si douloureux et si affaiblis qu'elles ne parvenaient presque plus à voir.> À cette théorie des effets mécaniques de l'obscurité on pourra peut-être objecter que les effets fâcheux de l'obscurité ou du noir sont d'ordre plus mental que physique; je reconnais qu'il en est ainsi, et qu'il en sera toujours ainsi pour tout ce qui concerne les affections des parties délicates de notre système. Les effets fâcheux du mauvais temps ne se manifestent souvent que par la mélancolie et l'abattement des esprits : cependant, il n'est pas douteux qu'alors, les organes du corps souffrent les premiers, et que l'esprit ne souffre qu'à travers eux.

XVII. LES EFFETS DU NOIR

Le noir n'est qu'une *obscurité partielle*; certains de ses pouvoirs lui viennent donc de son mélange à des corps colorés et de leur voisinage. On ne peut le considérer par sa nature propre comme une couleur. Les corps noirs, qui ne réfléchissent presque aucun rayon, sont pour la vue autant d'espaces vides dispersés parmi les objets visibles. Lorsque l'œil rencontre un de ces vides, après avoir été tenu dans un certain degré de tension par le jeu des couleurs environnantes, il jouit d'un relâchement soudain, et il en sort tout aussi subitement par un effort convulsif. À titre d'exemple, lorsqu'on s'assied sur une chaise et qu'on la trouve beaucoup plus basse qu'on ne s'y était attendu, le choc est très violent et bien plus violent qu'on ne l'imaginerait pour une chute aussi légère, qui tient à la différence de hauteur d'une chaise à une autre. De même, quel choc rude et désagréable, lorsqu'à la fin d'un escalier, on continue étourdiment à descendre, comme s'il existait une marche supplémentaire ! Nul artifice ne saurait en produire de semblable par les mêmes moyens, si nous nous y attendions et y étions préparés.

Quand je soutiens que cet effet provient d'un changement contraire à l'attente, je n'entends pas seulement l'attente de l'*esprit* : je veux dire aussi que, lorsqu'un organe des sens est affecté quelque temps d'une même et unique manière, s'il est subitement affecté tout différemment, il s'ensuit une convulsion, semblable à celle qu'engendre un évènement contraire à l'attente de l'esprit. Il peut paraître étrange qu'un changement qui cause une détente produise immédiatement une convulsion soudaine, mais il en va néanmoins ainsi, et pour tous les sens. Chacun sait que le sommeil est une détente et que le silence est propice à la détente, quand rien ne tient en action les organes de l'ouïe ; pourtant, lorsqu'une sorte de murmure dispose à dormir, il suffit que ce bruit cesse soudainement pour qu'on s'éveille aussitôt ; les organes se tendant, on s'éveille.

J'en ai souvent fait moi-même l'expérience ; et des personnes observatrices m'ont dit la même chose. De même, pour entraver le sommeil d'une personne qui dort en pleine lumière, il suffit d'établir brusquement l'obscurité autour d'elle, alors même qu'un silence et une obscurité qui s'établissent progressivement sont fort propices au sommeil. Cela, je ne le savais que par des conjectures fondées sur les analogies avec les autres sens, lorsque j'ai commencé à mettre de l'ordre dans ces observations ; l'expérience me l'a depuis confirmé. Il m'est souvent arrivé, comme à mille autres personnes, de sortir tout à coup d'un premier assoupissement avec un fort tressaillement, qui était, en général, précédé d'une sorte de rêve de chute dans un précipice : d'où viendrait cette réaction étrange, sinon de la détente trop subite du corps, qui, en vertu de quelque mécanisme naturel, revient à l'état normal par un effort aussi vif et vigoureux de ses facultés de contraction musculaire ? Le rêve lui-même est causé par cette détente et il est d'une nature trop uniforme pour qu'on puisse l'attribuer à aucune autre cause. Les organes se détendent trop soudainement, comme il arrive lors d'une chute ; et cet accident du corps occasionne cette image dans l'esprit. Comme les changements sont moins soudains et moins radicaux dans un état de santé et de vigueur, il est rare que nous ayons à nous plaindre de cette sensation désagréable.

XVIII. LES EFFETS DU NOIR MODÉRÉ

Quoique les effets du noir soient primitivement douloureux, il ne faut pas croire qu'ils continuent toujours de l'être. L'accoutumance nous réconcilie à tout. L'habitude de voir des objets noirs amoindrit notre terreur; le poli, le lustre ou quelque autre accident agréable des corps de cette couleur adoucit jusqu'à un certain point l'horreur et la sévérité de leur nature primitive; mais la première impression subsiste pourtant. Le noir aura toujours un aspect mélancolique, car le sensorium sera toujours trop violemment ébranlé par le passage des autres couleurs à celle-ci; ou bien, si le noir occupe l'intégralité du champ de vision, il se confondra avec l'obscurité, et ce que nous avons dit de celle-ci s'appliquera à lui. Mon dessein n'est pas de traiter à fond ce qui pourrait illustrer cette théorie des effets de la lumière et de l'obscurité; je n'examinerai pas non plus tous les effets qui peuvent naître des diverses modifications et des divers mélanges de ces deux causes. Si les observations précédentes ont quelque fondement dans la nature, je les crois bien suffisantes pour rendre compte de tous les phénomènes qui peuvent provenir des combinaisons du noir avec d'autres couleurs. Ce serait un travail interminable que d'entrer dans tous les détails et de répondre à toutes les objections. Nous n'avons suivi que les voies principales et nous observerons la même conduite dans notre recherche sur les causes de la beauté.

XIX. La cause physique de l'amour

Lorsque se présentent des objets qui suscitent l'amour ou le contentement, voici notre comportement, autant que j'ai pu l'observer : la tête s'incline légèrement de côté, les paupières s'abaissent plus que de coutume, les yeux se tournent doucement vers l'objet, les lèvres s'entr'ouvrent, la respiration se ralentit et un faible soupir s'exhale de temps à autre : la

tranquillité est totale et les bras tombent nonchalamment de
côté[1].

« L'Amour simple », dans *Caractères des passions*,
gravés par Bernard Picart sur les dessins de M. Lebrun,
2e édition augmentée de plusieurs têtes, Amsterdam, 1711

1. Ce beau portrait de l'être épris ou simplement heureux pourrait être très
directement influencé par *Les expressions des passions de l'âme représentées
en plusieurs têtes gravées* ou les *Caractères des passions* de Lebrun, gravés par
Bernard Picart sur les dessins de M. Le Brun, 2e éd. augmentée de plusieurs
têtes, 1711. Pareil type d'observation anticipe les recherches de Darwin sur
L'expression des émotions chez l'homme et chez les animaux (1873), rééd. de la
traduction française, Bruxelles, Complexe, 1981.

À cela s'ajoute un sentiment intérieur d'attendrissement et de langueur. Ces phénomènes sont, certes, toujours fonction de la beauté de l'objet et de la sensibilité de l'observateur. Qu'on oublie cette gradation qui va du plus haut point de beauté et de sensibilité jusqu'au plus bas de médiocrité et d'indifférence, et cette description paraîtra exagérée, ce qu'elle n'est certes pas. Il est au contraire presque impossible de ne pas en conclure que l'effet de la beauté consiste à détendre les éléments solides du système[1]. Toutes les apparences de la détente sont présentes; et c'est un relâchement qui se situe juste au-dessous du tonus ordinaire qui me semble la cause de tout plaisir positif.

<Qui ne connaît ces expressions communes à tous les temps et à tous les pays par lesquelles on se dit amolli, relâché, énervé, dissous, fondu de plaisir? Le genre humain, fidèle à ses sentiments, exprime d'une seule voix cet effet général et uniforme; et bien qu'on puisse trouver des exemples bizarres d'un plaisir positif intense dépourvu des traits de la détente, il ne faut pas pour autant rejeter la conclusion que nous avons tirée du concours de nombreuses expériences; maintenons-la, au contraire, et ajoutons-lui les exceptions qui peuvent se rencontrer, conformément à la judicieuse règle posée par sir Isaac Newton dans le troisième livre de son *Optique*[2].>

---

1. Cette théorie, confirmée par Fechner, d'un plaisir lié à la détente se trouve contestée par la *Critical Review*, III, p. 369-370 : «Notre auteur considère la nature de la beauté qui, selon son opinion, consiste dans la détente des éléments solides du système entier. Mais comment cette théorie s'accorderait-elle avec ces tumultes et ces transports que la beauté excite si souvent ?».

2. Il s'agit des dernières pages de l'*Optique*, dans lesquelles Newton définit l'analyse et souligne qu'elle doit toujours précéder la synthèse ou la composition (*Traité d'optique sur les réflexions, réfractions, inflexions, et couleurs de*

Je crois que notre position sera confirmée et paraîtra échapper à tout doute raisonnable si nous pouvons montrer que ce que nous avons reconnu comme les composantes véritables de la beauté ont chacune pour leur part une tendance naturelle à relâcher les fibres. Et s'il faut nous accorder que la vue du corps humain qui réunit tout ce qui constitue la beauté sensible donne à cette thèse davantage de crédit, osons en conclure que la passion dite d'amour est produite par ce relâchement. Raisonnant suivant la méthode adoptée dans notre recherche sur les causes du sublime, concluons également qu'en causant une détente physique, un bel objet présenté aux sens éveille la passion d'amour ; de même, si pour une raison quelconque, la passion devait avoir son origine première dans l'esprit, elle produirait tout aussi certainement un relâchement des organes extérieurs, proportionné à leur cause.

XX. DES CAUSES DE LA BEAUTÉ DU LISSE[1]

C'est pour déterminer la cause exacte de la beauté visuelle que je recours aux autres sens. S'il apparaît qu'un aspect lisse est une des principales causes du plaisir du toucher, du goût, de l'odorat et de l'ouïe, on l'admettra aisément comme élément de la beauté visuelle, et cela d'autant plus que, nous l'avons montré, cette qualité se trouve presque sans exception dans tous les corps auxquels on accorde généralement la beauté. Il est hors de doute que les corps rudes et anguleux irritent et

la lumière, trad. fr. Coste, Amsterdam, 1720, p. 178-179). Des exemplaires de l'*Optique* de Newton (1730), et de sa *Théorie de la lumière et des couleurs* (1742), figuraient au catalogue de la vente de la bibliothèque de Burke.

1. Cf. *Recherche*, III, 14 : « Du lisse ».

crispent les organes du toucher en causant une sensation de douleur, qui tient à la violente tension ou contraction des fibres musculaires. Le contact des corps lisses détend au contraire ; un effleurement pratiqué par des mains douces apaise les douleurs violentes et les crampes, et atténue la tension anormale des organes qui souffrent ; son effet est loin d'être négligeable pour dissiper enflures et obstructions. Rien ne flatte le sens du toucher comme un corps dépourvu d'aspérités. Sur une couche lisse et mœlleuse, qui n'offre aucune résistance au corps, quelle n'est pas notre volupté[1] ! Nous sommes disposés à une détente universelle et, tout particulièrement, au sommeil.

XXI. De la douceur[2] et de sa nature

Ce n'est pas seulement au toucher que les corps lisses causent un plaisir positif par la détente qu'ils procurent. Nous trouvons que toutes les choses agréables au goût et à l'odorat et qu'on appelle habituellement douces sont de nature lisse et tendent toutes, d'évidence, à apporter une détente au sensorium. Soit d'abord le goût. Puisqu'il est plus facile d'étudier les propriétés des liquides et puisque rien, semble-t-il, ne peut manifester sa saveur sans le secours d'un véhicule fluide, je me propose de considérer la partie liquide de notre alimentation plutôt que sa partie solide. L'*eau* et l'*huile* sont les véhicules de toutes les saveurs. Ce qui détermine le goût est un sel qui affecte différemment selon sa nature propre ou selon la manière dont il se combine avec d'autres choses. L'eau et l'huile sont

---

1. *Luxury* a dans la langue du XVIIIe siècle ce premier sens, emprunté au français.

2. *Sweetness*.

capables de donner, isolément, du plaisir au goût. L'eau, par
elle-même, est insipide, inodore, incolore, et lisse; on s'aperçoit que, *sauf quand elle est froide*, elle résoud les spasmes et
lubrifie les fibres; ce pouvoir, elle le doit probablement à son
caractère lisse; car, comme sa fluidité dépend, dit-on généralement, de la rondeur, de la nature lisse et de la faible cohésion
de ses constituants, et qu'elle n'agit que comme un simple
fluide, son pouvoir détendant doit avoir la même cause que sa
fluidité, à savoir la texture lisse et glissante de ses éléments.
L'*huile* est l'autre véhicule fluide des saveurs. Elle est également, par elle-même, insipide, inodore, incolore et lisse au
toucher et au goût; mais elle l'emporte sur l'eau par cette
dernière qualité comme, en bien des cas, par son pouvoir
détendant. Elle est, jusqu'à un certain point, agréable à la vue,
au toucher et au goût, malgré sa fadeur. L'eau ne donne pas
autant de satisfaction, ce que je ne saurais expliquer, sinon en
disant qu'elle n'est ni aussi mœlleuse, ni aussi lisse. Supposons qu'on ait ajouté à cette huile ou à cette eau une certaine
quantité d'un sel spécifique, qui ait la propriété de faire légèrement vibrer les papilles nerveuses de la langue; supposons
qu'il s'agisse de sucre. L'onctuosité de l'huile jointe au pouvoir
vibratoire du sel causent la sensation que nous appelons
douceur. Dans tous les corps doux, on trouve du sucre ou une
substance voisine. Chaque espèce de sel possède une forme
distincte, régulière et invariable qu'on voit au microscope :
parallélépipède pointu pour le nitre, cube exact pour le sel
marin, sphère parfaite pour le sucre. Avez-vous éprouvé
l'impression produite sur le tact par des corps lisses et
sphériques qu'on fait rouler d'arrière en avant, l'un sur l'autre,
telles ces billes dont s'amusent les jeunes garçons? Alors,
vous concevrez aisément de quelle manière la douceur propre
à une saveur de cette nature affecte le goût; car une seule

sphère est, certes, assez agréable au toucher, mais sa forme est trop régulière et s'écarte trop subitement du plan pour posséder le même agrément au toucher que plusieurs sphères, sur lesquelles la main s'élève et s'abaisse doucement; le plaisir s'accroît encore considérablement quand les sphères se meuvent et glissent les unes sur les autres; cette molle diversité prévient, de fait, la lassitude qu'engendrerait une disposition uniforme. C'est ainsi que dans les liqueurs douces, les particules du véhicule fluide, quoique probablement rondes, sont cependant suffisamment minuscules pour dérober la configuration de leurs constituants aux observations microscopiques les plus délicates; cette extrême petitesse fait donc qu'elles ont au goût une sorte de simplicité sans relief, dont l'effet ressemble à celui que produisent des corps lisses et dépourvus de relief sur le tact. Quand on examine leur forme au microscope, on voit bien que les particules du sucre sont considérablement plus grosses que celles de l'eau ou de l'huile, et que l'effet de rondeur est donc plus distinct sur les papilles de cet organe délicat qu'est la langue : il en résulte la sensation que nous appelons douceur et que nous découvrons, affaiblie, dans l'huile et, plus affaiblie encore, dans l'eau; car, quoique insipides, l'eau et l'huile ont une certaine douceur; et l'on peut remarquer que l'insipide, où qu'il apparaisse, approche plus de la nature de la douceur que toute autre saveur.

XXII. LA DOUCEUR DÉTEND [1]

Nous avons remarqué que le lisse procure une détente aux autres sens. Il doit apparaître maintenant que le doux,

---

1. *Sweetness relaxing.*

qui est le lisse dans l'ordre du goût, procure également cette détente[1].

<Il est remarquable que dans certaines langues, *soft* et *sweet* soient rendus par la même épithète. « Doux » en français signifie *soft* aussi bien que *sweet*. Le latin *dulcis* et l'italien *dolce* ont, dans plusieurs occurrences, la même double signification[2].>

Que le doux procure généralement une détente, c'est évident, parce que le doux, et tout particulièrement l'huileux, affaiblit beaucoup le tonus de l'estomac, si on en absorbe de grandes quantités. Des effluves doux qui ont une remarquable affinité avec les saveurs douces procurent une détente remarquable. Le parfum des fleurs dispose les hommes à l'assoupissement; et cet effet se manifeste avec une plus grande évidence par le préjudice qu'il cause aux personnes de nerfs fragiles. Il vaudrait la peine d'examiner si les saveurs de cette espèce, les saveurs douces, les saveurs causées par les huiles lisses ou par un sel détendant, ne sont pas originairement agréables. Car bien des goûts que l'habitude a rendus plaisants ne l'étaient pas d'abord. Pour procéder à cet examen, il suffit d'analyser les moyens par lesquels la nature a d'abord pourvu à nos besoins, et qu'elle a sans aucun doute rendu dès l'origine agréables. Le *lait* est le premier aliment de notre enfance. Il se compose d'eau, d'huile et d'une sorte de sel très doux, appelé sucre de lait. Tous ces éléments, mélangés, sont *onctueux* au goût et possèdent des vertus détendantes pour la peau. La convoitise des enfants se porte ensuite vers les *fruits*,

---

1. La *Critical Review* (III, p. 370) reproche à Burke sa confusion du doux et du lisse et soutient la permanence d'une stimulation dans la douceur.

2. On remarquera que Burke n'évoque plus ici le *smooth*. *Soft* renvoie à la douceur mœlleuse, *sweet* à la douceur sucrée.

surtout vers ceux qui sont sucrés (*sweet*); et l'on sait que la douceur du fruit provient d'une huile subtile et d'un sel semblable à celui que nous avons mentionné dans la section précédente. Par la suite, l'accoutumance, l'habitude, le désir de nouveauté, mille autres causes brouillent, adultèrent et transforment notre palais, de sorte que nous ne pouvons plus raisonner de façon satisfaisante à son propos. Ajoutons une dernière remarque avant de quitter cet article : de même que le lisse plaît au goût et procure une détente, de même ce qui a des vertus roboratives expérimentalement connues et qui tonifie les fibres, est presque toujours rude et piquant au goût, et dans bien des cas rude même au toucher. Nous attribuons souvent par métaphore la qualité de douceur aux objets de la vue. Pour mieux poursuivre cette remarquable analogie, affirmons ici que la douceur est le beau du goût [1].

XXIII. POURQUOI LA VARIATION EST BELLE

Les beaux objets ont une autre propriété essentielle : leur ligne générale varie continuellement de direction, mais par une déviation insensible qui n'est jamais assez brusque pour surprendre, ni causer par la saillie de ses angles le moindre élancement ou la moindre convulsion du nerf optique. Rien de ce qui se poursuit longtemps de façon uniforme, rien de ce qui varie brusquement ne peut être beau, parce que rien de ce qui

1. Cette formule saisissante montre bien le parti pris de Burke en ce qui concerne le beau. Il suffirait de comparer pareille thèse aux distinctions établies, par exemple, à la même époque, par Jacques-François Blondel entre les différents « caractères » de l'architecture (*Cours d'architecture*, chap. IV) pour comprendre que Burke ne définit qu'une espèce de beau parmi d'autres.

s'oppose à cette agréable détente ne peut l'être. Il en va de même pour tous les sens. Après la descente en pente douce, c'est dans l'avancée en ligne droite que nous ressentons le moins de résistance; cette manière de se déplacer n'est pourtant pas celle qui nous fatigue le moins. Le repos nous incline assurément à la détente; un type de mouvement possède cependant davantage cette vertu : c'est l'oscillation douce, qui fait succéder montée et descente. Les enfants s'endorment plus facilement lorsqu'on les berce que dans le repos absolu, et il n'est presque rien qui donne davantage de plaisir à cet âge que d'être successivement soulevé et abaissé; de quoi témoignent suffisamment les jeux des nourrices avec les enfants, ainsi que la bascule et l'escarpolette qui sont ensuite leurs amusements favoris. Bien des personnes doivent avoir observé la sensation que procure le mouvement d'un carrosse bien suspendu sur une pelouse unie, dont les montées et les descentes sont lentes et progressives. Voilà qui donnera une idée plus juste du beau et fera mieux connaître sa cause probable, que presque tout autre exemple[1]. Qu'on soit, au contraire, précipité sur une route raboteuse, rocailleuse et défoncée, la douleur causée par ces brusques inégalités témoigne combien ce type de sensations visuelles, tactiles et sonores est contraire à la beauté; et pour le tact, l'effet est presque le même, que je déplace ma main le long d'un corps de forme déterminée, ou que celui-ci se déplace le long de ma main. Mais, pour rapporter à l'œil cette analogie des sens, prenons le cas d'une surface ondulante : les rayons de lumière

---

1. Burke montre comment un certain type de jouissance esthétique se construit sur le modèle de la caresse ou de ce qu'on pourrait appeler la caresse à distance.

qu'elle réfléchit déviant continuellement et de façon insensible les uns par rapport aux autres (ce qui se produit toujours quand l'inégalité est progressive), l'effet doit être exactement semblable sur l'œil et sur le tact; mais il est direct sur l'un, et indirect sur l'autre. Le corps sera beau si les lignes qui le composent ne se continuent ni ne varient d'une façon qui pourrait fatiguer ou dissiper l'attention. La variation elle-même se doit d'être constamment variée [1].

XXIV. DE LA PETITESSE

Pour éviter la monotonie que pourrait créer la trop fréquente répétition de raisonnements et d'exemples de même nature, je n'entrerai pas dans le détail de ce qui concerne la beauté fondée sur la quantité et sa distribution. On ne peut parler de la taille d'un corps qu'avec beaucoup d'incertitude, parce que les idées de grand et de petit sont presque entièrement relatives aux espèces des objets, qui sont infinies. Il est vrai qu'une fois déterminées l'espèce d'un objet et les dimensions communes aux individus qui en sont membres, nous pouvons trouver des exceptions qui sont au-delà ou en deçà de la norme : ceux qui excèdent considérablement cette dernière, sont par cet excès plutôt grands et terribles que beaux, du moins quand l'espèce à laquelle ils appartiennent n'est pas fort petite; mais, comme dans le règne animal, et aussi jusqu'à un certain point dans le règne végétal, les qualités qui constituent la beauté peuvent éventuellement s'attacher à la grande dimension, leur combinaison produit une catégorie quelque

1. Voir les spéculations de Hogarth sur la « ligne de beauté ».

peu différente à la fois du sublime et du beau, que j'ai plus haut
nommé *splendide* (*fine*)[1]; le splendide n'a néanmoins pas sur
les passions autant de pouvoir que ce qui est vaste et doté des
attributs du sublime, ou encore que ce qui est beau en même
temps que petit. L'affection que produit le grand, lorsqu'il est
orné de ce qu'il ravit à la beauté, est une tension qui ne cesse de
se résoudre, et dont la nature est voisine de la médiocrité. Mais,
s'il me fallait dire comment je suis affecté moi-même en
pareilles occasions, je dirais que le sublime perd moins à
s'adjoindre certaines qualités de la beauté que la beauté ne
perd à se lier à la grandeur de quantité ou à d'autres caractères
du sublime. Il y a quelque chose de si contraignant (*overru-
ling*) dans tout ce qui inspire la crainte, dans tout ce qui
appartient même de loin à la terreur, que rien d'autre ne peut se
maintenir en leur présence. Les qualités de la beauté sont alors
mortes et sans effet; ou bien elles servent tout au plus à adoucir
la rigueur et la sévérité de la terreur, qui est la compagne
naturelle de la grandeur. Outre l'exceptionnellement grand, il
faut considérer dans chaque espèce la dimension opposée : le
nain et le minuscule. La petitesse n'a, par elle-même, rien
de contraire à l'idée de beauté. L'oiseau-mouche ne le cède,
ni par sa forme, ni par ses couleurs, à aucun des membres
de l'espèce ailée, bien qu'il soit le plus petit des oiseaux; et
peut-être même sa beauté est-elle rehaussée par sa petitesse.
Mais les animaux qui sont fort petits sont rarement beaux, si
jamais ils le sont. Dans l'espèce humaine, les nains présentent
presque toujours un aspect très désagréable, dû à une carrure
dont la largeur et la massivité sont disproportionnées à leur
taille. Mais supposons une personne de deux ou trois pieds de

---

1. *Cf.* Partie III, sect. 23.

haut dont tous les membres aient une délicatesse adaptée à la taille et soient, par ailleurs, dotés des qualités propres aux beaux corps, comment ne ne la trouverait-on point belle? Comment ne pourrait-elle pas devenir objet d'amour et inspirer par son aspect des idées fort plaisantes? La seule considération qui pourrait nuire à notre plaisir est que de telles créatures, si bien formées soient-elles, sont exceptionnelles et souvent regardées en conséquence comme monstrueuses. Le très grand ou le gigantesque, fort compatibles avec le sublime, est incompatible avec le beau. Un géant ne saurait devenir objet d'amour. Nous lui associons naturellement, lorsque nous laissons notre imagination romancer, des idées de tyrannie, de cruauté, et d'injustice, bref d'horreur et d'abomination. Nous nous le peignons ravageant la contrée, dépouillant l'innocent voyageur, et se gorgeant ensuite de sa chair à demi vivante, tels Polyphème[1], Cacus[2] et tant d'autres qui font si grandiose figure dans les romans de chevalerie et dans les poèmes héroïques. Leur défaite ou leur mort, voilà l'événement que nous attendons avec la plus grande satisfaction. Parmi cette multitude de morts dont l'*Iliade* est remplie, je n'ai pas souvenir d'un homme remarquable par sa stature et par sa force,

---

1. Cf. *Odyssée*, I, 71 *sq.*, IX, 187 *sq.*, Virgile, *Énéide*, III, 628 *sq.* Fils de Poséidon, c'est le plus sauvage de tous les cyclopes. On sait comment Ulysse et ses compagnons lui échappèrent par la ruse : après l'avoir enivré, ils enfoncèrent un pieu dans son œil unique et se glissèrent hors de sa caverne en s'accrochant au ventre des béliers qu'il gardait.

2. *Cf.* Virgile, *Énéide*, VIII, 190 *sq.* Cacus, fils de Vulcain, déroba une partie du troupeau de Géryon qu'Hercule ramenait en Grèce sur l'ordre d'Eurysthée. Le géant traîna les animaux par la queue, de manière à brouiller la piste. Cela n'empêcha pas Hercule de le retrouver et de l'assommer avec sa massue. Addison avait cité les vers de Virgile dans un célèbre passage de la série « Sur les plaisirs de l'imagination » (*The Spectator*, 30 juin 1712, n° 418).

dont la chute ait provoqué la pitié, et il ne paraît pas que le poète, si profond connaisseur de la nature humaine, ait jamais voulu qu'il en fût ainsi. Voici Simoisius, enlevé à ses parents dans la tendre fleur de sa jeunesse qui tremble de voir son courage si inégal à sa force[1]; en voici un autre, arraché par la guerre aux embrassements de celle qu'il vient d'épouser, jeune, beau et novice aux combats, dont la mort prématurée nous fait fondre d'attendrissement. En revanche, malgré tous les traits de beauté dont Homère a orné son physique et malgré toutes les vertus dont il a paré son esprit, Achille, lui-même, ne parvient pas à inciter l'amour. On peut remarquer qu'Homère a donné infiniment plus de vertus aimables et de vertus de sociabilité aux Troyens, dont le sort est destiné à exciter la compassion, qu'aux Grecs. C'est la passion de pitié qu'il a choisi d'exciter en faveur des premiers, passion fondée sur l'amour; or les vertus *inférieures* et, si l'on peut dire, domestiques, sont certainement les plus aimables. Mais il a donné aux Grecs une grande supériorité en vertus politiques et militaires. Nous aimons cependant Priam davantage qu'Agamemnon et Hector plus que son vainqueur, Achille. Homère a voulu que les Grecs suscitent la passion d'admiration, et il y a réussi en leur donnant des vertus peu compatibles avec l'amour. Cette brève digression n'est sans doute pas tout à fait hors de propos, puisque notre dessein est de montrer que de grandes dimensions sont incompatibles avec la beauté et d'autant plus incompatibles qu'elles sont plus grandes, au lieu que si la petitesse manque de beauté, ce défaut ne saurait être attribué à la taille.

---

1. *Iliade*, IV, 473 *sq.*

XXV. DE LA COULEUR

On peut discuter à perte de vue des couleurs, mais je crois que les principes posés au début de la présente partie suffisent à rendre compte de leurs effets, et aussi des effets agréables produits par les corps transparents, qu'ils soient solides ou fluides. Supposons que je regarde une bouteille remplie d'une liqueur trouble, de couleur bleue ou rouge : les rayons bleus ou rouges ne peuvent arriver jusqu'à mon œil, mais se trouvent brusquement et inégalement arrêtés par l'interposition de petits corps opaques qui, de façon inattendue, changent l'idée, et la changent en une idée désagréable par nature, si l'on en croit les principes établis dans la section 24. Mais, quand le verre ou la liqueur sont parfaitement transparents, le rayon les traverse sans rencontrer d'opposition, la lumière s'adoucit alors un peu au passage, ce qui la rend encore plus agréable, même en tant que lumière; et la liqueur réfléchissant *également* tous les rayons de sa propre couleur, elle a sur l'œil un effet semblable à celui que des corps lisses et opaques ont sur l'œil et sur le tact[1]; de sorte qu'ici le plaisir se compose de la douceur de la lumière transmise et de de l'égalité de la lumière réfléchie. Ce plaisir peut encore s'accroître, lorsque, par exemple, la forme du verre qui contient la liqueur transparente est si judicieusement variée qu'elle présente la couleur en teintes graduellement et alternativement faibles ou vigoureuses, avec toute la diversité que peut suggérer alors le jugement. En récapitulant ce que nous avons dit des effets et des causes du sublime et du beau, on verra qu'ils reposent sur des principes fort différents et que les affections qu'ils

---

1. Tout ce passage est inspiré par Newton, *op. cit.*, p. 239.

suscitent sont différentes : le grandiose a pour fondement la terreur qui, lorsqu'elle est modifiée, cause cette émotion de l'esprit qu'on appelle l'étonnement, le beau se fonde sur un plaisir simple et positif et excite dans l'âme[1] ce sentiment qu'on appelle l'amour. Leurs causes ont été le sujet de cette quatrième partie.

---

1. *Soul.* Burke, ici, oppose un sublime qui touche l'esprit (*mind*) et sa capacité d'émotion à un beau qui concerne l'âme (*soul*) et ses sentiments (*feelings*). Sur le *feeling*, voir notre note à la section 24 de la partie III.

PARTIE V

I. DES MOTS

Les objets naturels nous affectent selon les lois de la connexion établie par la Providence entre certains mouvements et configurations physiques et certains sentiments qui en résultent dans nos esprits. La peinture agit de la même manière, mais en nous procurant un surcroît de plaisir dû à l'imitation; l'architecture nous affecte suivant les lois de la nature et celles de la raison; de celle-ci proviennent les règles de la proportion, d'après lesquelles on loue ou censure un ouvrage, dans son ensemble ou partiellement, selon qu'il répond ou ne répond pas à la fin à laquelle il est destiné. Mais, pour les mots, il me semble qu'ils nous affectent d'une manière tout autre que les objets naturels, la peinture ou l'architecture; leur pouvoir d'exciter les idées du sublime et du beau est pourtant égal et parfois supérieur; c'est pourquoi une enquête sur la manière dont ils éveillent ces émotions est loin d'être inutile dans un discours de cette sorte.

II. L'EFFET ORDINAIRE DE LA POÉSIE NE CONSISTE PAS
À SUSCITER LES IDÉES DE CHOSES

On pense généralement que le pouvoir de la poésie et de l'éloquence, mais aussi celui des mots de la conversation courante, consiste à affecter l'esprit en y suscitant l'idée de ces choses que l'habitude les a préposés à signifier. Pour examiner si cette idée est juste, il est peut-être nécessaire d'observer qu'on peut répartir les mots en trois classes[1]. La première est celle des mots qui représentent beaucoup d'idées simples *unies par la nature* pour former un composé déterminé : homme, cheval, arbre, château, etc. Je les appelle *mots agrégés*. La deuxième comporte les mots qui représentent une seule idée simple appartenant à ces composés, et pas davantage : rouge, bleu, rond, carré, etc. Je les appelle mots *abstraits simples*. La troisième se compose des mots formés par une *union arbitraire* des deux autres et des diverses relations plus ou moins complexes qu'ils ont entre eux : vertu, honneur, persuasion, magistrat, etc. Je les appelle mots *abstraits composés*. Je sais qu'on peut retenir des caractères distinctifs bien plus curieux pour classer les mots, mais ceux que j'ai adoptés me semblent naturels et suffisent à notre objet ; leur disposition est conforme à l'ordre dans lequel on a coutume de les enseigner et à celui que l'esprit suit pour acquérir les idées auxquelles ils se substituent. Je commencerai par la troisième classe de mots,

1. Burke s'inspire ici de la triade lockienne : « Quoique les Mots ne signifient rien immédiatement que les idées qui sont dans l'esprit de celui qui parle, comme je l'ai déjà démontré, cependant, après avoir fait une revue plus exacte, nous trouverons que les noms des *Idées simples*, des *Modes mixtes* (sous lesquels je comprends aussi les *Relations*) et des *Substances*, ont chacun quelque chose de particulier, par où ils diffèrent les uns des autres » (*Essai philosophique concernant l'entendement humain, op. cit.*, III, IV, 1).

les abstraits composés, tels que vertu, honneur, persuasion, docilité : quelque pouvoir qu'ils puissent exercer sur les passions, je suis convaincu qu'ils ne le tirent d'aucune représentation formée dans l'esprit des objets qu'ils représentent. Comme composés, ce ne sont point des essences réelles, et je pense qu'ils causent à peine des idées réelles. En entendant ces sons « vertu », « liberté », « honneur », personne, je pense, n'a immédiatement de notion précise des modes particuliers d'action et de pensée, en même temps que des idées mixtes et simples, ainsi que de leurs diverses relations, auxquels ces mots se substituent ; personne, non plus, n'a d'idée générale composée de ces mots ; car s'il en avait, il apercevrait bientôt quelques-unes de ces idées particulières, quoique, peut-être, d'une manière indistincte et confuse. Mais tel n'est presque jamais le cas, me semble-t-il. Car entreprenez d'analyser un de ces mots : il vous faut le ramener d'une série de mots généraux à une autre, puis le réduire à des abstraits simples et à des agrégés, en un enchaînement bien plus long que vous ne l'imaginiez tout d'abord, pour qu'enfin une idée véritable émerge à la lumière et que vous parveniez à découvrir les premiers principes de ces composés ; et lorsque vous arrivez à découvrir les idées élémentaires, l'effet du composé est entièrement perdu. Pareille suite de pensée est bien trop longue pour se développer dans les conversations ordinaires, et elle n'y est aucunement nécessaire. De tels mots ne sont en réalité que de purs sons ; mais des sons qui sont employés dans des circonstances particulières, lorsque nous souffrons du bien ou du mal ou que nous en voyons autrui affecté, des sons qui désignent d'autres objets ou d'autres événements intéressants, des sons qui renvoient à une telle diversité de cas que nous savons facilement par l'usage à quoi ils se rapportent, produisent à chaque nouvelle occurrence des effets semblables à ceux des circonstances où ils ont été prononcés. Comme on fait souvent

usage des sons sans rapport à aucune circonstance particulière,
et qu'ils véhiculent encore les premières impressions qu'ils
ont produites, ils finissent par perdre tout à fait leur relation avec les circonstances particulières qui leur ont donné
naissance; cependant, le son, sans qu'on y attache aucune idée,
continue d'agir comme auparavant.

III. Antécédence des termes généraux par rapport aux idées

M. Locke observe quelque part, avec sa sagacité ordinaire,
que la plupart des mots généraux, surtout ceux qui se rapportent à la vertu et au vice, au bien et au mal, sont enseignés avant
qu'on ne puisse se représenter les modes particuliers de
l'action dont ils relèvent; et l'on apprend en même temps
l'amour des uns et l'horreur des autres; car l'esprit des enfants
est si malléable qu'une nourrice, ou toute autre personne
proche, peut, en paraissant contente ou mécontente de certaine
chose, induire chez l'enfant une même disposition au plaisir
ou au déplaisir[1]. Dans la suite, lorsque les diverses circonstances de la vie viennent à correspondre à ces termes, que ce

---

1. «Car si nous prenons la peine de considérer comment les Enfants
apprennent les Langues, nous trouverons que pour leur faire entendre ce que
signifient les noms des Idées simples et des Substances, on leur montre ordinairement la chose dont on veut qu'ils aient l'idée, et qu'on leur dit plusieurs
fois le nom qui en est le signe, *blanc, doux, lait, sucre, chien, chat*, etc. Mais
dire pour ce qui est des *Modes mixtes*, et surtout des plus importants, je veux
dire ceux qui expriment des idées de Morale, d'ordinaire les Enfants apprennent les sons; et pour savoir ensuite quelles idées complexes sont signifiées par
ces sons-là, ou ils en sont redevables à d'autres qui les leur expliquent, ou
(ce qui arrive le plus souvent) on s'en remet à leur sagacité et à leurs propres
observations» (*ibid.*, III, IX, 9).

qui plaît s'offre souvent sous le nom de mal, et que ce qui répugne à la nature se nomme bon et vertueux, une étrange confusion d'idées et d'affections surgit dans bien des esprits, en même temps que l'apparence d'une grande contradiction entre idées et actions. Nombreux sont ceux qui aiment la vertu et qui détestent le vice, et cela sans hypocrisie ni affectation, et qui, pourtant, agissent souvent fort mal à l'égard d'autrui sans éprouver le moindre remords. C'est qu'il ne leur est jamais arrivé de considérer des cas particuliers lorsque certains mots, prononcés par d'autres avec chaleur, éveillaient en eux d'ardentes passions relatives à la vertu. De là vient qu'il est difficile de répéter certaines suites de mots, tenus pour inefficaces par eux-mêmes, sans éprouver quelque émotion, en particulier si on les accompagne d'une voix chaude et pénétrante ; ainsi, par exemple,

Sage, vaillant, généreux, bon et grand.

N'ayant rien qui leur corresponde, ces mots devraient être sans effet ; mais les mots qui sont généralement destinés aux grandes circonstances nous touchent même en dehors de celles-ci. Quand des mots dont on a fait un usage aussi général sont disposés sans aucune fin rationnelle ou de manière qu'ils ne s'accordent pas bien les uns avec les autres, on parle de style emphatique. Et beaucoup d'expérience et de bon sens sont parfois nécessaires pour se prémunir contre la force de pareil langage ; car, lorsqu'on néglige le sens propre, on peut utiliser un plus grand nombre de ces mots émouvants et se permettre une plus grande variété grâce à leurs combinaisons.

IV. L'EFFET DES MOTS

Lorsque les mots ont toute l'étendue possible de leur pouvoir, ils provoquent trois effets sur l'esprit de l'auditeur.

Le premier est le *son*; le second, l'*image* ou la représentation de la chose signifiée par le son; le troisième, l'*affection* de l'âme produite par l'un des effets précédents ou par les deux réunis. Les mots *abstraits composés* dont nous parlions (honneur, justice, liberté, etc.) produisent le premier et le dernier de ces effets, non le deuxième. Les mots *abstraits simples* sont employés à signifier quelque idée simple sans bien tenir compte d'autres idées qui peuvent éventuellement les accompagner : bleu, vert, chaud, froid, etc. ; ils sont capables de produire les trois effets propres aux mots; quant aux mots *agrégés* homme, château, cheval, etc., ils les produisent tous au plus haut point. Mais, selon moi, l'effet le plus général de ces mots ne vient pas de ce qu'ils forment des images qu'ils présenteraient à l'imagination; car, après avoir examiné attentivement mon esprit et engagé d'autres personnes à considérer le leur, je n'ai trouvé d'image de ce genre que dans un cas sur vingt, et encore résultait-elle le plus souvent d'un effort spécifique de l'imagination. Les mots agrégés agissent comme les composés abstraits : ils ne présentent aucune image à l'esprit, mais tirent de l'habitude un effet identique à celui que possède leur original pour la vue. « Le Danube prend sa source dans un sol humide et montagneux au cœur de l'Allemagne, où, effectuant maints détours, il arrose plusieurs principautés, jusqu'à ce qu'il pénètre en Autriche et qu'après avoir baigné les murs de Vienne, il passe en Hongrie; là, une fois ses vastes eaux augmentées de la Save et de la Drave, il quitte la chrétienté et, coulant à travers des contrées barbares sur les confins de la Tartarie, il pénètre par plusieurs embouchures au sein de la mer Noire ». Bien des choses sont mentionnées dans ce passage : montagnes, rivières, villes, mer, etc. Que chacun s'examine cependant, et qu'il voit si une quelconque image de fleuve, de montagne, de sol humide, d'Allemagne, etc. s'est trouvée imprimée dans son imagination. La rapidité, la vive succession des mots de la conversation empêchent, en effet, qu'on ait à la fois l'idée du son du mot et celle de la chose représentée; de surcroît, certains mots qui expriment des essences réelles, sont si mêlés à d'autres mots qui ont une signification générale et nominale, qu'on ne peut sauter du sens à la pensée, du particulier au général, des choses aux mots, pour remplir les différentes fins qui sont celles de l'existence; et cela n'est pas non plus nécessaire.

V. Exemples montrant que les mots peuvent affecter sans susciter d'images

Il m'est fort difficile de faire admettre à plusieurs personnes que leurs passions peuvent être éveillées par des mots qui ne leur donnent aucune idée, et plus difficile, encore, de les convaincre que nous nous faisons suffisamment comprendre dans le cours ordinaire de la conversation sans susciter d'images des choses dont nous parlons. Discuter avec quelqu'un pour savoir s'il a ou non des idées dans l'esprit, peut paraître singulier (*odd*). C'est de quoi, à première vue, chacun devrait juger à son propre tribunal[1] et sans appel. Mais, aussi étrange que cela puisse paraître, nous éprouvons souvent de la peine à savoir quelles idées nous avons des choses, ou à savoir si nous avons la moindre idée sur certains sujets. Ce n'est pas sans beaucoup d'attention qu'on obtient pleine satisfaction sur ce chapitre.

Depuis que j'ai écrit ces lignes, j'ai trouvé deux exemples très frappants qui montrent qu'un homme peut entendre des mots sans avoir aucune idée des choses qu'ils représentent

---

1. *In his own forum.*

et être néanmoins capable de rapporter ces mots à d'autres
choses, en les combinant d'une nouvelle manière, avec
beaucoup de pertinence et d'énergie et d'une façon instructive.
M. Blacklock[1], poète aveugle de naissance, constitue mon
premier exemple. Peu d'hommes jouissant de la vision la
plus parfaite pourraient décrire les objets de la vue avec plus
d'esprit et de justesse que lui, ce qu'on ne saurait expliquer par
une conception de ces objets plus claire que celle des autres
personnes. Dans l'élégante préface qu'il a mise en tête des
œuvres de ce poète, M. Spence[2] donne des raisons fort ingé-
nieuses et, je crois, généralement très justes, de cet extraordinaire phénomène; mais je ne saurais penser avec lui
que certaines impropriétés de langage et de pensée qui se
rencontrent dans ces poèmes sont dues à la manière imparfaite
dont le poète aveugle concevait les objets de la vue, puisqu'on
trouve de semblables impropriétés, et même de plus graves,
chez des écrivains d'une classe supérieure à celle de
M. Blacklock, et qui cependant jouissaient de la faculté de
voir dans toute sa perfection. Ce poète est, à n'en pas douter,
touché par ses propres descriptions, autant que peut l'être
un quelconque lecteur; des choses dont il n'a jamais eu d'idée
et dont il ne peut avoir d'idée, de simples sons, le pénètrent
du plus vif enthousiasme; pourquoi les lecteurs de son œuvre

1. Thomas Blacklock (1721-1791) perdit la vue à l'âge de six mois par
suite d'une petite vérole. Il fit ses études à l'Université d'Edimbourg et publia
des *Poèmes* en 1746. Hume s'intéressa vivement à lui et le recommanda à
Joseph Spence.

2. Joseph Spence (1699-1768) fut professeur de poésie, puis d'histoire
moderne à l'Université d'Oxford. Il est célèbre par ses *Observations,
Anecdotes et Caractères, concernant les livres et les hommes* (éd. posthume,
1820) et son *Essai sur la vie, le caractère et les poèmes de M. Blacklock* qui
servit en 1756 de préface à la seconde édition de l'ouvrage du poète.

ne pourraient-ils pas être affectés de la même manière et n'auraient-ils pas aussi peu d'idées véritables des choses décrites?

Portrait de Nicolas Saunderson,
par I. Vanderbanck, gravé par C. F. Fritzsch

Je prendrai pour second exemple M. Saunderson[1],
professeur de mathématiques à l'université de Cambridge. Ce
savant avait acquis de grandes connaissances en philosophie
naturelle, en astronomie et dans toutes les sciences qui dépendent des mathématiques. Or, chose extraordinaire et qui vient
conforter mon propos, il prononça d'excellentes leçons sur la
lumière et les couleurs; cet homme enseignait donc à d'autres
la théorie de ce dont ils avaient la représentation, mais dont il
n'avait assurément pas la représentation lui-même. Il est
cependant probable que les mots « rouge, bleu, vert » étaient
pour lui l'équivalent des couleurs; car des degrés plus ou
moins élevés de réfrangibilité correspondent à ces mots et
l'aveugle avait appris sous quels autres aspects on pouvait
trouver des correspondances; il lui était donc aussi facile de
raisonner sur les mots que s'il avait été pleinement maître des
idées. Il faut bien convenir qu'il ne pouvait faire de nouvelles
découvertes par la voie de l'expérience. Il ne faisait rien d'autre
que ce que nous faisons tous les jours dans la conversation.

En écrivant cette dernière proposition et en me servant des
expressions « tous les jours » et « conversation », je n'avais
dans l'esprit aucune image de succession du temps, ou

1. Nicolas Saunderson (1682-1739) perdit la vue à douze mois, des
suites de la petite vérole, comme Blacklock. Ses dons lui assurèrent rapidement la notoriété. Il devint dès 1711 professeur de mathématiques à
l'université de Cambridge et reçut l'honneur d'une visite royale: celle de
George II. On lui doit des *Elements of Algebra*, Cambridge, 1740, dans lesquels
il décrit les principes de son arithmétique tactile. Diderot lui consacra de
longues pages dans sa *Lettre sur les aveugles* (1749). Peu de portraits émeuvent
autant que celui de ce savant, représenté par Vanderbanck les yeux aux trois
quarts clos, et dont tous les traits semblent frémir d'intelligence et de curiosité.
Il tient un astrolabe et ses doigts étendus sur la sphère semblent évaluer des
distances.

d'hommes conversant ensemble; et je n'imagine pas non plus qu'on ait ces idées en me lisant. Lorsque j'ai parlé de rouge, de bleu et de vert, ainsi que de réfrangibilité, je ne voyais pas ces différentes couleurs sous forme d'images, pas plus que les rayons de lumière passant dans un milieu différent et y changeant de direction. Je sais très bien que l'esprit possède la faculté de créer de telles images à son gré; mais il y faut alors un acte de la volonté; et il arrive exceptionnellement dans la conversation ou dans la lecture ordinaires qu'une image soit éveillée dans l'esprit. Si je dis : « J'irai en Italie, l'été prochain », on me comprend parfaitement. Je crois pourtant que ces mots ne dépeignent à aucune imagination la personne exacte qui les a prononcés, se déplaçant par terre ou par mer, à cheval ou en voiture, et supportant tous les incidents d'un voyage. Encore moins se figure-t-on l'Italie, pays où je me suis proposé d'aller, avec ses champs verdoyants, ses fruits qui mûrissent, la chaleur de son air, et le changement de saison, auxquels se substitue le simple mot d'« été »; mais la dernière image qu'on puisse se former est celle qui correspondrait au mot « prochain », car celui-ci remplace l'idée de nombreux étés qui sont tous exclus, sauf un seul, et l'homme qui dit « l'été prochain », n'a certainement pas d'image d'une telle succession ni d'une telle exclusion. En bref, ce n'est pas seulement de ces idées communément nommées abstraites, et dont on ne peut former aucune image, mais encore d'êtres particuliers et réels que nous parlons sans que notre imagination s'en forme aucune image : on s'en apercevra certainement en examinant notre esprit avec attention.

[1]<À vrai dire, l'effet de la poésie dépend si peu du pouvoir de susciter des idées sensibles qu'elle perdrait, j'en suis convaincu, une très grande partie de son énergie, si tel était le résultat de toute description. Car cette union de mots touchants qui est le plus puissant instrument poétique perdrait souvent sa force, mais aussi sa justesse et sa cohérence, si des images sensibles ne cessaient de se présenter. Est-il, dans l'*Énéide* entière, un passage plus grandiose et plus achevé que la description de l'antre de Vulcain, au cœur de l'Etna, et des travaux de forge qui en sont le théâtre ? Virgile s'attache particulièrement à la fabrication de la foudre qu'il décrit imparfaite sous les marteaux des Cyclopes. Mais quels sont les principes de cette extraordinaire composition ?

Ce morceau me paraît d'un sublime admirable ; pourtant, si nous examinons froidement quel ensemble d'images sensibles cet arrangement d'idées vient à former, les chimères des fous peuvent-elles paraître plus sauvages et plus absurdes ? « Trois rayons de grêle, trois de pluvieux nuages, trois de feu et trois de vent ailé du Midi ; (les Cyclopes) ajoutent à l'ouvrage les terribles éclairs, le fracas, l'épouvante et la colère aux flammes dévorantes »[2]. Cet étrange mélange prend la forme d'un corps grossier (*gross*) ; il est martelé par les Cyclopes, une partie restant rugueuse (*rough*), l'autre bientôt polie. Disons la vérité : si la poésie nous offre un noble assemblage de mots, correspondant à maintes nobles idées, liées par une condition de temps ou de lieu, unies par une relation de cause à effet ou associées d'une manière naturelle, cet assemblage peut

---

1. A. Murphy récuse l'ensemble de la théorie burkienne, pour souligner l'importance des images évoquées par le poète (*Literary Magazine*, II, p. 188).

2. *Énéide*, VIII, v. 429-432, trad. fr. É. Pessonneaux, *op. cit.*

recevoir n'importe quelle forme et répondre parfaitement à sa fin. On n'exige pas de liaison pittoresque[1], parce qu'on ne se forme pas de vrai tableau, et le passage en question n'en fait pas moins d'effet.

Les propos que tiennent Priam et les vieillards de son conseil sur Hélène passent généralement pour donner l'idée la plus haute de cette beauté funeste.

> Nul prodige, s'écriaient-ils, que ces attraits divins
> dix longues années aient mis le monde en armes ;
> Grâce sans pareille ! Allure majestueuse !
> Elle avance en déesse : une reine ![2].

Ici, pas un mot sur ce qui constitue sa beauté ; rien qui puisse donner une idée précise de sa personne ; et pourtant cette manière de la présenter nous touche bien davantage que

---

1. Le terme pittoresque, qui n'est d'ailleurs pas mentionné dans le *Dictionnaire* de Johnson, n'a pas encore ce sens précis qu'il acquerra à la fin du XVIIIe siècle, en opposition au beau et dans l'art paysager, grâce à Gilpin, Uvedale Price ou Richard Payne Knight. « Pittoresque » est manifestement employé ici au sens étymologique de « qui est propre à la peinture, qui en exprime bien le goût et le caractère, soit dans les attitudes, soit dans les contours, soit enfin dans les expressions singulières », comme l'atteste, à la même époque, le *Dictionnaire portatif de peinture* de Pernety (1757).

2. *Iliade*, III, v. 156-159, trad. fr. Flacelière, *op. cit.* : « Il ne faut pas s'indigner de voir les Achéens guêtrés et les Troyens souffrir de si longs maux pour une telle femme. Comme, à la voir, étonnamment, elle ressemble aux célestes déesses ! ». Nous traduisons ici d'après la traduction de Pope, citée par Burke après le texte grec. Les vers de Ronsard chanteront, plus chers à nos mémoires (*Sonnets pour Hélène*, II, LXVII) :
« Il ne faut s'ébahir, disaient ces bons vieillards
Dessus le mur troyen, voyant passer Hélène,
Si pour telle beauté nous souffrons tant de peine :
Notre mal ne vaut pas un seul de ses regards ».

ces longs et laborieux portraits d'Hélène, avatars de la tradition ou fruits de l'imagination, qu'on rencontre chez certains
auteurs. Pour moi, j'en suis certainement plus frappé que
du portrait minutieux de Belphébé par Spenser[1], bien qu'il y
ait dans cette description, comme dans toutes celles de cet
excellent écrivain, de fort beaux et poétiques moments. Le
terrible tableau que Lucrèce a tracé de la religion, dans le but
de faire ressortir la magnanimité du héros philosophique qui
la combat, est réputé pour l'extrême audace et l'esprit de sa
conception.

> Alors qu'aux yeux de tous, l'humanité traînait sur terre une vie
> abjecte, écrasée sous le poids d'une religion dont le visage, se
> montrant du haut des régions célestes, menaçait les mortels de
> son aspect horrible, le premier, un Grec, un homme, osa lever
> ses yeux mortels contre elle, et contre elle se dresser[2].

Quelle image donne cet excellent tableau? Aucune, très
certainement; et le poète n'a rien dit qui puisse servir à se
représenter ne serait-ce qu'un membre ou un trait du fantôme
qu'il a voulu représenter avec le maximum d'horreur imagi-
nable. De fait, la poésie et la rhétorique ne réussissent pas aussi
bien que la peinture dans les descriptions exactes; leur objet
est de toucher par la sympathie plutôt que par l'imitation[3] et
de faire voir l'effet des choses sur l'esprit de l'orateur et des
auditeurs plutôt que d'en présenter une idée claire. Telle est la
sphère la plus étendue de leur pouvoir et celle de leurs plus
grandes victoires.>

---

1. *Faerie Queene*, II, III, 21-31.
2. *De rerum Natura*, I, v. 62-67, trad. fr. Ernout, *op. cit.*
3. Notons, une fois de plus, l'originalité de Burke, à une époque où
l'imitation restait encore le maître-mot de la critique littéraire.

VI. La poésie n'est pas rigoureusement
un art d'imitation

De là vient que la poésie, au sens le plus général du terme, ne saurait être appelée au sens propre un art d'imitation. Elle constitue, il est vrai, une imitation, dans la mesure où elle décrit les mœurs et les passions humaines qu'elle parvient à exprimer avec des mots et «elle révèle les mouvements de l'âme en prenant la langue pour interprète»[1]. Elle est alors rigoureusement imitative, et tel est le cas de la poésie *dramatique*. Mais la poésie *descriptive* agit principalement par *substitution*, au moyen de sons qui ont acquis, grâce à la coutume, un effet semblable à celui des réalités. Il n'y a d'imitation que si une chose ressemble à une autre ; et les mots n'ont assurément aucune ressemblance avec les idées qu'ils représentent.

VII. Comment les mots influent sur les passions

Or, comme les mots affectent, non par un pouvoir original, mais par représentation, on pourrait supposer qu'ils n'ont qu'une faible influence sur les passions ; c'est pourtant tout le contraire ; car, l'expérience le montre, l'éloquence et la poésie causent autant et souvent plus d'impressions vives et profondes que les autres arts et souvent même la nature. Cela vient principalement de trois causes. En premier lieu, nous prenons une part extraordinaire aux passions d'autrui et les signes qu'ils en donnent nous touchent facilement et entraînent notre

---

1. Horace, *De arte poetica*, I, v. 111.

sympathie; or il n'est point de signe qui puisse exprimer toutes les circonstances des passions aussi parfaitement que les mots; ainsi, en évoquant un quelconque sujet, peut-on non seulement en transmettre la teneur, mais également la manière dont on en est affecté. Très certainement, l'influence qu'exerce la majorité des choses sur nos passions ne vient pas tant de leur nature que de nos opinions les concernant; or ces opinions dépendent beaucoup, à leur tour, de celles d'autrui, qui ne peuvent généralement se communiquer que par le moyen des mots. En second lieu, maintes choses naturellement fort touchantes ne surviennent que rarement dans la réalité, au lieu que les mots qui les représentent, s'y rencontrent souvent, ce qui leur permet d'exercer une profonde impression et de prendre racine dans l'esprit. L'idée de la réalité, elle, est passagère et peut ne jamais se présenter sous la forme de la guerre, de la mort, de la famine, etc., à des personnes qu'elle affecte néanmoins vivement. D'ailleurs, un grand nombre d'idées ne sont jamais tombées sous les sens d'aucun homme sinon par la voie des mots, tels Dieu, les anges, les démons, le paradis ou l'enfer, idées qui exercent pourtant une grande influence sur les passions. En troisième lieu, les mots nous donnent le pouvoir de faire des *arrangements* qu'il nous serait impossible de faire autrement; ce qui nous permet de donner à un simple objet une vie et une force nouvelle par l'addition de détails judicieusement choisis. Il n'est pas de belle figure que nous ne puissions représenter en peinture; mais il n'est jamais possible de lui donner ces touches animées qu'elle peut recevoir des mots. On peint un beau jeune homme ailé; mais la peinture fournira-t-elle jamais rien d'aussi grand que l'addition de ce seul mot: « l'ange du *Seigneur* »? Il est vrai que je n'en ai pas d'idée distincte, mais les mots m'affectent davantage que l'image sensible, et c'est tout ce que je soutiens. Un tableau de bonne facture, qui représenterait Priam traîné puis exécuté au pied des autels, nous toucherait profondément sans aucun doute ; mais il est des circonstances qui en augmenteraient beaucoup l'effet et que la peinture ne pourra jamais représenter.

> Le sang profanait les feux sacrés qu'il avait lui-même allumés [1].

Prenons un autre exemple, celui des vers de Milton, où il décrit le passage des cohortes d'anges déchus à travers leur effroyable demeure :

> Elles traversent maintes vallées sombres et tristes,
> Maintes régions douloureuses,
> Par-dessus maintes alpes de glace et maintes Alpes de feu :
> Rocs, cavernes, lacs, mares, fondrières, antres et ombres de mort,
> Univers de mort [2].

Quelle énergie se déploie dans l'accumulation « rocs, cavernes, lacs, mares, fondrières, antres et ombres » et l'effet ne serait-il pas perdu si Milton avait seulement écrit : « Rocs, cavernes, lacs, mares, fondrières, antres et ombres de *Mort* » ? Cette idée ou cette affection, causée par un mot « la Mort », et que rien hormis un mot ne pouvait produire, est extraordi-

---

1. Énée raconte à Didon comment il vit Priam au pied des autels, « dont le sang profanait les feux sacrés qu'il avait lui-même allumés », *Énéide*, II, v. 502, trad. fr. Bellessort, *op. cit.*

2. Milton, *Paradis perdu*, II, v. 618-622 :

« […] O'er many a dark and dreary vale
They pass'd, and many a region dolorous ;
O'er many a frozen, many a fiery Alp ;
Rock, caves, lakes, fens, bogs, dens and shades of death,
A universe of death ».

nairement sublime; et ce sublime est encore augmenté par
l'expression qui suit, un «univers de Mort». Voilà de nouveau
deux idées que le langage peut seul présenter; et l'on ne saurait
concevoir alliance plus grandiose et plus étonnante, [1]<si
toutefois il est permis d'appeler idées ce qui ne présente
aucune image distincte à l'esprit; – mais il sera toujours difficile de concevoir comment les mots peuvent éveiller les
passions qui se rapportent à des objets réels sans représenter
clairement ces derniers. Nous éprouvons cette difficulté parce
que, dans nos observations sur le langage, nous ne distinguons
pas suffisamment entre une expression claire et une expression
énergique[2]. On les confond fréquemment l'une avec l'autre,
bien qu'elles soient en réalité fort différentes. La première
concerne l'entendement, la seconde se rapporte aux passions.

1. L'adjonction qui suit et dont les accents inspireront Diderot et les
romantiques, s'inspire de l'objection d'A. Murphy (*Literary Magazine*, II,
p. 189).

2. Sur ce thème, voir *Recherche*, II, 3 et 4. Burke prend parti contre
toute une tradition qui confond énergie poétique et clarté dans la représentation imaginative. Aussi bien la difficulté tient-elle à ce que chez Burke,
la clarté est moins associée à la *phantasia* ou à la *visio* qu'à la représentation
de la chose même. «Ce que les Grecs appellent *phantasias*, nous l'appelons
justement *visiones*», écrit par exemple Quintilien : «grâce à elles, les images
des choses absentes se représentent à l'esprit avec tant de fidélité qu'on croie
les voir comme si on les avait sous les yeux. Plus cette représentation est
vive, plus on excelle à peindre les passions; aussi dit-on qu'un homme a
beaucoup d'imagination lorsqu'il rend avec vérité toutes les circonstances
d'une action et jusqu'aux divers sons de voix qui l'ont frappé. [...] De là
naîtra l'évidence, *enargeia*, cette qualité du discours que Cicéron appelle aussi
illustration, qui semble moins dire les choses que les faire voir, et qui nous
affecte non moins vivement que si nous étions véritablement spectateurs» (*De
l'institution oratoire*, VI, 2, trad. fr. M.C.V. Ouizille et Charpentier, Paris,
Garnier, 1921).

L'une décrit la chose telle qu'elle est, l'autre telle qu'on la sent. Or, de même qu'un accent émouvant, un air passionné ou des gestes animés nous affectent indépendamment de leurs motifs, de même certains mots et certains arrangements de mots, particulièrement attachés à l'expression de la passion et que nous ne manquons pas d'employer sous son emprise, nous touchent et nous émeuvent davantage que ceux qui expriment les choses bien plus clairement et plus distinctement. Nous accordons à la sympathie ce que nous refusons à la description. La vérité est que toute description verbale, comme simple description, a beau être de la dernière exactitude, elle fournit une idée si pauvre et si insignifiante de la chose décrite qu'elle ne pourrait guère avoir d'effet, si l'orateur ne l'animait par des expressions qui témoignent d'un sentiment vif et énergique. Par la contagion des passions, nous nous enflammons alors d'un feu qui brûle déjà dans un autre[1] et qui n'aurait probablement jamais jailli de l'objet décrit. En transmettant les passions avec force par les moyens évoqués plus haut, les mots compensent pleinement leur faiblesse à d'autres égards. On peut observer que les langues très civilisées, celles dont on vante la clarté et la netteté, manquent en général de force ; le français possède et cette perfection et ce défaut ; au lieu que les langues orientales, et généralement les langues des pays moins civilisés, ont une grande force et une grande énergie d'expression ; et c'est tout naturel. Les peuples incultes observent simplement les choses mais sans esprit critique dans leurs

---

1. Voir Longin : «Du génie des anciens s'échappent, comme de l'ouverture sacrée (sur laquelle est installée la Pythie), certains effluves qui pénètrent l'âme de leurs rivaux, même des moins doués d'inspiration et les font se coenthousiasmer à une grandeur autre » (*Du Sublime*, XIII, 2).

distinctions ; ils les admirent plus pour cette raison même, en sont davantage affectés et s'expriment avec plus de feu, plus de passion. Bien transmise, l'affection produira son effet en l'absence d'idée claire, et, bien souvent, en l'absence de toute représentation de son motif premier.>

On aurait pu espérer, vu la fécondité du sujet, que je m'étende davantage sur la poésie considérée du point de vue du sublime et du beau ; remarquons qu'on en a déjà souvent et fort bien traité. Mon dessein n'était pas de porter la critique sur le sublime et le beau d'aucun art déterminé, mais d'établir des principes qui permettent de reconnaître, de caractériser et de constituer une sorte de norme (*standard*) en ces domaines. J'ai pensé que le plus sûr moyen d'accomplir ce but était de rechercher les propriétés des choses qui éveillent naturelle-ment l'amour et l'étonnement. Je n'ai considéré les mots que pour montrer sur quel principe ils pouvaient représenter les choses naturelles et d'où venait leur pouvoir de nous affecter avec autant, et quelquefois plus de force, que les choses qu'ils représentent.

INDEX DES NOMS

INDEX DES NOTIONS

TABLE DES ILLUSTRATIONS

TABLE DES MATIÈRES

PARTIE II

PARTIE III

PARTIE IV

PARTIE V

Achevé d'imprimer en mars 2021
sur les presses de
La Manufacture - Imprimeur – 52200 Langres
Tél. : (33) 325 845 892

N° imprimeur 210304 - Dépôt légal : juin 2009
Imprimé en France